ROBIN GOSENS
mit MARIO KRISCHEL

TRÄUMEN LOHNT SICH

Mein etwas anderer Weg zum Fußballprofi

INHALT

Kapitel 1 | **Prolog**	7
Kapitel 2 | **Valencia**	11
Kapitel 3 | **Emmerich**	27
Kapitel 4 | **Lissabon**	39
Kapitel 5 | **Dortmund**	57
Kapitel 6 | **Stuttgart**	63
Was mir wichtig ist: Druck und Angst im Profifußball	79
Kapitel 7 | **Arnheim**	91
Kapitel 8 | **Dordrecht**	103
Kapitel 9 | **Almelo**	119
Was mir wichtig ist: Menschlichkeit im Fußball	131
Kapitel 10 | **Mallorca**	139
Kapitel 11 | **Bergamo I**	147
Kapitel 12 | **Bergamo II**	175
Kapitel 13 | **Schalke**	197
Kapitel 14 | **Bergamo III**	205
Was mir wichtig ist: Moderne Medienarbeit – Warum Fußballer langweilig wirken	219
Kapitel 15 | **Leicester**	231
Kapitel 16 | **Liverpool**	243

Kapitel 1
PROLOG

April 2012

Wir sind jeden Samstagabend mit den Jungs ausgegangen. Daran änderte auch dieses Spiel nichts.

Es war im April 2012, ich war fast 18 und spielte mit der A-Jugend des VfL Rhede in der Niederrheinliga, also eine Klasse unterhalb der Junioren-Bundesliga. Nicht schlecht, aber auch nichts Außergewöhnliches.

An diesem Sonntag mussten wir zu einem unserer größten Rivalen nach Kleve, eine sehr wichtige Partie. Vor dem Sonntag kam aber erst mal der Samstag. Wie fast immer saßen wir bei einem Mannschaftskollegen im Keller zusammen, tranken für den Abend vor und fuhren anschließend mit dem Fahrrad rüber zum Blues, unserer Dorfdisko. Dieser eine Kilometer konnte schon mal eine Stunde dauern. Die Weg-Mischen waren relativ schwer zu transportieren.

Das Blues muss man sich wie eine überdimensionale Bar vorstellen, in der auch unter der Woche was getrunken wurde. Am Wochenende wurden im Erdgeschoss die Stühle entfernt, um Platz für die Tanzfläche zu schaffen. Rechts führte eine Treppe ins erste Obergeschoss auf die Galerie, von der aus man die ganze Tanzfläche im Blick hatte. Wir waren meistens oben in der Ecke an „unserem" Tisch und tranken Klassiker wie Jägermeister-Red-Bull oder Korn-Diesel (Korn mit Fanta und Cola), bis wir mutig genug waren, tanzen zu gehen. Normalerweise setzten wir uns immer ein Limit, machten um spätestens vier Uhr morgens Schluss und aßen auf der anderen Straßenseite noch einen Döner. Danach hatten wir wenigstens noch drei Stunden Schlaf, bevor es zum Treffpunkt ging.

Nur an diesem einen Abend klappte das nicht. Die Party war einfach zu gut. Sag doch mal einem betrunkenen Siebzehnjährigen, er soll nach Hause gehen, wenn der DJ um kurz vor fünf „Tage wie diese" von den Toten Hosen oder „Call me maybe" von Carly Rae Jepsen auflegt („But here's my number, so call me maybe …"). Oder „Levels" von Avicii. Meiner Meinung nach der beste Song, der jemals produziert wurde. Welcher Teenager verlässt dann schon die Tanzfläche?

Machen wir es kurz: Erst um sechs Uhr lag ich im Bett. Und um acht klingelte der Wecker. „Guten Morgen, Robin", schien er zu sagen. „Hattest du einen schönen Abend? Ja? Schön für dich. Heute wird es ganz schlimm, aber das weißt du natürlich. Trotzdem viel Spaß!" Mein Zustand bewegte sich irgendwo zwischen „Bitte helft mir" und „Ich brauche ein Bier".

In einer Stunde musste ich am Treffpunkt sein, aber das war ja nix Neues für mich oder für uns. In der A-Jugend wird vor Spielen regelmäßig getrunken. Und das hatten wir mal wieder getan. So fanden wir uns also um neun Uhr ziemlich derangiert vor Ort ein. Eben ganz normale Dorfkinder, die am Wochenende für gewöhnlich nichts Besseres zu tun haben als Hausaufgaben, Alkohol und Fußball. (Das mit den Hausaufgaben musste ich hier reinschreiben, Mama liest mit.)

Ich gehörte zu denen, die glaubten, mit drei Atü auf dem Kessel sogar noch etwas besser spielen zu können. Ich hatte manchmal das Gefühl, dass ich den Alkohol am Vorabend geradezu brauchte, um meine volle Leistung zu bringen. Wir reden natürlich vom 17-jährigen Robin. Mit 17 dachte das wahrscheinlich fast jeder bei uns.

Wir fuhren also zum Topspiel nach Kleve und waren ungeachtet des heftigen Vorabends heiß auf den Anstoß. Unsere Mannschaft war wirklich gut, da ging einiges. Was mich betrifft, spielte ich tatsächlich überragend. Schoss ein Tor, holte einen Elfmeter raus und gab eine Vorlage. Wir gewannen 3:1. Tage wie diese …

Danach wollte ich einfach nur in die Dusche und ab nach Hause, um den Rest des Tages im Bett zu verbringen, als auf einmal ein Typ vor mir stand und in gebrochenem Deutsch zu mir sagte: „Robin, das hört sich vielleicht ein bisschen komisch an, aber ich würde dich gerne zu einem Probetraining bei Vitesse Arnheim einladen."

Ich kannte den Verein zwar durch die Nähe Emmerichs zur niederländischen Grenze – Arnheim ist nur eine gute halbe Autostunde entfernt –, konnte die Einladung zunächst aber überhaupt nicht ernst nehmen und war total perplex. Der Mann redete einfach weiter: „Ich war eigentlich wegen eines anderen Spielers hier, und zwar von Kleve. Der hat mich in diesem Spiel aber nicht so überzeugt wie du. Deshalb wollte ich dich einfach ansprechen."

„Okay", dachte ich, „der Gute meint das ernst. Jetzt muss ich irgendwie versuchen zu kaschieren, dass ich bis sechs Uhr feiern war und noch immer Restalkohol im Blut habe." Ich gab mein Bestes und vermied Blickkontakt. Zur Sicherheit atmete ich außerdem in eine andere Richtung. Man kennt das ja. Irgendwie musste ich es tatsächlich geschafft haben, meine Fahne zu verbergen, denn die Einladung zum Probetraining bestand auch nach unserer Verabschiedung.

Zwei Tage nach dem Spiel in Kleve sollte ich mit meinen Eltern auf einen Kaffee beim damaligen A-Jugend-Trainer von Vitesse Arnheim, Marino Pusic, vorbeischauen. Er wollte uns von seinen Plänen erzählen. Es lief alles sehr gut. Nicht nur der Besuch bei Marino, sondern auch das Probetraining.

Ein paar Wochen nach diesem ersten Kennenlernen hatten wir ein Spiel auf unserem Heimatplatz, bei dem auch ein Scout von Twente Enschede am Seitenrand stand. Der nächste niederländische Erstligist, das nächste Angebot zum Probetraining. Diesmal wurde allerdings auch einer meiner besten Kumpel eingeladen. Besser ging es ja wohl nicht. Wir fuhren also gemeinsam nach Enschede, liefen für ein Freundschaftsspiel auf und machten unsere Sache so gut, dass der Jugendleiter anschließend sagte: „Wir wollen euch beide bei Twente haben."

Das wäre mir auch definitiv lieber gewesen als ein Wechsel zu Vitesse, weil ich die ganze Sache natürlich vorzugsweise an der Seite eines Freundes durchgezogen hätte. „Brudi", sagte ich, „sollen wir das machen oder nicht?" Was er dann sagte, werde ich mein ganzes Leben lang nicht vergessen. „Bruder", meinte er, „ich würde das wirklich liebend gerne machen, aber das würde bedeuten, dass ich mein jetziges Leben aufgeben müsste. Und mir ist das einfach zu wichtig."

Ich wäre vor Lachen beinahe geplatzt, wirklich. Da bekam der Mann die Chance seines Lebens auf dem Silbertablett überreicht, und er wollte lieber weiter feiern gehen.

Damit war das Thema Twente auch für mich erledigt. Wenn schon keiner meiner Freunde mit dabei war, wollte ich lieber in der Nähe bleiben. Enschede war doppelt so weit entfernt wie Arnheim. Ich gab Vitesse meine Zusage.

Kapitel 2
VALENCIA

19. Februar 2020

Fußball ist so verdammt nebensächlich. Wie sehr, zeigte sich in der Coronakrise, in der wir begreifen mussten, dass es wahrlich wichtigere Dinge gibt. Die ganze Welt stand still und litt, Fußball war nur ein weiteres Beispiel von vielen.

Und es hört sich egoistisch an: Für mich hätte das Timing schlechter nicht sein können.

Mit Atalanta schien es bis zu diesem Zeitpunkt stetig bergauf zu gehen. Jahr für Jahr wurden wir besser und erfolgreicher. Und jetzt waren wir ganz oben angekommen: in der Champions League.

Ich erinnere mich noch gut an die Auslosung der Gruppenphase Ende August 2019. Rabea und ich saßen in unserer Wohnung aufgeregt vor dem Fernseher. So eine Champions-League-Gruppenphase bietet zum einen die Chance, auf die besten Klubs Europas zu treffen, zum anderen aber auch ziemlich geile Städtetrips. Der zweite Punkt interessierte natürlich vor allem Rabea. Atalanta war im letzten Lostopf. Wir mussten uns also gedulden. Es wurden superspannende Paarungen gezogen: Barcelona gegen Dortmund, Bayern gegen Tottenham, Liverpool gegen Neapel, Juventus gegen Atletico. Die WhatsApp-Gruppe unserer Mannschaft lief völlig heiß, jeder hatte so seine Wünsche. Und dann war es soweit: Erst das Los „Atalanta BC", dann ging es darum, in welcher Gruppe wir landen würden. Der Zettel wurde in die Kamera gehalten: Gruppe C. Mit Manchester City, Schachtar Donezk, Dinamo Zagreb. „Okay", kommentierten die meisten im Teamchat, „das geht doch eigentlich." Tatsächlich, es hätte wesentlich schlimmer kommen können, was die Qualität der Gegner betrifft.

Auf das Duell mit Manchester City freuten wir uns natürlich am meisten. Das war zu dem Zeitpunkt vielleicht die beste Mannschaft Europas, auch wenn Liverpool die Champions League gewonnen hatte. City war erst mit 100 und in der Saison darauf mit 98 Punkten englischer Meister geworden. Viel besser, viel konstanter spielte kein anderes Team. Und natürlich wollten wir alle mal gegen Pep Guardiola ran. Man kann über seine Art sagen, was man will, aber der Mann ist ein Genie. Bei den beiden anderen Kontrahenten waren die Reaktionen gemischt. Auf der einen Seite sagten wir uns, dass Platz zwei hinter City im Bereich des Möglichen lag, vielleicht sogar Pflicht war, auf der anderen Seite wollten wir eigentlich gegen die Besten der Besten zocken. Und bei Zagreb und Donezk flippt man jetzt nicht unbedingt vor Vorfreude aus. Ich würde nicht von Enttäuschung sprechen, aber wir hätten gerne mehr gehabt. Mehr Flair, mehr Elite.

Der Spielplan schickte uns zuerst nach Kroatien. Mitte September war es in Zagreb schön warm, aber das Wetter sollte auf dieser Reise nur eine Nebenrolle spielen. Wir hatten im Vorfeld ganz normal trainiert, die Abschlusseinheit im Stadion von Dinamo verlief so wie jede andere, auch wenn für die meisten von uns das allererste Champions-League-Spiel der Karriere bevorstand.

Das Stadion in Zagreb ist keine Schönheit: vier separate Tribünen, mit jeweils mindestens zehn Meter Entfernung zum Rasen, dazwischen eine blaue Tartanbahn. Aber hier spielt der erfolgreichste Verein Kroatiens, der in letzten 14 Jahren 13-mal Meister geworden war. So unschön die Atmosphäre für unseren ersten Abend in der Königsklasse war, so unangenehm wurde die Aufgabe. Dinamo war der vermeintlich schwächste Gegner der Gruppe C, hier galt es zu punkten. Die Sonne ging langsam unter, als wir auf den Platz kamen und auf die berühmteste Fußballhymne der Welt warteten. „Sie sind die Beeeeeesten…" Gänsehaut. Absolute Gänsehaut. Das war leider der letzte gute Moment des Abends. Denn danach gingen auch wir unter. Alles lief schief, und wir verloren 0:4, wurden komplett überrumpelt, spielten total naiv und wurden für jeden Fehler bestraft. Lehrgeld zahlen nennt man so was wohl. Selten habe ich in meinen Jahren als Fußballer eine so niedergeschlagene und traurige Stimmung in der Kabine erlebt wie nach dem Schlusspfiff in Zagreb. Wir hatten den Gegner unterschätzt. In der Champions League ein tödlicher Fehler.

Und es wurde auch im zweiten Spiel nicht besser. Auch nicht im dritten. Erst kassierten wir gegen Donezk in der letzten Minute das 1:2, dann wurden wir in Manchester nach kurzzeitiger Führung schlimm verhauen. Was City gegen uns spielte, war noch mal eine ganz andere Liga. „Schön, dass wir mit dabei sein dürfen", dachte ich mir nach dem 1:5, „aber vielleicht sind wir doch nicht ganz so gut, wie wir dachten." Diesmal war die Enttäuschung nicht so groß, dafür war unsere Unterlegenheit viel zu offensichtlich gewesen. Der Abend hatte für mich immerhin noch eine amüsante Überraschung parat gehabt. Nach dem Schlusspfiff war ich auf Ilkay Gündogan zugegangen, den ich bis dato ja nur aus dem Fernsehen kannte, und hatte ihn gefragt, ob wir die Trikots tauschen wollten. Er schaute mich an und wunderte sich, warum ich so gut Deutsch sprach. Ilkay wusste einfach nicht, wer ich war. Aber das war schon in Ordnung. Dafür hängt sein Trikot jetzt bei mir im Schrank.

Alles in allem war es ein katastrophaler Start in die Königsklasse. Drei Spiele, drei Niederlagen, null Punkte. In der Serie A hatten wir mit unseren Gegnern teilweise Katz und Maus gespielt, in der Champions League bekamen wir dagegen keinen Fuß auf die Erde. Kein Team hatte es mit so einer Bilanz nach der Hinrunde jemals geschafft, noch ins Achtelfinale einzuziehen. Die Champions-League-Saison war gelaufen, da brauchten wir uns nichts vormachen. Für uns ging es jetzt darum, irgendwie Dritter zu werden, um wenigstens in der Europa League mitspielen zu dürfen. Abgesehen davon wollten wir auch unsere Ehre retten, punktlos durfte man sich, gerade in so einer Gruppe, nicht verabschieden. In Italien nahm uns die Presse ordentlich in die Mangel. „Atalanta versaut uns die Fünfjahreswertung", hieß es da. Oder: „Die sind nicht für die Champions League gemacht!" Ich kann mich noch an die Aussage von Juventus-Sportdirektor Fabio Paratici erinnern, der sich öffentlich über uns beschwerte: „Wie kann es sein, dass sich Atalanta nach einem guten Jahr für die Champions League qualifizieren darf? Die haben doch gar keine Geschichte, die machen uns die Wertung kaputt. Das ist eine Frechheit." Eine abenteuerliche Aussage. Jetzt wurde es persönlich.

Was ich noch nicht erwähnt habe: Unser Stadion war für die Champions League zu klein. Im Vorfeld war bereits geklärt worden, dass wir unsere Heimspiele im Mailänder San Siro austragen würden. Das ist zwar eine der berühmtesten Spielstätten der Welt, aber eben das Stadion von Inter und AC. Deren Fans fanden es natürlich auch nicht so toll, dass der kleine Nachbar aus Bergamo in ihrem Wohnzimmer spielen sollte. Das San Siro wurde nie unser Zuhause, aber schlecht war es natürlich auch nicht, dass statt 25 000 hier 50 000 fußballverrückte Menschen für uns sangen und schrien.

Das Rückspiel gegen Manchester City, ein 1:1, war ein erster Schritt in die richtige Richtung. Obwohl ein Punkt nach vier Partien noch immer nicht gut klang: Es bestand noch eine minimale Chance aufs Achtelfinale. Die wurde nicht kleiner, als wir gegen Zagreb unsere ersten drei Punkte holten. Dann kam der entscheidende Spieltag: Wir (vier Punkte) mussten in Donezk (sechs Punkte) gewinnen und brauchten gleichzeitig die Hilfe von City in Zagreb (fünf Punkte). Einen Haken hatte die Sache noch: Eine Reise in die Ukraine, mitten im Dezember. Es war saukalt. Hinzu kam diese Trostlosigkeit in der Stadt. Wegen der Kriegssituation in Donezk mussten wir nach Kiew fliegen und von dort nach Charkiw fahren, das lag noch mal fünf Stunden nördlicher als Donezk und war noch mal fünf Grad kälter. Als wir durch die Straßen fuhren, sahen wir fast nur kaputte Gebäude. „Was machen wir hier nur?", fragte ich mich. Das Wetter passte zur Szenerie. Oder die Szenerie zum Wetter. Zum Glück waren wir nur zum Fußballspielen gekommen. Und dieses Fußballspiel konnte uns doch noch das Achtelfinale in der Champions League bescheren.

Das Metalist-Stadion in Charkiw kam ähnlich schmucklos daher wie der Kasten in Zagreb. Auch hier führte eine blaue Tartanbahn um den Platz. Die erste kritische Situation ergab sich schon beim Aufwärmen, weil ich nicht wusste, wie ich die Sache angehen sollte. Normalerweise wärme ich mich immer so auf, wie ich spiele. Und normalerweise spiele ich in kurzer Hose und kurzem Trikot. Anders kannte ich es nicht, deshalb wollte ich daran auch nichts ändern. Bei ungefähr minus 40 Grad lief ich also in kurzen Klamotten und ohne Handschuhe auf den Rasen. Was soll ich sagen: Mir sind die Eier abgefroren.

Das Gute war die Ausgangslage. Es hatte vorher in der Kabine schon diesen Moment gegeben, als ich in die Augen meiner Mitspieler geschaut und mir gedacht hatte: Hier kann heute gar nichts schiefgehen. Draußen war es kalt, aber wir waren heiß. Poetisch, oder? Die Einstellung spürte man auf dem Platz sofort. Wir waren viel motivierter, viel gieriger. Es dauerte, aber nach etwas mehr als einer Stunde belohnten wir uns für einen überragenden Auftritt. Nach dem 2:0 in der 80. Minute war die Sensation greifbar. Denn parallel – das hatten wir natürlich mitbekommen – führte Manchester deutlich gegen Zagreb.

Und dann kam mein Moment. In der Nachspielzeit tat mir ein Verteidiger von Donezk den Gefallen und klärte den Ball so, dass ich frei vorm Torwart stand und das Ei ins Tor grätschen konnte. Die Entscheidung. Die Sensation. Der Wahnsinn.

Ich habe die Bilder heute noch im Kopf: Wie ich jubelnd abdrehe, zur Seite schaue und sehe, wie unsere ganze Bank auf mich zugerannt kommt. Ich wurde unter zwei Dutzend jubelnden Menschen begraben, aber das war der schönste Schmerz meines Lebens. Der Rest verschmolz zu einer riesengroßen Party. In der Kabine wurden Flaschen, Klamotten und Lebensmittel durch die Gegend geworfen, mit der Musikbox auf Anschlag. Am Flughafen in Kiew besorgte unser Stürmer Luis Muriel drei Flaschen Whiskey, die im Flieger geleert wurden. Um drei Uhr nachts landeten wir in Bergamo, wo Tausende Fans auf uns warteten. Am nächsten Tag mussten, wie man das in der Kreisliga immer so schön sagt, alle wieder arbeiten, es interessierte nur niemanden. Bengalische Feuer brannten, Lieder wurden gesungen. Sogar Rabea war zum Flughafen gefahren. Sie wollte unbedingt miterleben, was da abging. Eine halbe Stunde lang feierten wir mit unseren Fans und ließen den Bus einfach warten. Dieses bisher größte Ereignis der Vereinsgeschichte konnte uns keiner mehr nehmen. Das bleibt für immer, ein Leben lang. Wenn ich mit 85 im Sessel sitze und meinen Enkelkindern Geschichten von früher erzähle, dann auf jeden Fall von dieser Nacht.

Wir hatten es ins Achtelfinale geschafft.

Aber jetzt ging die Geschichte ja eigentlich erst richtig los. Wieder warteten wir gespannt auf die Auslosung. Paris, Liverpool, Bayern oder Barcelona waren mögliche Gegner, am Ende wurde es Valencia. Eine Mannschaft, die in der spanischen Liga große Probleme hatte. Ich dachte: „Valencia? Warum hauen wir die nicht auch noch weg?" Das Hinspiel war für den 19. Februar angesetzt. Zuvor hatten wir in der Serie A noch ein ganz wichtiges Spiel gegen die Roma auf dem Programm. Die war ein direkter Konkurrent im Kampf um die erneute Qualifikation für die Champions League. Aber so richtig konnte sich da niemand von uns drauf konzentrieren. Alle im Verein und in der Stadt waren in Gedanken schon beim Achtelfinal-Hinspiel.

Aus Deutschland lagen mir ein paar Interviewanfragen vor, aber die wurden von Atalanta abgeblockt. Richtig streng, jeder sollte sich nur auf die eine Sache konzentrieren. Der Barcelona- oder Bayern-Fan mag jetzt vielleicht denken, dass der nette Herr Gosens sich und seinen Verein hier etwas zu wichtig nimmt, aber für uns war das alles Neuland. Und damit ein großes Abenteuer. Die Partie gegen Rom gewannen wir nach Rückstand noch mit 2:1. Das war schon mal sehr geil und sehr wichtig. Einen Tag später, am Sonntag, kam der Präsident zum Training und rief uns im Konferenzraum zusammen. Dazu muss man wissen, dass Antonio Percassi mittlerweile etwas älter ist und das Tagesgeschäft eigentlich seinem Sohn Luca überlassen hat. Luca kümmert sich ums Sportliche, Antonio pumpt das Geld rein. So in etwa. Dass der alte Mann höchstpersönlich auftauchte und eine Ansage machte, war also etwas Besonderes. Die Mannschaft sagte kein Wort. Wenn Don Percassi spricht, haben die Krümel Pause.

„Das ist das Spiel des Lebens für diesen Verein, das größte in der Geschichte von Atalanta", sagte er mit ruhiger Stimme. „Bitte stellt euch vor, dass dieser Verein immer nur darum gekämpft hat, in der Liga zu bleiben. Für die Fans war es noch vor wenigen Jahren unvorstellbar, ihr Team mal in der Champions League zu sehen. Und jetzt habt ihr die Möglichkeit, das Ticket fürs Viertelfinale zu lösen und euch ein Denkmal im Herzen aller Fans und ganz Bergamo zu setzen. Genießt es, das ist euer Moment auf der großen Bühne. Verkauft euch und den Verein so teuer wie möglich." Übersetzt: Das Achtelfinale war sehr gut, ein Viertelfinale würde finanziell noch mal ein Riesensprung sein. Ich muss wohl nicht erklären, dass dem guten Mann in diesem Moment natürlich auch die Geldscheine in den Augen funkelten. Dementsprechend spürten wir Vorfreude, gleichzeitig aber auch Druck. Wir waren im Achtelfinale und sehr froh, es überhaupt so weit geschafft zu haben. Aber gleichzeitig wurden wir das Gefühl nicht los, dass wir der Favorit waren und deshalb weiterkommen *mussten*.

Einen Tag vor dem Spiel fuhren wir nach Mailand. Es war klar, dass der Mittwoch ein totales Chaos werden würde, deshalb quartierten wir uns zur Sicherheit schon vorzeitig in Mailand ein. Als der Tag gekommen war, begrüßten uns beim allseits beliebten Anschwitzen die ersten Fans am Stadion. Kurz darauf war vor unserem Hotel bereits die Hölle los. Der Tag wurde zur einzigen Party für unsere Leute. Sie tranken, sangen und feierten. Für sie war es das größte Event des Jahres. Für uns auch. Rabea hatte leider wie halb Bergamo die Entscheidung getroffen, am Nachmittag um 16 Uhr, also fünf Stunden vor Anpfiff, loszufahren. Normalerweise dauert die Strecke etwa eine Dreiviertelstunde, wenn überhaupt. Doch erst um 20.30 Uhr war sie am Stadion. Nichts ging mehr. Alle waren auf den Beinen, alle wollten dieses Spiel miterleben. Wenn schon nicht im Stadion, dann wenigstens davor oder daneben oder irgendwo in der Nähe halt.

Um 19 Uhr fuhren wir vom Hotel Richtung Stadion. Ich hatte mir im Vorfeld ausnahmsweise viele Gedanken gemacht und im Prinzip zwei Optionen im Kopf: Entweder das geht total in die Hose, weil wir übermotiviert sind und zu viel zeigen wollen, oder wir rasieren die hier so von der Platte, dass die gar nicht mehr wissen, wo vorne und hinten ist. Gian Piero Gasperini, unser Trainer, musste vor dem Spiel nicht mehr viel sagen, jeder war heiß bis in die Fingerspitzen. Darauf hatten wir so viele Jahre hingearbeitet. Uns musste niemand mehr sagen, was zu tun war.

Ich habe selten so eine besondere Stimmung erlebt, als wir den Rasen betraten. So viele, wie reindurften, waren auch gekommen: 45 000. Wir sogen jedes Wort, jedes Geschrei auf und übertrugen es auf den Platz. Valencia hatte überhaupt keine Chance. Irgendwas hatten die in ihrer Spielvorbereitung vergessen, denn es war kein Geheimnis, dass wir mit Vollgas auf sie drauffliegen würden. Und wie wir das taten. Nach einer Stunde führten wir mit 4:0, am Ende stand ein aus Sicht von Valencia schmeichelhaftes 1:4. Wir hatten ein Feuerwerk abbrennen wollen, und das war uns gelungen.

Doch jetzt nahm die Geschichte eine böse Wendung.

Der eine oder andere wird schon von „Partita zero", dem „Spiel null", gehört haben. So wurde unsere Partie gegen Valencia im Nachhinein getauft. Klingt dramatisch? War es auch.

Ganz ehrlich: Im Vorfeld dieses Spiels war vom Coronavirus noch nicht viel die Rede. Wir wussten zwar, dass dieses Virus existiert. Aber nicht, dass es schon längst bei uns angekommen war. Wie sich herausstellte, war das Spiel gegen Valencia ein Brandbeschleuniger. Spiel null. Das Todesurteil für viele Menschen. Als das Virus die Region erreicht hatte, fand es im Stadion 45 000 Zuschauer vor, die schrien, jubelten und lachten. Es hätte eine einzige infizierte Person gereicht, um viele weitere anzustecken. Und diese eine Person war ganz sicher vor Ort. Bereits am nächsten Tag wurde unser Ligaspiel gegen Sassuolo abgesagt. Die Regierung teilte mit, dass das Virus Italien und speziell den Norden erreicht hatte. Die Entscheidung stieß in der Mannschaft zu dem Zeitpunkt auf Unverständnis. Das kam uns allen zu krass vor, wir wollten im Flow bleiben. Vom Verein gab es auch keine Ansage, dass wir uns zurückhalten oder soziale Kontakte einschränken sollten. Die ersten 24 Stunden nach dem Valencia-Spiel verliefen noch relativ harmlos. Danach wurde es kritisch.

Innerhalb von zwei Tagen eskalierte die Lage. Nichts war mehr, wie es vorher war. Weil niemand sagen konnte, was als Nächstes passierte. Damals hatten wir ja keine Ahnung, wie gefährlich dieses Virus wirklich ist. Bis dahin hatte man in Bergamo die ganze Zeit nur Gerüchte über das „China-Virus" gehört. Und jetzt sollte die Lombardei betroffen sein?

Heute bekomme ich ein mulmiges Gefühl bei der Vorstellung: Da war dieser unsichtbare Todfeind, der langsam, aber sicher über den Planeten rollte wie ein Tsunami, und wir wussten es nicht. Mit jedem Tag, der verging, stiegen die Zahlen, stieg die Ungewissheit. Sollte man noch auf die Straße gehen? In den Supermarkt? Und übrigens: was war mit dem Fußball? Hätte ich zu diesem Zeitpunkt schon gewusst, wie schlimm die Pandemie unsere Stadt treffen würde, hätte ich mir über Fußball ganz sicher keine Gedanken gemacht. Aber noch war so wenig bekannt. Wir hatten doch gerade erst das größte Spiel unseres Lebens gemacht. Es erschien mir alles so ungerecht.

Rückblickend, das haben mehrere Virologen aus Italien bestätigt, war das Valencia-Spiel einer der Hauptgründe dafür, dass das Virus in Bergamo so explodieren konnte. Natürlich konnten wir da nichts für. Aber letzten Endes sind die Leute ins Stadion gekommen, um uns zu unterstützen. Deshalb waren wir ein Teil des großen Ganzen. Das konnte ich zunächst nur schwer verarbeiten. Eigentlich war ja allen klar, dass unter solchen Umständen kein Fußball mehr gespielt werden konnte, trotzdem war von einer Coronapause oder gar einem Saisonabbruch nie die Rede gewesen.

Neun Tage vor dem Rückspiel in Spanien mussten wir auf einmal wieder in der Liga ran, nachdem das Spiel zuvor bereits abgesagt worden war. In Lecce, also im Süden Italiens, war die Situation angeblich noch in Ordnung. „Ja gut", dachte ich mir, „dann kann man da ja kicken." Das war Ironie, falls das nicht klar genug rüberkam. Während also in Bergamo nach und nach alles zusammenbrach, hauten wir Lecce mit 7:2 weg. Das war das dritte Mal, dass wir in dieser Saison sieben Treffer erzielten. Erst nach der Partie reagierte auch Atalanta: Die Verantwortlichen teilten uns mit, dass wir nicht mehr auf die Straße gehen sollten, um kein unnötiges Risiko einzugehen. Und trotzdem sollten wir noch zum Rückspiel nach Spanien. Was der Verein uns also eigentlich sagen wollte, war: Die Gesundheit ist wichtig, aber wichtiger ist das Geld.

Das Hinspiel gegen Valencia war am 19. Februar, die Partie in Lecce am 1. März, und in Spanien mussten wir am 10. März wieder ran. Innerhalb dieser zwei Wochen hatte sich die Welt für immer verändert. Am 9. März flogen wir nach Valencia. Zu dem Zeitpunkt wussten wir schon, dass das Spiel aus Sicherheitsgründen ohne Zuschauer stattfinden würde. Auch das war damals noch völlig ungewohnt. Die Situation in Valencia war geradezu grotesk. Niemand trug dort eine Maske, es gab keine Sicherheitsauflagen, keine Abstände, gar nichts. Als hätte Spanien dem Virus den Mittelfinger gezeigt. Dumm nur, dass das Virus den Finger einfach abbiss. Tatsächlich war die Szenerie am Flughafen noch nicht mal das Peinlichste am Gesamtauftritt dieser Stadt und des Landes. Am Montag vor dem Spiel fand in Valencia noch ein riesiges Straßenfest mit 250 000 Menschen statt, eine gigantische Party. Dani Parejo, Kapitän von Valencia, beschwerte sich völlig zu Recht: „Warum dürfen die feiern, und wir müssen im wichtigsten Spiel der Saison auf unsere Fans verzichten?" Gute Frage.

Wir checkten ganz gemütlich im Hotel ein, obwohl die Leute ja wussten, dass wir aus Bergamo kamen, der schlimmsten Corona-Region in Europa. Aber das interessierte einfach niemanden. Im Hotel lief alles so wie sonst auch ab. Nur die Pressekonferenz durften Coach Gasperini und ich per Skype abhalten. Das wäre ja sonst zu gefährlich geworden. Sieh an.

Als wir im Mannschaftsbus auf dem Weg zum Stadion saßen, gelang es mir zumindest vorübergehend, das ganze Drumherum mal auszublenden und mich aufs Spiel zu konzentrieren. Es fühlte sich zwar nicht mehr ganz so an, aber uns winkte – wieder mal – ein Karrierehöhepunkt. Es hört sich in Interviews immer so bescheuert an, aber wir wussten sehr wohl, dass wir das Ding trotz 4:1-Vorsprung noch nicht gewonnen hatten. PSG hatte es 2017 geschafft, gegen Barcelona ein 4:0 zu verspielen, gewarnt waren wir also.

Und dann ging der Zirkus wieder los. Am Stadion angekommen, warteten dort knapp 4000 Valencia-Fans. Trotz der Warnung, dass niemand erscheinen sollte. Wir schüttelten die Köpfe. „Was erzählt ihr hier für einen Blödsinn mit euren Sicherheitsmaßnahmen?", dachten wir. „Bei uns zu Hause verfluchen uns die eigenen Fans, weil wir inmitten dieser Katastrophe für so ein Spiel rüber fliegen, und ihr feiert hier dicht an dicht?" Ganz merkwürdige Umstände an einem denkwürdigen Abend. Beim Aufwärmen traf mich die Wucht eines leeren Stadions zum ersten Mal. Meine Anspannung fiel komplett ab. Eigentlich pusht mich so ein Moment immer enorm. Sei es im fremden Stadion mit Beleidigungen und Pfiffen oder in der eigenen Schüssel unter tosendem Jubel. In Valencia war es einfach nur traurig, trist und trostlos. Die letzte Traineransprache vor dem Spiel traf den Nagel auf den Kopf: „Jungs, ich weiß, es ist sehr schwierig auszublenden, was gerade zu Hause passiert. Aber aktuell können wir nichts dagegen machen. Wir können immerhin Geschichte schreiben und ein unvergessliches Spiel abliefern, für die Menschen in Bergamo." Es hätte für uns das Spiel des Lebens sein können, aber es kam keine Stimmung auf. Obwohl das Ding relativ schnell in unsere Richtung lief. Im Nachhinein habe ich versucht, mir auszumalen, wie es wohl gewesen wäre, wenn Valencia zwei Hütten gemacht hätte. Wären die steil gegangen? Hätten wir uns in die Hose gemacht?

Das Ergebnis – wir gewannen dank eines Viererpacks von Josip Ilicic mit 4:3 – interessierte eigentlich niemanden mehr. Nach dem Abpfiff hielten wir Shirts mit der Aufschrift „Bergamo non mola mai" in die Kamera: Bergamo gibt nicht auf. Eine Botschaft an unsere Stadt: Wir kämpfen zusammen! In der Kabine feierten wir unseren Einzug ins Viertelfinale – Viertelfinale! – nicht ansatzweise so ausschweifend wie im Dezember in der Ukraine. Aber Gasperini umarmte jeden Spieler und drückte jedem von uns einen Schmatzer auf die Wange.

Ich habe mir schon oft die Frage gestellt, was man hätte machen und wie man es hätte verhindern können. Hätte man früher aufhören müssen? Hätte man wissen müssen, dass gegen Valencia ein derart großes Risiko bestand? Ich konnte auf jeden Fall nur ein Stoßgebet Richtung Himmel schicken. Beim Hinspiel gegen Valencia war meine 75-jährige Oma zum allerersten Mal im Stadion, ausgerechnet bei diesem „Spiel null". Ich hätte es mir niemals verziehen, wenn sie sich dort infiziert hätte.

Je näher wir in dieser Nacht dem Flughafen in Bergamo kamen, desto bedrückter wurde die Atmosphäre. Da war nichts mehr mit Whiskey oder Party. Unseren Fans hatte man mitgeteilt, dass sie uns nicht am Flughafen begrüßen sollten. Drei Monate vorher hatten wir hier den Spaß unseres Lebens gehabt, jetzt ging es darum, mit so wenig Kontakt wie möglich nach Hause zu kommen.

In Bergamo geriet die Situation bald völlig außer Kontrolle. Es starben so viele Menschen, dass die Leichen in Turnhallen gebracht werden mussten, weil in Krankenhäusern oder auf Friedhöfen kein Platz mehr war. Über der Stadt hing ein Schleier der Traurigkeit, wir Fußballer waren komplett unwichtig geworden. Und das zu Recht.

Wir landeten direkt in der Hölle, anders kann man die Lage nicht beschreiben. In dieser Nacht schlief ich keine Sekunde, es ging nicht. Ich konnte das Geschehene und das, was nun passierte, nicht miteinander verbinden. Am nächsten Tag schleppte ich mich zum Vereinsgelände, dort warteten die meisten bereits im Besprechungsraum. Präsident Luca Percassi ergriff das Wort: „Ganz ehrlich Jungs, ich habe keine Ahnung, wie es weitergeht. Ich weiß nur, dass unsere Stadt und unsere Region die mittlerweile am schwersten betroffene in Europa ist. Die Regierung hat den Ausnahmezustand verhängt, an Fußball ist vorerst nicht mehr zu denken." Zum ersten Mal hatte es jemand laut ausgesprochen. Fußball war unbedeutend geworden. Percassi fuhr fort: „Ihr könnt nach Hause gehen oder hier am Trainingscenter bleiben, je nachdem, wo ihr euch sicherer fühlt. Der Verein tut alles in seiner Macht Stehende, um für eure Sicherheit zu sorgen, aber am Ende seid ihr nur dann sicher, wenn ihr zu Hause bleibt und das Haus auch nicht verlasst." Man bekam wirklich Angst. Natürlich hatte ich schon mitbekommen, wie schlimm es in der Stadt und im Prinzip auf der ganzen Welt geworden war, aber erst jetzt wurde es wirklich greifbar. Bleibt zu Hause, ansonsten holt euch das Killervirus. Der Präsident war noch nicht fertig: „Euer Teammanager verteilt euch jetzt Dokumente, auf denen steht, dass ihr aus arbeitstechnischen Gründen mit dem Auto nach Hause fahren dürft. Der Doktor reicht euch Handschuhe und Mundschutz, damit ihr, wenn ihr denn das Haus für Einkäufe verlassen müsst, bestmöglich geschützt seid. Es tut mir unendlich leid, dass wir diesen historischen Sieg nicht gemeinsam feiern können, aber aktuell zählt nur die Gesundheit der Menschen."

Damit war alles gesagt. Wir saßen schweigend und wie gelähmt da, ehe die ersten den Raum verließen. Es war alles so surreal. Die Ansprache hatte geklungen, als befänden wir uns im Krieg. Irgendwo da draußen lauerte der unsichtbare Feind, der dabei war, die Welt stillzulegen. Und keiner wusste, wie er diesen Feind stoppen konnte. Wir verabschiedeten uns in dem Wissen, uns auf unbestimmte Zeit nicht wiederzusehen. Lange hatten wir den Ernst der Lage nicht begriffen, und plötzlichen waren wir mittendrin im Epizentrum.

Am 12. März begann offiziell die Quarantäne. Rabea und ich versuchten, es uns in unserer Dachgeschosswohnung mitten in der Stadt gemütlich zu machen. Hier würden wir erst mal bleiben, nach Deutschland durften wir aus verständlichen Gründen nicht. Unsere Wohnung ist zum Glück groß genug, sie verfügt über einen großzügigen Wohnbereich und eine kleine Extra-Lounge auf der Galerie. Genügend Freiraum also. Und ganz ehrlich: So viel Zeit für uns hatten Rabea und ich eigentlich noch nie gehabt. Da wir keine Ahnung hatten, wie, wann und in welcher Form es weitergehen würde, lebten wir einfach in den Tag hinein und taten so, als würden wir mal kurz Urlaub machen. Tagsüber trainierten wir ein bisschen zusammen, für den Fall, dass es weitergehen sollte mit dem Fußball. Ich dachte anfangs wirklich, dass es nicht lange dauern würde, bis wir wieder Training hatten. Immerhin standen noch zwölf Ligaspiele und die Champions League auf dem Programm. Also hielten wir uns zusammen fit, drehten Quarantäne-Tik-Tok-Videos, versuchten, die Sonne auf dem Balkon und die

Zweisamkeit zu genießen. Da wir selbst zum Gassi gehen nicht mehr vor die Haustür durften, drehten wir unsere Runden mit Malou im Innenhof. Diesen etwa 25 Meter langen Hof nutzten wir übrigens auch für unsere Laufeinheiten. Täglich zogen wir hier unsere Bahnen.

Wir machten das Beste aus einer unwirklichen Situation, und ich muss sagen, dass es uns ganz ausgezeichnet gelang, nicht einen einzigen Moment Langeweile aufkommen zu lassen. Nach dem vierten Tag in Quarantäne erhielt ich die Nachricht, dass mehrere Spieler von Valencia positiv auf das Coronavirus getestet worden waren. Hieß für uns: verpflichtende Isolation, Infektionskette unterbrechen und 14 Tage häusliche Quarantäne. Also noch mehr Tik Toks und Innenhof-Sport. Zu Beginn der Pandemie war ich noch davon ausgegangen, dass es für uns Fußballer bestimmt irgendeine Regelung geben würde, damit wir irgendwann weiterspielen können. Aber so langsam wurde mir in der Isolation bewusst, dass auch wir, genau wie alle anderen, zu Hause gefangen waren. Ausnahmsweise gab es für die verwöhnten Profis keine Extrawurst, zumindest erstmal. Weil Fußball nun mal ein Milliarden-Business ist, hätte es mich nicht gewundert, wenn wieder eine Ausnahme für uns gemacht worden wäre. Wegen der vielen Arbeitsplätze, die daran hängen, vielleicht ein Stück weit sogar verständlich. Trotzdem war ich froh, dass wir keine Sonderbehandlung bekamen. Das Leben so vieler Menschen stand auf dem Spiel, welchen Stellenwert hatte in diesem Moment schon der Sport?

Gar keinen. Fußball war unbedeutend.

Wie alle saßen wir Fußballer zu Hause fest und mussten wie alle die Zeit totschlagen. Das fand ich irgendwie gerecht.

Wir machten eine To-do-Liste. Jeder Morgen begann mit einer schönen Einheit Yoga, am Vormittag erledigten wir irgendwelche Dinge, die erledigt werden mussten: Frühjahrsputz, das Auto auf Vordermann bringen, Schränke aufräumen, Klamotten aussortieren. Ich widmete mich ausgiebig meinem Psychologiestudium (darauf gehe ich noch genauer ein, keine Sorge), für das ich sonst kaum Zeit hatte. Jetzt schrieb ich ungefähr eine Hausarbeit pro Woche. Überragend, oder?

Ansonsten plätscherten die Tage so dahin. Kurz vor Ablauf der Isolation wurde ein Video-Meeting mit Spielern, Trainerteam und Vorstand einberufen. Nach kurzem Small-Talk kamen die Verantwortlichen schnell zum Wesentlichen: Sie gingen nicht davon aus, dass die Saison zu Ende gespielt werden könnte. Uff! Das saß erst mal. Tausend Fragen gingen mir durch den Kopf. Durften wir jetzt wenigstens nach Hause zu unseren Familien? Gab es irgendwelche Auflagen oder Pläne? Die Antwort auf alle meine Fragen: Nein. Jeder Spieler bekam wenigstens ein Laufband nach Hause geschickt. Einen Tag nach dem Meeting brachte die Firma das 13500 Euro teure Gerät vorbei. Was die Monteure dachten, war mir ziemlich klar: „Wer, in Gottes Namen, braucht denn jetzt so ein Ding? Gibt es nicht andere Probleme?" Zu allem Überfluss durften sie es in den vierten Stock schleppen, ohne dass wir Hilfestellungen geben durften. Das erste Mal, dass ich dem Virus dankbar war. Spaß. Ob nun notwendig oder nicht, das Laufband vereinfachte meinen Alltag enorm. Sechsmal pro Woche hatten wir ein Programm abzuspulen, der Sonntag war frei.

Und um nicht nur stumpf die Kilometer auf dem Laufband abspulen zu müssen, kam mir eine Idee: Marten De Roon hatte mir auf meinen Wunsch bei einer seiner Länderspielreisen das Trikot von Thomas Müller mitgebracht. Müller hatte das Trikot bei einem Nations-League-Spiel gegen Martens Niederländer getragen, und ich war ziemlich glücklich, das weiße Teil mit der Nummer 13 in meinem Zimmer hängen zu haben, weil es, was damals keiner ahnte, eines der letzten getragenen DFB-Jerseys vom Thomas war. Ich nahm also das fein säuberlich verstaute Stück Stoff aus dem Schrank heraus, steckte es auf einen Bügel und hing es anschließend genau in die Mitte des Fensters, auf das ich beim Malochen schaute. Immer wenn ich nun meine Schuhe schnürte und auf das Laufband stieg, sah ich nicht mehr nur die Häuserfassade des gegenüberliegenden Hauses, sondern das DFB-Trikot von Müller. Das motivierte mich. Auf dem

Höhepunkt der Pandemie im Frühjahr 2020 hatte der Bundestrainer Jogi Löw verlauten lassen, dass er mich für den nächsten Lehrgang, der im März hätte stattfinden sollen, nominieren wollte. Ein unwirklicher Traum, der in Erfüllung gegangen wäre. Das Trikot erinnerte mich täglich daran, dass ich ganz dicht dran war, mir den größten aller Kindheitsträume zu erfüllen. Und es sagte mir vor allem eines: Egal, was passieren würde, wenn der Ball wieder rollt, Robin Gosens wird nahtlos an seine bisherigen Leistungen anknüpfen und sich bald deutscher Nationalspieler nennen – daran bestand für mich kein Zweifel, das nahm ich mir fest vor. An dieser Stelle auch noch mal ein großes Dankeschön an Thomas Müller: Du warst im Prinzip meine tägliche Motivation und hast somit einen nicht unerheblichen Anteil an der Erfüllung meines Kindheitstraumes. Liebe Grüße.

Die Tage und Wochen verstrichen mit Sport, Lernen oder Kniffel, und während wir auf den wenigen Quadratmetern eingesperrt waren, verbesserte sich die Lage auf den Straßen und in den Krankenhäusern zumindest ein wenig.

Und am 28. Mai kam sie dann doch noch, die Nachricht, die kaum noch jemand erwartet hatte: Il calcio sta tornando. Der Fußball kehrt zurück. Die Saison geht weiter.

Und wie sie das tat.

Kapitel 3
EMMERICH

5. Juli 1994

Soll ich wirklich davon erzählen, dass ich noch genau weiß, wie ich als Zweijähriger im Familienurlaub in der Kinderdisko zum „The Ketchup Song" getanzt habe? Lieber nicht. Gleichzeitig ist es mir wichtig, euch mitzuteilen, wo ich herkomme und was das mit mir gemacht hat. Und glaubt mir, es lohnt sich. Ich sag nur rostiger Nagel oder Berthas Bude. Also: Vorhang auf.

Der kleine Robin wurde am 5. Juli 1994 in Emmerich geboren und wuchs 300 Meter von der niederländischen Grenze entfernt in Elten auf. Sein Papa, Holger, ist Holländer und technischer Angestellter bei einem Bauunternehmen, die Mutter, Martina, Deutsche und Arzthelferin. Robin, der Sohn, halb und halb. Chantal, die Tochter, komplettiert das Quartett seit dem 14. Oktober 1996.

Elten ist eines von fünf kleinen Dörfern der Stadt Emmerich, das letzte vor der Grenze zum Nachbarland. Für eine 5000-Seelen-Gemeinde ist in Elten sogar verhältnismäßig viel los. Es gibt drei Restaurants, eine Eisdiele, zwei Bäckereien und drei Supermärkte. Trotzdem kennt hier jeder jeden, und vielleicht ist auch jeder mit jedem irgendwie verwandt. Wie das auf dem Land halt so läuft.

In Elten gibt es neben ganz viel Natur mehrere kleine Siedlungen. In einer davon steht mein Elternhaus. Man kann es sich wie eine langgezogene Straße vorstellen, von der kleinere Stichstraßen mit je fünf Häusern links und rechts abgehen, und die in einem Wendehammer enden. Unser Haus war quasi der Wendehammer. Wir hatten viel Platz, einen Garten und viel Ruhe. Das typische Dorfleben, total entspannt und idyllisch.

Ich habe lange überlegt, was meine erste Erinnerung als Kind ist. Ich bin mir ziemlich sicher, dass es Weihnachten 1999 war, als ich so sehr darauf hoffte, ein Kettcar zu bekommen, dass mir vor Nervosität den ganzen Tag lang schlecht war und ich wahnsinnige Bauchschmerzen hatte. Chantal und ich mussten an Heiligabend immer hoch auf unsere Zimmer, wenn das Christkind kam und die Geschenke unter den Weihnachtsbaum packte. Ich würde übrigens sofort meine Fußballschuhe an den Nagel hängen, wenn ich dafür wieder ans Christkind glauben könnte. Was ist das eigentlich für eine geile Tradition?

Meine ganze Kindheit fand quasi draußen statt. Ich habe nie eine Konsole besessen. Zum Glück gab es auch keine Smartphones oder Tablets. Wir hatten ein großes Trampolin im Garten, das meinen Alltag dominierte. Mike, Lennart, Jan-Philipp, ein anderer Robin und ich trafen uns jeden Tag und spielten ein bestimmtes Spiel: Einer stand auf dem Trampolin und musste versuchen, die anderen vier daran zu hindern, den Ball hinter einen zu bringen. Ein Torwart und vier Feldspieler, wenn man so will.

Ich fing erst als Sechsjähriger bei Fortuna Elten mit dem Fußballspielen an. Vorher hatte ich eher wenig Bezug zu dem Sport, mit dem ich heute mein Geld verdiene, obwohl mir Papa immer mal wieder einen Ball vor die Füße warf, fast um zu sagen: „Mach doch mal was."

Dummerweise war er auch mein erster Trainer. Dummerweise, weil ich so unglaublich ehrgeizig war und wir dadurch ein kompliziertes Verhältnis hatten. Wenn er mich auswechselte, fing ich an zu heulen. Er war doch mein Vater, wie konnte er mich da runternehmen? Wir sind oft aneinandergeraten. Deshalb wollte mein Vater den Job bald wieder beenden, um seinen Sohn nicht zu verlieren.

Dieser Ehrgeiz zeigte sich nicht nur auf dem Fußballplatz. Egal, um was für ein Spiel es ging. Ob es „Mensch ärgere Dich nicht" oder „Uno" war: Ich konnte nicht verlieren. Sobald ich spürte, dass ich auf der Verliererstraße war, bekam ich Wutanfälle und heulte los. Und auch heute noch: Wenn ich zum Beispiel ein Brettspiel gegen Rabea verliere, fängt es an, in mir zu brodeln. Ich überrede sie dann meistens zu einer Revanche-Partie, obwohl ich weiß, dass ihr das nicht viel Spaß macht.

Ich war ein sehr anstrengendes Kind, das nie die Klappe halten konnte. Das war meinen Eltern teilweise richtig peinlich. Als kleiner Bursche fragte ich wildfremde Menschen auf der Straße, wie es ihnen gehen würde. Was die wohl gedacht haben müssen? Ich konnte nie stillsitzen, irgendwie musste ich ständig beschäftigt werden. Das führte mitunter auch zu ziemlich dummen Ideen. Als ich zehn war, trafen wir uns an einem verregneten Tag bei Fortuna Elten. Dort lagen Holzbalken, auf denen wir Kinder gerne balancierten. Aus einem dieser Balken ragte ein fetter, rostiger Nagel heraus. Klar, was jetzt kommen muss: Ein paar Minuten später steckte dieser Nagel in meinem Knie. Die Narbe habe ich immer noch. Noch viel schlimmer: Im Krankenhaus wurde mein Bein verbunden. „Darf man damit noch aufs Trampolin?", fragte ich und bekam nur ein Kopfschütteln zur Antwort. „Aber Fußballspielen geht noch, wenn ich nur mit rechts schieße?" Nein, auch kein Fußball.

Was für eine Katastrophe.

Ein paar Wochen später fuhren wir nach Italien in den Urlaub, mein Bein war wieder einigermaßen einsatzfähig. Vor Ort fand ich relativ schnell Freunde. Das ist übrigens auch so ein Phänomen, oder? Zeigt mir mal einen Jungen zwischen sieben und elf, der im Urlaub nicht mindestens einen Freund fürs Leben findet. Zumindest hält die Freundschaft so lange, bis man wieder zu Hause ankommt. In diesem Alter gibt es noch keine Hemmschwelle.

Meinen Eltern erzählte ich nichts von meiner Bekanntschaft, denn ich wollte ja Fußball spielen, was sie mir strengstens verboten hatten. Natürlich fiel ich genau auf die Wunde, die wieder aufriss. Mama und Papa mussten mit mir in ein italienisches Krankenhaus, beide sprachen kaum ein Wort Englisch, geschweige denn Italienisch. Unter maximal unhygienischen Bedingungen wurde die Wunde wieder zugenäht, das passte aber vorne und hinten nicht. Deshalb ist die Narbe auch heute noch so fett.

Das Trampolin in unserem Garten reichte den Jungs und mir irgendwann nicht mehr aus. Mit elf Jahren fuhr ich oft zu Opa Klaus. Der wohnt in Hüthum, fünf Kilometer von Elten entfernt. Opa ist geborener Handwerker, deshalb fragte ich ihn eines Tages: „Sag mal, Opa, es muss doch möglich sein, dass wir in unserem Wendehammer Fußball spielen können, dann müssen wir nicht immer zum Sportplatz fahren!?" Und Opa hatte eine Idee. Aus einem alten Bettgestell bastelten wir Tore, ein Meter mal ein Meter groß. Von da an spielten wir jeden Tag Fußball, ganz egal, bei welchem Wetter. Am schönsten war es, wenn Schnee lag, dann konnte man gut grätschen. Glücklicherweise lagen auf der Straße keine rostigen Nägel.

Ich hatte schon damals einen harten Schuss und war ziemlich schnell. Das reichte in den ersten Junioren-Jahren aus, um aufzufallen. Eine Position gab es in der F- oder E-Jugend natürlich noch nicht, da war man entweder defensiv oder offensiv. Ich durfte vorne ran und schoss viele Tore. Mein Vater erinnert sich, dass ich mir den Ball meistens einfach weit vorlegte und die Abwehrspieler überlief. Bitte haltet mich jetzt nicht für einen Angeber, das ist Papas Aussage!

In der D-Jugend wechselte ich zum FC Bocholt. Die waren zu der Zeit in unserer Gegend das Nonplusultra, gerade in Sachen Jugendarbeit. Da wurde auch zum ersten Mal deutlich, dass ich vielleicht tatsächlich ein bisschen mehr draufhatte als die Jungs, mit denen ich im Dorf kickte. Zentrales Mittelfeld war meine erste richtige Position, und ich füllte sie ganz gut aus. Vier Jahre später ging es weiter zum VfL Rhede, jüngerer Jahrgang B-Jugend, ich war ungefähr 15. Für Rhede, einen etwas größeren Klub mit eigener Leichtathletikabteilung und einem Hauptplatz mit Tribüne, entschied ich mich auch deshalb, weil die regelmäßig um den Aufstieg in die Niederrheinliga mitspielten, also eine Klasse unterhalb der Junioren-Bundesliga. Außerdem, und das war vielleicht noch wichtiger, spielte dort fast mein gesamter Freundeskreis.

An diesem Punkt machen wir einen Haken unter dem kleinen, unschuldigen Robin und dem rostigen Nagel, die Bettgestelltore und Schneegrätschen. Jetzt wird es ernst.

Ich hatte zwei Freundeskreise, einen in Rhede und einen in Emmerich. Als ich 15 war, im ersten B-Jugend-Jahr in Rhede, trainierten wir immer freitags. Mama und Papa versuchte ich zu erklären, dass eine Übernachtung bei meinem Kumpel Julian in Bocholt durchaus sinnvoll war, denn von da aus ginge es am Samstag schneller zum Spiel. Von Elten nach Rhede sind es mehr als 30 Minuten, meine Argumentation war also durchaus stichhaltig. Mama und Papa glaubten mir natürlich trotzdem nicht. Ihnen war vollkommen klar, was „ich übernachte heute bei Julian" bedeutete. Wer den Wink mit dem Zaunpfahl immer noch nicht verstanden hat: Es ging um Alkohol. Julians Eltern waren eigentlich immer relativ streng, nur beim Thema Alkohol irgendwie lockerer. Das verstand ich damals zwar nicht, aber es war mir auch egal. Jeder Freundeskreis hat diesen einen Kumpel, dessen Eltern am Wochenende alle vier Augen zudrücken. Ich glaube ja, dass diese Eltern sich einfach freuen, dass das eigene Kind gute Freunde gefunden hat. Und deshalb sagen sie gerne ja, wenn der Junior die ganze Bande mal wieder zu sich einlädt. Ist aber nur meine Theorie. Es waren sowieso nur ein paar Schlucke Bier oder Apfelkorn, alles ganz harmlos.

Mit 15 hatten wir, das wiederum betrifft den Kreis in Emmerich, noch andere Interessen, auf die ich nicht unbedingt sehr stolz bin. Aber wir waren nun mal 15, probierten viel aus und machten einige Fehler. Keine Sorge, es wird jetzt nicht sexuell oder so, dafür müsst ihr euch ein anderes Buch kaufen. Wir halten den Ball lieber flach.

Die Emmerich-Gang hatte sich einen Roller besorgt, sodass der Weg von Elten nach Emmerich, ungefähr zehn Kilometer, deutlich schneller zurückgelegt werden konnte. Hier kommt Berthas Bude ins Spiel. Im Garten eines Kumpels stand ein überdachter Pavillon, den wir nach unserem Geschmack gestalteten: Fünf mal fünf Meter, eine vollkommen verdreckte und runtergekommene Couch, ein Nintendo 64 und eine Shisha. Wir fühlten uns sehr cool. Streichen wir das: Wir *waren* sehr cool.

Wir trafen uns jeden Tag dort, quatschten dummes Zeug, und machten irgendeinen Unsinn. Am Wochenende wurde meistens gescheppert. Auf dem Heimweg nach dem Saufen bauten wir meistens noch Scheiß. Wir hatten sogar einen Namen für diese Abende. Achtung, jetzt wird es kreativ: „Night". Absolut pubertär, sinnlos und destruktiv, aber damals fühlten wir uns unverwundbar. Eine ziemlich asoziale Phase, über die ich lieber schweigen würde. Aber sie gehört halt auch zu mir.

Das war auch auf der Realschule nicht anders. Eigentlich war ich ein guter Schüler, aber eben auch ein pubertierender Teenager. Bei jedem Elternsprechtag bekam Mama den gleichen Satz zu hören: „Ja, ihr Sohn ist ein sehr guter Schüler ... Wären die Nachbartische nur nicht immer so interessant." Ich war pausenlos damit beschäftigt, irgendwelche Witze zu reißen und andere vollzuquatschen. Das Potenzial zu mehr war durchaus vorhanden, aber auf dem Zeugnis haben sich meine eigentlichen Fähigkeiten durch die ganze Rumalberei nicht widergespiegelt. Keine Chance.

Viel schlimmer war jedoch, dass ich auch ein ziemliches Arschloch war. Vermutlich hat jeder schon mal Erfahrungen mit Mobbing gesammelt, ob auf der einen oder der anderen Seite. Wenn man derjenige ist, der aktiv mobbt, begreift man zunächst gar nicht, wie mies man sich verhält. Es gab einen Mitschüler, der nicht verstehen wollte, dass er nicht zu unserer Gruppe gehörte. Er suchte nach Anerkennung und fand es total cool, wenn ich mit ihm sprach. Ich meinte es allerdings nur sarkastisch. Wir feierten uns dafür, dass er immer wieder ankam und über unsere Witze lachte, obwohl wir ihn einfach nur fertigmachten.

Was für Helden, scheußlich.

Falls sich jemand angesprochen fühlt, der das liest: Es tut mir leid. Ich war ein Vollidiot, der es nicht besser wusste. Ich könnte mich dafür ohrfeigen, dich so behandelt zu haben. Und versteht das ruhig als Appell: Jeder Teenager durchlebt mal eine schlechte Phase, aber lasst das nicht an anderen aus. Glaubt mir, es verfolgt euch. Vor allem aber verfolgt es die Gemobbten ein Leben lang. Gerade in der Teenie-Phase sind wir sehr labil, und Ereignisse, die dort geschehen, prägen uns oft für unser ganzes Leben. Es gibt kaum etwas Scheußlicheres als Mobbing. Jeder Mensch ist anders, und das ist auch gut so. Vielfalt macht das Leben doch erst besonders. Und nur, weil jemand nicht der Norm entspricht, weil er anders aussieht oder sich anders verhält, darf er dafür nicht niedergemacht werden. Und wer entscheidet überhaupt, was die Norm ist? Das ist falsch und vor allem feige, weil sich dieser Jemand meist schon ausgegrenzt und alleine fühlt und keine Chance hat, sich zu verteidigen. Vielleicht merkt man in dem Moment nicht, was man dem anderen damit antut, aber glaubt mir eines: Mit jedem blöden Spruch von euch zerbricht was bei demjenigen, der gemobbt wird! Das versteht man leider oft erst zu spät.

Es gab in dieser Zeit einige Momente, für die ich mir heute, freundlich ausgedrückt, einfach nur an den Kopf packen möchte. Was hat mich damals nur manchmal geritten? Zum Beispiel bei der Schneeballgeschichte. Eines schönen Wintertages stiegen wir – Lennart, Jannik und ich – aus dem Bus aus und wollten gerade den circa fünf Minuten langen Gehweg zur Realschule antreten. Es gab da einen Typen, der oft unseren Weg kreuzte, weil er von da aus zur Hauptschule lief. Er war groß, kantig und hatte kurze Haare. An diesem Tag kam mir eine geniale Idee: „Ey Jungs, den werfe ich ab!" Ich konnte ja nicht damit rechnen, ihn zu treffen, doch mein viel zu harter Schneeball landete mitten in seinem Gesicht. Patsch. Der Kerl warf seinen Tornister zur Seite und rannte direkt auf uns zu. Wir sprinteten davon, ins Hauptgebäude und rechts um die Ecke in einen kleinen Raum. Jannik warf sich gegen die Tür und verteidigte sie mit seinem Leben. Wäre der Kerl da reingekommen, hätte er uns windelweich geschlagen. Ich habe fast geheult, weil ich so eine Angst hatte. Jannik, ich bin dir noch heute dankbar, dass du diese Tür verteidigt hast. Den nächsten Monat liefen wir einen riesengroßen Umweg, um diesem Kerl bloß nicht in die Arme zu laufen. Selbst der Teenager-Robin begriff durch die Aktion, dass man ab und zu tatsächlich mal nachdenken sollte, bevor man irgendeine Scheiße fabriziert. Und dass man Respekt vor gewissen Leuten haben muss.

Meine coole Fassade bröckelte, sobald ich mich mit Anne traf. Das erste Mal verabredeten wir uns ganz standesgemäß im Kino. Kurz reden, Film gucken, wieder reden und mit etwas Glück ein

Abschiedsschmatzer. Viel mehr muss es am Anfang auch gar nicht sein.

Vor unserem Kino in Emmerich gibt es einen kleinen Park. Anne und ich wollten dort erst ein bisschen rumspazieren und dann ins Kino gehen. Wir stellten uns das romantisch vor und versuchten, die Hand des anderen zu ergreifen. Ohne Erfolg. Ein absolutes Desaster, voll peinlich. Und das war es dann auch wieder mit Anne.

Wenigstens die Fußballlaufbahn nahm mit 16 langsam Fahrt auf, obwohl wir eigentlich vor jedem Spiel ein Glas zu viel tranken. Auf dem Geburtstag der Schwester eines Freundes passierte es, dass ich das erste Mal von Alkohol abschmierte. Da gab es das harte Zeug, Bacardi und so. Ich konnte mich am nächsten Tag an so gut wie nichts erinnern und musste meinen Eltern gestehen, dass ich offenbar zu viel getrunken hatte. Ich wurde einfach ausgelacht. Sie hatten vermutlich nur auf den Moment gewartet, bis es endlich passierte. Nicht dass sie mich dafür bejubelten, sie hatten mir wohl einfach auf ihre Weise eine Lektion erteilen wollen.

In dieser Zeit wurde ich das erste Mal zur Kreisauswahl eingeladen. Dazu zählen jedes Jahr die besten 15 bis 20 Spieler des – richtig geraten – Kreises. In Duisburg-Wedau fand ein Turnier zwischen den besten Mannschaften des Niederrheins statt. Wer den Scouts dort auffällt, hat die Chance, in die Niederrheinauswahl berufen zu werden. Ich schaffte es als Einziger aus meinem Kreis und durfte zum Kaiserberg mitfahren. Auch da stellte ich mich offenbar sehr gut an, also gab es noch einen Lehrgang. Hätte ich den auch gepackt, wäre ich quasi kurz davor gewesen, in eine U-Nationalmannschaft des DFB berufen zu werden und einen Fuß in die Tür zum Profifußball zu bekommen. Natürlich hatte ich wie jedes Kind den Traum, irgendwann Fußballer zu werden und für Deutschland zu spielen. Aber wenn du mit 16 noch nie ein Nachwuchsleistungszentrum von innen gesehen hast, rechnest du dir nicht mehr die größten Chancen aus. So läuft das heute nun mal.

Kurz vor diesem Lehrgang wurde ich leider krank. Die Verantwortlichen sagten mir: „Kein Problem, dann bist du beim nächsten Mal dabei." Ich hörte nie wieder von ihnen. Nur weil ich krank gewesen war. Wie unfair das Fußballgeschäft doch ist, dachte ich mir. Der kurze Traum hatte sich ganz schnell wieder zerschlagen. Bis Borussia Dortmund kam. Aber die Geschichte erzähle ich in einem anderen Kapitel.

Nach der zehnten Klasse wechselte ich 2010 von der Realschule in Emmerich aufs Berufskolleg nach Wesel, um mein Abitur zu machen. Ohne eine Idee, was ich damit anfangen sollte. Wer weiß das schon in diesem Alter? Ich ging zum Glück nicht ganz alleine nach Wesel, das immerhin 30 Autominuten von Emmerich entfernt ist. Es gab da dieses eine Mädchen, das ich vorher schon ganz anziehend fand. Rabea. Sie war auf dem Gymnasium, wir sahen uns meistens an der Bushaltestelle. Sie musste nach Praest, ich nach Elten. Also die gleiche Richtung. Sie entschied sich zum Glück auch für das Berufskolleg in Wesel, und wir kamen in die gleiche Klasse. Es gab nur ein kleines Problem: Sie war bereits vergeben. Trotzdem hoffte ich natürlich, dass sie sich ein wenig für mich interessieren würde. Wir verstanden uns vom ersten Moment an richtig gut und wurden bald sehr gute Freunde. Das war vielleicht nicht genau das, was ich wollte, aber glaubt mir: Aus der „friendzone" kommt man raus.

Vor dem Abschlussjahr überschlugen sich die Ereignisse. Könnt ihr euch noch an das A-Jugend-Spiel in Kleve erinnern, wo der Scout von Vitesse anwesend war? Nach reiflicher Überlegung hatte ich gemeinsam mit meinen Eltern entschieden, das Angebot, in die U19 von Vitesse Arnheim zu wechseln, anzunehmen. Zeitgleich besuchte ich allerdings die 13. Klasse. Mein Alltag sah nun so aus, dass ich zweimal in der Woche früher aus der Schule entlassen werden musste, um es rechtzeitig zum Training zu schaffen. Wir hatten meistens sechs, an zwei Tagen in der Woche aber auch acht Stunden Unterricht. Die konnte ich nicht wahrnehmen. Von Wesel nach Arnheim waren es anderthalb Stunden Fahrt, und das Training startete pünktlich um 15.30 Uhr.

Den fehlenden Lehrstoff musste ich natürlich irgendwie nachholen. Meine Mutter war skeptisch: „Willst du dein Abitur aufs

Spiel setzen, damit du irgendwo in der A-Jugend spielen kannst? Du weißt doch gar nicht, was daraus werden kann." Auf der anderen Seite mein Vater: „Wenn nicht jetzt, wann dann?" Der Traum vom Profifußball war vielleicht mit den Jahren immer kleiner geworden, im Hinterkopf aber schon noch existent.

Bei Vitesse waren die Trainer ganz zufrieden mit mir, und weil ich in dem Jahr auch noch direkt zur U21 hochgezogen wurde und manchmal sogar morgens trainieren musste, stand bald ein Besuch beim Schuldirektor an. Wir versuchten, eine Lösung für alle Parteien zu finden. Die Schule wollte mir den Weg zum Profifußball nicht verbauen, auf der anderen Seite konnte ich im Abiturjahr nicht pausenlos Unterricht sausen lassen. Und zwischen all diesem Schul-Fußball-Autobahn-Stress gab es ja auch noch Rabea, die sich gerade von ihrem Freund getrennt hatte.

Wir blieben erst mal nur Freunde, erzählten uns jeden Scheiß, telefonierten ständig und lernten zusammen. Manchmal knisterte es, aber das schoben wir aufs Kaminholz. Irgendwann war allerdings der Punkt erreicht, an dem wir beide wussten, dass da schon ein bisschen mehr war als Freundschaft. Am Silvesterabend 2012 waren wir auf einer privaten Feier eingeladen. Vorher traf ich mich mit ein paar Kumpels bei mir, Rabea war mit ihren Freundinnen zusammen. Meinen Eltern hatte ich versprechen müssen, mich zu benehmen, und kam auf der Party komplett nüchtern an. Das ist bis heute aber meine letzte Erinnerung an diesen Abend. Keine Ahnung, was genau passierte, ich vermute, irgendwer mischte mir K.-o.-Tropfen ins Glas. Der nächste Morgen war die Hölle. Seelenkater. Wenn es einem körperlich schlecht geht und der Kopf gleichzeitig sagt, dass man was ziemlich Dummes getan haben muss, ohne sich genau erinnern zu können. Ein Blick auf mein Handy bestätigte meine schlimmsten Befürchtungen. Zig Nachrichten von Freunden ploppten auf: „Was fällt dir ein?" „Wie kannst du mich so behandeln?"

Offenbar hatte ich am Vorabend alles und jeden beleidigt und aufs Übelste randaliert, Toilettentüren auseinandergenommen, meine besten Freunde beschimpft, alle vor den Kopf gestoßen. Rabea war anscheinend die Einzige gewesen, die mich beruhigen konnte. Spätestens da dämmerte mir, dass ich mich verliebt hatte. Es dauerte noch zwei Monate, aber nach Karneval 2013 kamen wir endlich zusammen. Eine Teenager-Romanze mit Happy End, wie schön.

Schließlich fand ich auch einen Weg, Fußball und Schule unter einen Hut zu bekommen. Und kann von Glück reden, dass mich dabei niemand erwischt hat. Ich war im Sommer 2012 gerade 18 geworden und fuhr deshalb selbst zum Training nach Arnheim. Meine Eltern hatten mir zum Geburtstag einen riesigen Fiat Idea geschenkt. Auf dem Weg zurück von Arnheim breitete ich meine Schulsachen meistens auf dem Lenkrad aus, weil ich im Feierabendverkehr eigentlich immer mit Stau auf der A3 rechnen durfte. Manchmal sah ich mich um und die verzweifelten Gesichter derjenigen, die wahrscheinlich von der Arbeit kamen und einfach nur ihre Kinder sehen wollten, während ich im Grunde drei Kreuze machte, dass der Verkehr stehen blieb. Not macht eben erfinderisch.

Wenn also am Mittwochmorgen um 8 Uhr die Biologie-Klausur anstand, lernte ich dafür am Dienstagabend auf der Autobahn. Da fühlte ich mich ausnahmsweise auch ein wenig wie ein Internatsschüler, es gab halt nur Schule und Training für mich. Aber es klappte. Bio- und Sport-Leistungskurs waren wie für mich gemacht, dazu kam Deutsch als drittes und Pädagogik als viertes Abiturfach. Abitur-Note: 2,0. Nur die Abschlussfeier mussten wir sausen lassen, weil Peter Bosz, Trainer der ersten Mannschaft von Vitesse Arnheim, mich mit ins Sommer-Trainingslager nehmen wollte.

„Ich kann für dich keine Ausnahme machen."

Ich hatte keine Wahl.

Kapitel 4
LISSABON

12. August 2020

Ich lese sehr gerne Thriller und Romane. Und staune regelmäßig, wie Autoren es schaffen, ein gebrochenes Herz so zu beschreiben, dass es einen wirklich mitnimmt. Ich werde das in diesem Kapitel ebenfalls versuchen, kann aber natürlich nicht versprechen, dass es auch wirklich klappt.

Habt ihr schon mal einen Tippschein ausgefüllt, auf dem bis zur letzten Spielminute alles richtig war? Und dann macht ein spätes Tor doch noch alles kaputt? Oder habt ihr schon mal stunden- oder tagelang gehofft, dass der oder die Liebste sich endlich meldet? Vergeblich gehofft? Das ist ein brutales Gefühl. Ein solches Gefühl multipliziert mit zehn, und wir kommen ungefähr dahin, wo Neymar mich in Lissabon gelassen hat.

Dieser verdammte Neymar.

Es war eine seltsame Situation, in der wir zum Champions-League-Viertelfinale nach Portugal aufbrachen. Die UEFA hatte beschlossen, dass die verbliebenen acht Teams ihre Viertelfinal-Partien aufgrund der Corona-Pandemie an einem Ort in einer Art Turnier austragen. Die Wahl war auf Lissabon gefallen. Zusammen mit Paris Saint-Germain, RB Leipzig und Atletico Madrid waren wir bereits qualifiziert. Ihr erinnert euch an Valencia. Bayern München, Chelsea, Barcelona, Neapel, Real Madrid, Manchester City, Olympique Lyon und Juventus hatten ihre Achtelfinal-Rückspiele vor der fast weltweiten Unterbrechung des Spielbetriebs nicht mehr austragen können, ihre Begegnungen wurden noch in den jeweiligen Stadien der Teams gespielt, danach sollten die letzten Viertelfinalteilnehmer auch nach Lissabon fliegen und sich in die „Corona-Blase" begeben.

Rabea und ich verfolgten die Auslosung, die bereits vor der Austragung der letzten Achtelfinal-Spiele stattfand, zu Hause vor dem Fernseher. Als Atalanta vs. PSG gezogen wurde, dachte ich nur: „Okay, PSG. Krank."

PSG, Thomas Tuchel, Kylian Mbappé. Und Neymar.

Ich hatte Neymar schon immer bewundert. Wegen seiner krassen Dribblings hatte ich früher bei *Fifa* auf der Playstation immer den FC Santos gewählt. Als Neymar, der nur zwei Jahre älter ist als ich, 2009 bei Santos zu zaubern begann, war ich gerade in die U17 des VfL Rhede gekommen. B-Jugend statt erster brasilianischer Liga. Als er 2013 für 88 Millionen Euro von Santos zum FC Barcelona transferiert wurde, verdiente ich mir in der zweiten Mannschaft von Vitesse Arnheim meine ersten Sporen. Und während Neymar 2017, längst ein Weltstar, für die Rekordsumme von 222 Millionen Euro zu Paris Saint-Germain wechselte, überwies Atalanta Bergamo an Heracles Almelo 900 000 Euro für meine Dienste. Ganz offiziell war Neymar damit 246-mal so viel wert wie Robin Gosens. Ein Ferrari neben einem Dreirad, aber wen kümmert das schon?

Eins vorweg: Ich hatte in Italien das große Vergnügen, einige Male gegen Cristiano Ronaldo zu spielen und ihn 2019 sogar aus der Coppa Italia zu schmeißen. Aber an das, was Neymar da mit uns in diesem Spiel abgezogen hat, kam selbst CR7 nicht ran. Was der mit dem Ball anstellt, ist einfach unglaublich. Der kann aus dem Stand drei oder vier Spieler vernaschen, bevor die überhaupt die Chance haben, ihre Mama um Hilfe zu rufen.

Nach der Auslosung reagierten die Jungs aus der Mannschaft ähnlich wie ich: Richtig geil, Jackpot. Zumal es außerdem so schien, dass wir die vermeintlich einfachere Seite des Turnierzweigs erwischt hatten. Sollten wir uns also gegen PSG durchsetzen, würden im Halbfinale nicht der FC Bayern oder Manchester City warten, sondern „nur" Atletico Madrid oder RB Leipzig. Eklige Gegner, klar. Aber immer noch machbarer als Bayern oder City. Gegen City waren wir in der Gruppenphase mit 1:5 untergangenen.

Natürlich hätte ich gerne gegen die Bayern gespielt, das war immer ein Traum von mir. Aber die waren zu dem Zeitpunkt so unfassbar gut drauf, dass ich doch lieber darauf verzichten wollte. Gegen Paris rechneten wir uns reelle Chancen aus. Denn gegen diese Weltauswahl hatten wir nichts zu verlieren und würden ohne Druck, ohne Versagensängste in die Partie gehen können. Wir konnten versuchen, unser gewohntes Spiel aufzuziehen. Würden wir die Begegnung gewinnen, stünden wir sensationell im Halbfinale der Champions League. Eine Niederlage würde dagegen für einen vorzeitigen Sommerurlaub sorgen, auch sehr reizvoll.

Warum ich das so schreibe? Ganz ehrlich, nach 13 Spielen in sechs Wochen in der Seria A stand die Tanknadel kurz vorm roten Bereich. Wir hatten nach dem Re-Start der Saison ein geradezu abnormales Programm abzuspulen. Das heißt natürlich nicht, dass wir uns nicht wahnsinnig gefreut hätten. Wir, die Pfeifen aus dem kleinen Bergamo, durften bei der Elite-Endrunde der Königsklasse mit Bayern und Barcelona und Manchester City dabei sein. Das allein reichte schon, uns zu motivieren. Trotzdem mischte sich da aus besagten Gründen eine gewisse Gelassenheit rein: Weiterkommen? Geil! Rausfliegen? Urlaub, auch geil!

Unseren Trainer Gian Piero Gasperini interessierten solche Überlegungen natürlich herzlich wenig. Seit Juni hatten wir alle drei Tage ein Spiel und ungefähr jeden Tag Training, Besprechungen oder Termine. „Aber egal", wird er sich gedacht haben, „scheuche ich die Jungs mal weiterhin zwei oder drei Stunden über den Platz, damit sie zumindest so lange laufen können, bis Neymar nicht mehr stehen kann."

Auch das war ein Faktor: Während wir nach der Fortsetzung der Saison in Italien immer spielen durften, hatte Frankreich die Spielzeit aufgrund der Corona-Pandemie bereits komplett abgebrochen. PSG hatte vor unserem Viertelfinale lediglich ein paar Testspiele und immerhin zwei Pokalendspiele bestritten. Wie sie wirklich drauf waren, konnte niemand so richtig einschätzen.

Aber so lange in einer Mannschaft Kylian Mbappé und Neymar rumlaufen, bringt dir jede Analyse ohnehin herzlich wenig. Die beiden haben zusammen 400 Millionen Euro gekostet. Und dazu kommen Granaten wie Angel di Maria, Marco Verratti oder Mauro Icardi. Ein Star-Ensemble sondergleichen, das die Kohle vom Investor aus Katar bekommt und der eigenen Liga seit Jahren konkurrenzlos davonläuft.

Das macht denen natürlich keinen Spaß. Wo liegt schon der Reiz, wenn von vornherein klar ist, dass du Meister wirst? Juhu, wieder geschafft. Dieses Mal mit 30 Punkten Vorsprung. Toll. Ist doch langweilig. Dann lieber am letzten Spieltag einer Schrottsaison im Herzschlagfinale die Klasse halten oder durch ein 5:5 noch in den Europapokal einziehen.

Paris blieb seit Jahren nur die Sehnsucht nach dem Champions-League-Triumph. Dafür wurden Neymar und Mbappé geholt, nicht für einen langweiligen 2:0-Sieg in Metz oder Dijon oder was weiß ich, wo. Wir wussten ganz genau, dass deren einziger Antrieb der berühmte Henkelpott war.

Uns waren diese ganzen Euros scheißegal. Die konnten auch 730 Millionen Euro für Lionel Messi ausgeben, das hätte für uns nichts geändert. Wir waren von unserem Trainer so gepolt, dass wir uns in jedem Spiel, egal ob gegen Juventus oder Erzgebirge Aue, nur auf unser Spiel konzentrierten und uns nicht dem Gegner anpassten. Ich glaube, dass es ganz wichtig für eine Mannschaft ist, eine eigene Identität zu haben. Wenn man sich immer nur am Gegner orientiert und dem Spiel nie seinen eigenen Stempel aufdrückt, wird man eine 08/15-Truppe. Und das will ja keiner.

Ich bin nicht nur Fußballspieler, ich bin auch Fußballfan. Mein Verein ist leider der FC Schalke 04, und seit Jahren weiß ich nicht mehr so wirklich, für was der Klub eigentlich steht. Finde ich das gut? Nein, natürlich nicht, das finde ich bescheiden. Ich will wissen, was ich von „meiner" Mannschaft bekomme und was nicht. Bei uns in Bergamo wird den Zuschauern gnadenloser Offensivfußball und Spektakel geboten, weil es genau das ist, was für uns den Fußball ausmacht. Ich finde es überhaupt nicht reizvoll, wenn sich ein Team andauernd nur zu 1:0-Siegen oder torlosen Unentschieden verteidigt, weil es Schiss hat, auf die Fresse zu fliegen.

Ich habe leider noch nie unter Marcelo Bielsa gespielt. Der kam 2018 als Trainer zu Leeds United und hat einem der legendärsten Vereine Englands wieder Leben eingehaucht, weil er seinen

„Bielsa-Ball" trotz einiger Widerstände durchgezogen hat. Das bedeutet: Vollgas-Fußball, extrem hohes Gegenpressing, Mann-gegen-Mann-Verteidigung über den ganzen Platz. Das hatte zur Folge, dass Leeds 2020 nach 16 Jahren wieder in die Premier League aufstieg. Und jetzt kommt das Beste: Leeds 2020, das war eine Mannschaft ohne herausragende Einzelspieler. Aber ist diese Mannschaft auch nur einen Zentimeter von ihrem Plan abgerückt? Nein! Mit dem Ergebnis, dass Leeds zum Auftakt in einem irren Spiel mit 3:4 gegen Meister Liverpool verlor, anschließend 4:3 gegen Fulham gewann und gegen die Übermannschaft von Manchester City ein spektakuläres 1:1-Unentschieden erspielte, das selbst Pep Guardiola begeisterte.

Ist das nicht geil? So macht Fußball doch wirklich Spaß! Ich schaue mir regelmäßig Leeds-Spiele an, weil deren unermüdliche Art auch sehr unserem Stil ähnelt. Leeds war in so vielen Spielen – wie auch wir für eine lange Zeit – der krasse Außenseiter und hat trotzdem nichts an seiner offensiven Philosophie geändert. Dafür lieben die Leute Bielsa, und dafür lieben unsere Fans Atalanta. Wenn du einen klaren Plan hast, stärkt das natürlich auch dein Selbstvertrauen. Wenn du weißt, was du auf dem Platz zu tun hast und wohin deine Mitspieler laufen. Wann du Attacke starten und wann du dich mal fallen lassen kannst.

Mittlerweile freuen sich nicht nur unsere Fans auf Atalanta-Spiele. Viele Fußballliebhaber schalten den Fernseher an, wenn wir spielen, weil sie wissen, dass ihnen in der Regel ein Spektakel geboten wird. Wir haben nicht ohne Grund 98 Tore in der Seria-A-Saison geschossen. Es war ein durchaus steiniger Weg, bis wir zu dieser gut geölten Maschine wurden. Natürlich ging und geht das auch mal in die Hose, wie zum Beispiel beim ersten Champions-League-Spiel in Zagreb, wo wir mit 0:4 unter die Räder kamen. Klar, dass wir mit unserer offensiven Ausrichtung ab und zu mal einen auf den Sack bekommen. Ich weiß aber auch, dass wir dann halt im nächsten Spiel wieder fünf Tore schießen. Und ich bin verdammt stolz, dass ich da mitzocken darf und auch mal meine Hütten mache. Für mich ist es keine Arbeit, sondern purer Spaß. Und darum sollte es im Fußball immer gehen.

Zwei Tage vor dem Spiel gegen PSG wollten wir von Bergamo in Richtung Lissabon aufbrechen. Je näher der Abflugtag kam, desto größer wurden Aufregung und Vorfreude. Es war toll, nach Monaten der Isolation mal wieder eine richtige Reise antreten zu dürfen. Und dann gleich so eine.

Wir hatten lange Wochen auf diesen Moment gewartet und zwischenzeitlich sogar befürchten müssen, dass die Champions-League-Saison komplett abgebrochen wird. Lange Zeit wusste niemand, wann überhaupt wieder Fußball gespielt werden würde. Für uns wäre das der Flop des Jahrhunderts gewesen. Schon das Achtelfinal-Rückspiel in Valencia ohne Zuschauer war ziemlich traurig gewesen. Mit einem plumpen Abbruch hätte unsere magische Saison einfach nicht enden dürfen.

Diese Endrunde in Lissabon war eine spannende Sache. Irgendwie fühlten wir uns besonders. Das waren ja fast schon Weltmeisterschaftsverhältnisse. K.-o.-Spiele, jeder in seinem eigenen Quartier, die besten Mannschaften und Spieler Europas. Und mittendrin das kleine Atalanta Bergamo! Wir waren total heiß darauf, den Leuten zu zeigen, dass wir völlig zu Recht bei diesem Konzert der Großen mitspielen durften.

Normalerweise lese ich vor Liga- und Champions-League-Spielen keine Zeitungen und surfe auch nicht auf den einschlägigen Seiten im Netz. Wobei die Worte „normalerweise" und „Champions League" eigentlich nicht in einen Satz gehören, aber gut. Jedenfalls verzichte ich vor Spielen auf Artikel über mich oder Atalanta, um nicht den Fokus zu verlieren. Bei mir sind es ohnehin die sozialen Medien, über die ich mich informiere. Sobald man mich in einem Beitrag verlinkt, bekomme ich das ja meistens mit (und bitte verlinkt mich jetzt nicht in jedem Beitrag!). Warum ich das mache, fragt ihr euch jetzt? Weil die meisten dieser Kommentare vor den Spielen eigentlich immer positiv sind. Wenn du allerdings gerade eine Pechsträhne hast, nicht so gut drauf bist und dich der Trainer trotzdem aufstellt, kommen auch schon mal sehr bissige Kommentare. Nach dem Motto: „Wie kann es sein, dass die Flasche schon wieder spielt? Der ist doch grottenschlecht!"

Vor dem Spiel gegen PSG war die Zahl der Glückwünsche sehr hoch. Tausende von Nachrichten fluteten mein Postfach. „Macht Bergamo stolz, macht das Land stolz." „Schenkt dieser Stadt mal wieder einen Grund zu lächeln." Aus Deutschland schrieb mir jemand: „Wir sind hier alle für Atalanta!" Freunde und Familienmitglieder schrieben mir, dass sie es gar nicht mehr abwarten konnten, und genauso nervös waren wie ich. Und selbst unser Trainer wirkte ausnahmsweise mal euphorisiert. Gian Piero Gasperini ist normalerweise der typische italienische Mister. Sachlich, cool und knallhart. Aber vor der Abreise nach Lissabon hat er uns richtig eingeheizt und motiviert – so emotional hatte ich ihn vorher noch nie erlebt.

Die UEFA hatte für die acht Mannschaften freundlicherweise acht Hotels reserviert. Alle Hotels waren ausschließlich für die Vereine begehbar, ausgewählt, welche Mannschaft welches Hotel bekam, wurde per Los. Die Zimmer in unserem waren dekadent hoch zwölf. Ich wurde im dreizehnten Stock einquartiert und bekam eine Suite mit Panoramablick über die ganze Stadt, inklusive Kingsize-Bett, schickem Marmorboden im Bad und einem riesigen Spiegel. „Jau, geil", dachte ich mir, „hier hältst du es zwei Wochen aus." Selbstverständlich plante ich bereits mit dem Finaleinzug. Logisch.

Neben den Spielern, den Mitarbeitern und ein paar Presseleuten war in diesem Hotel sonst niemand zugelassen. Das war einerseits sehr entspannt, aber irgendwie auch eigenartig. Wir durften das Hotel nicht verlassen, dementsprechend wurde es gelegentlich langweilig, wenn keine Besprechung oder Mahlzeit anstanden. Immerhin konnte ich nebenbei auf dem Zimmer ein bisschen fürs Studium machen und nicht nur Däumchen drehen. Die Sicherheitsvorgaben sahen selbstredend Einzelzimmer und viel Isolation vor, viel Action war also gar nicht möglich. Zwischendurch saßen wir in kleineren Gruppen zusammen, spielten bisschen Mau-Mau und schlürften dazu Espresso Macchiato.

Unser Viertelfinale war für Mittwoch, den 12. August, angesetzt. Bereits am Montag hatten wir uns auf den Weg nach Lissabon gemacht und versuchten nun so gut es ging, unsere Routine beizubehalten. Normalerweise reisen wir immer einen Tag vor dem Spiel an. Da es in diesem Fall nun anders war, standen für den restlichen Montag noch eine Trainingseinheit und ein Abendessen auf dem Programm. Am Dienstag wurde ganz normal gefrühstückt, bevor wir uns noch mal zur Taktikbesprechung trafen. Da gehen wir Standardsituationen, die Zuteilung der Gegenspieler und die gegnerische Mannschaft in den letzten Zügen durch. Bei PSG wurde, müßig zu erwähnen, ganz besonders vor dem Tempo im Umschaltspiel gewarnt. Wir mussten es ganz dringend vermeiden, in Konter zu laufen und Mbappé hinterherzuhecheln. Gasperini sagte sinngemäß: „Es hat keinen Sinn, euch Bilder von der Offensive zu zeigen. Die bewegen sich immer, wie sie wollen, tauschen durchgehend die Positionen. Ihr müsst reden, ganz viel reden." Er vermied aufgrund der Rotation in der Pariser Offensive eine genaue Zuteilung für jeden Spieler. Wie wir es sonst eigentlich kannten.

Aber: So gut die Offensive bei PSG aussah, so anfällig kam die Defensive daher. „Wir können denen am meisten wehtun, wenn wir unser Spiel durchziehen." Wir mussten PSG so gut es ging von unserem Tor weghalten. Auch Gasperini schwärmte ausgiebig von Neymar, sagte, dass weltweit wohl nur Lionel Messi so gut dribbeln konnte wie er. Ein Mann würde nicht reichen, um Neymar zu verteidigen. Da mussten wir im Kollektiv arbeiten, uns gegenseitig unterstützen. Füreinander da sein.

Nach dem Mittagessen und der Mittagsruhe ging es gegen 17 Uhr auf den Trainingsplatz, wo es einen Tag vor dem Spiel recht entspannt zuging. Wie üblich stand ein taktisches Elf gegen Elf auf dem Programm. Die Leibchen werden dabei immer so verteilt, dass jeder sieht, wer in der Startelf steht und wer nicht. Die Ersatzspieler sollen dafür sorgen, den kommenden Gegner möglichst gut zu simulieren. Danach werden noch Standardsituationen trainiert. Die letzten zehn Minuten der Einheit sind jedem selbst überlassen, da kann man schießen, flanken, was auch immer. Anschließend ging es unter die Dusche, dann zurück ins Hotel. Wie immer vor einem Spiel gab es für uns ein schönes Risotto alla Parmigiana als Vorspeise und Kartoffelpüree mit Hähnchenkeulen zum Hauptgang. Da gibt es nichts dran zu rütteln, das wird immer gegessen. Unser Chefkoch macht sowieso das beste Risotto der Welt.

Und dann konnte er kommen, der große Tag. Abends telefonierte ich, wie eigentlich immer, mit Rabea und versuchte mich ein wenig vom ganzen Geschehen abzulenken. Morgen würden zig Millionen Menschen auf uns und auf mich schauen, da half mir Rabeas Stimme, ein bisschen runterzukommen. Um kurz vor 23 Uhr klappte ich den Laptop zu und schlummerte ins Reich der Träume. Bestimmt ließ mich mein Unterbewusstsein um 2 Uhr morgens schon den Henkelpott hochheben, aber da würde ich etwas erfinden. Als ich am Morgen aufwachte, musste ich als Erstes grinsen. Da lag Lissabon, diese wunderschöne Stadt, vor meinen Augen, und hier durften wir heute gegen PSG spielen. Ich hatte richtig Bock.

Die Routine eines Spieltags sah so aus wie immer: Aufstehen, frühstücken zwischen 9 und 10 Uhr, anschwitzen gegen 11 Uhr und dann ausruhen. Ganz viel ausruhen. Der eine oder andere hält noch einen Mittagsschlaf, aber dafür war ich zu aufgekratzt. Am frühen Abend bereitete unser Koch – wie immer, natürlich – eine Sportlermahlzeit zu. In unserem Fall Nudeln mit Tomatensauce und ein kleines Hähnchenbrustfilet. Und dann ging es ab in den Bus und auf zum Stadion.

Im Gegensatz zum Achtelfinal-Rückspiel in Valencia hatten sich dieses Mal nicht Tausende Fans vor dem Hotel oder dem Stadion versammelt. Außerdem mussten wir an diesem Tag, wie wir es schon aus der Liga gewohnt waren, noch einen Coronatest über uns ergehen lassen. Die Sicherheitsvorkehrungen waren, im Gegensatz zu der Partie in Valencia, gigantisch. Fast jeder trug einen Schutzanzug und natürlich eine FFP2-Maske. Vor dem Betreten des Stadions wurde noch schnell Fieber gemessen, und wir mussten unseren Ausweis und den aus Bergamo mitgebrachten, negativen Coronatest vorzeigen. Das ganze Prozedere hatte natürlich wenig mit der Atmosphäre eines Fußballspiels zu tun, war aber mittlerweile schon Gewohnheit geworden.

Die Anspannung war eine völlig andere als noch im Achtelfinale. Da hatten wir gedacht, dass es viel größer sowieso nicht mehr werden würde. Jetzt aber gab es nur dieses eine Spiel und die große Chance aufs Champions-League-Halbfinale. Jedem meiner Kollegen merkte man an, dass es um die Wurst ging.

Zumal wir alle wussten, dass wir an diesem Tag nicht nur für uns oder Atalanta Bergamo spielen würden. Die großen italienischen Sportzeitungen wie *Gazzetta dello Sport* oder *Corriere dello Sport* titelten Schlagzeilen wie „Forza Atalanta, ganz Italien drückt euch die Daumen!", oder „Verzaubert uns und schreibt ein weiteres Märchen gegen Neymar".

Würde man solche Sätze auch in Deutschland lesen, wenn, sagen wir, der SC Freiburg überraschend im Viertelfinale der Königsklasse stehen würde? Wohl eher nicht, oder? Dieser sportliche Patriotismus ist in Deutschland nicht existent – und wohl auch nicht möglich. Man stelle sich vor, der FC Schalke würde so ein wichtiges Spiel bestreiten und der *kicker* schriebe: „Heute sind wir alle Schalker!" Was dann los wäre in den sozialen Medien! Dortmund- oder Bayern-Fans würden vermutlich durchdrehen und das Netz mit ihrer Hetze fluten.

Eigentlich bin ich nie so richtig nervös oder angespannt vor Spielen. Eher aufgeregt, weil ich immer Bock habe, dass es endlich losgeht. Aber dieses Mal war es anders – auch weil ich das Gefühl hatte, dass ganz Italien hinter uns steht. Objektiv betrachtet waren die Rollen klar verteilt: Hier der neureiche Superklub aus Paris mit seinen Millionen aus Katar, da der kleine Außenseiter aus Bergamo, David gegen Goliath.

Es ging bei diesem Duell nicht mehr nur um uns. Fußball-Europa hatte uns einen Auftrag mitgegeben: „Tut uns den Gefallen und zieht den Kollegen aus Paris den Stecker!" Unser Trainer stieß ins selbe Horn: „Mit uns können sich die Menschen identifizieren, wir tragen eine Verantwortung. Mit harter Arbeit kann man so viel erreichen, kann Berge versetzen. Jungs, wir dürfen rausfliegen, aber wir dürfen niemals dieses Gemeinschaftsgefühl und den Willen vermissen lassen! Einer für alle, alle für einen. Das haben die

Menschen von uns gesehen, und das erwarten sie auch heute von uns. Egal, wie sehr wir leiden – wir gehen da zusammen durch!"

In der Kabine war die Motivation förmlich greifbar. Es wurde nicht viel geredet, jeder war hochkonzentriert. Genau wie in Charkiw, acht Monate früher, beim entscheidenden 3:0-Sieg gegen Schachtar Donezk, als wir für viele überraschend den Sprung ins Achtelfinale geschafft hatten. Jedem war das Feuer anzusehen, die Vorfreude auf das, was vor uns lag. Wir hatten bereits Geschichte geschrieben, aber wenn noch etwas mehr möglich war, dann in diesem Jahr. Ein Sieg und wir stünden im Halbfinale der Champions League. Wir wollten für Bergamo spielen, für die Menschen der Stadt, die in den vergangenen Wochen und Monaten so viel hatten durchmachen müssen.

Jeder Fußballer hat vor solchen Spielen sein eigenes Ritual. Der eine macht Dehnübungen, der andere hört Musik. Ich gehöre zur zweiten Gruppe, höre im Bus meistens Deutschrap oder Reggaeton, um ein bisschen in Stimmung zu kommen und schon mal die Hüften zu schwingen.

Sobald ich den Bus verlasse, wird eigentlich immer „Raffaelo" von Shindy angeschmissen („*Und deshalb trag ich Uhren, für die man dir die Hand abhackt*") und anschließend in aller Ruhe der Platz inspiziert. Dann rolle ich in den Katakomben die Isomatte aus und mache eine Viertelstunde lang ein paar Übungen, um die Muskeln wieder aufzuwecken. Und dann, nach einem doppelten Espresso zum Abschluss, bin ich heiß.

Angekommen in der Kabine, wirkte Gasperini, der sich dort normalerweise gar nicht aufhält, extrem nervös, lief hin und her, klopfte uns die ganze Zeit auf die Schultern. So angespannt hatte ich den noch nie erlebt. Als wir nach dem Aufwärmen wieder in die Kabine kamen, war der Siedepunkt erreicht. „Dai, ragazzi!", brüllten wir. Auf geht's, Jungs! „Wir gehen da jetzt raus und zerreißen uns für dieses Trikot! Wir laufen so lange, bis keiner mehr sprechen kann!" Es fielen noch ganz andere Sätze, aber die gebe ich hier lieber nicht wieder. Wir brauchten das einfach in dem Moment, die angestauten Emotionen mussten raus.

Ich war in meinem ganzen Leben noch nie so motiviert wie vor diesem Spiel. Hätte mir jemand eine Klinge ins Bein gerammt, ich wäre da trotzdem rausgegangen und in jeden Zweikampf gestürmt. So viel Adrenalin reicht eigentlich für eine ganze Saison.

Endlich schlug die Stunde der Wahrheit. Dieses wunderschöne und leider leere Estadio da Luz, ein Meisterwerk der Architektur. 65 000 rote Sitzschalen, reichlich Flutlicht, milde 20 Grad und 22 Spieler, die sich jetzt um ein Ticket fürs Halbfinale der Champions League kloppen konnten. Und wieder mal fehlten die Fans, die beim Ertönen der Hymne für das letzte Bisschen Gänsepelle gesorgt hätten. Aber auch das kannten wir ja inzwischen leider zu gut. Damit würden wir klarkommen.

Es dauerte keine drei Minuten, ehe mir das erste Mal fast übel wurde.

Neymar war von der Mittellinie aus frei aufs Tor zugelaufen und hatte aus fünf Metern abgezogen. Glück für uns: Sein Schuss ging am Kasten vorbei. Genau eine solche Szene hatten wir vor dem Spiel besprochen und unbedingt vermeiden wollen. Aber, na ja. Vielleicht brauchten wir diesen Hallo-wach-Moment, denn nach dem frühen Beinaheschock machten wir in den ersten 45 Minuten ein Riesenspiel, spielten gutes Gegenpressing und übten enorm Druck aus. Vor allem schafften wir es, Neymar zu nerven. Ich erinnere mich an eine Aktion mit Marten de Roon, der ihm die ganze erste Hälfte lang permanent auf den Füßen gestanden war und ihn physisch voll rangenommen hatte. Neymars Ellbogen ging raus in Richtung Martens Gesicht. „Okay", dachte ich, „genauso wollten wir das haben!" Ärgert ihn, macht ihn wütend!

In den ersten 45 Minuten lief alles für uns. Neymar ließ zwei Großchancen aus, wir kamen immer besser ins Spiel, und in der 26. Minute schoss uns Mario Pasalic, unsere Nummer 88, in Führung. Wieder so ein Moment, der für immer bleiben wird. Wie wir ausgerastet sind, wie einfach alles passte. Das war einfach nur geil.

In der Halbzeit war der Trainer voll des Lobes: „Jungs, ihr habt das großartig gemacht! Unser Plan geht auf. Diese zwei Chancen, die Neymar da liegenlässt … Heute ist so ein Tag. Glaubt an euch!" Auch ich war mir ganz sicher: Verdammt noch mal, hier geht heute wirklich was! Gasperini sagte allerdings noch etwas: „Wir dürfen auf gar keinen Fall aufhören, Fußball zu spielen. Macht genauso weiter, solange die Kräfte reichen. Dann bringen wir das Ding nach Hause!"

Das hat in seiner und meiner Vorstellung wohl besser funktioniert als in der Realität. Nach der Pause bekamen wir kaum noch Zugriff und liefen zunehmend hinterher. Wir schafften es einfach nicht mehr, unser eigenes Spiel aufzuziehen. Irgendwann ging uns der Sprit aus. Ausgerechnet jetzt, im größten Spiel unseres Lebens.

Die ersten 15 Minuten in Hälfte zwei waren noch okay, da hatten wir noch kleinere Ballstafetten. Doch ab der 60. Minute wurde es immer weniger, wir waren nur noch am Verteidigen, kamen gar nicht mehr richtig in die Zweikämpfe. Daran merkt man meistens, dass man an Boden verliert: Wenn man den letzten Schritt im Eins-gegen-eins nicht mehr gehen kann. Ich brauche diese Zweikämpfe, um mich zu pushen.

Vielleicht hätten wir mit unseren Fans im Rücken die fehlenden fünf Prozent wettmachen können. Sie hätten uns nach vorne gebrüllt, uns eine zweite oder dritte Lunge verschafft. Aber es ist müßig darüber zu diskutieren, schließlich hatten alle Teams mit diesem Handicap zu kämpfen.

Zu allem Überfluss hatten wir in der 82. Minute schon alle Wechsel verbraucht und somit keine frische Kraft mehr für die Verlängerung. Denn man musste ja, auch aufgrund des Spielverlaufs, damit rechnen, dass wir uns vielleicht noch ein Gegentor fangen und in die Verlängerung müssen. Klar, da hätten wir dann noch einmal tauschen können, mit fünf neuen Spielern machte sich der Verlust des Rhythmus bemerkbar. Im Nachhinein hätten wir vielleicht länger mit der ersten 11 zocken sollen, weil es ja noch 1:0 für uns stand. Aber: hätte hätte Fahrradkette. Zudem bin ich auch nicht der Trainer, und der Trainer war nun mal derjenige, der uns überhaupt erst nach Lissabon gebracht hatte. Ich möchte also bitte nirgendwo lesen: „Gosens wirft Gasperini Ahnungslosigkeit vor." Danke.

Jedenfalls wurde auch ich ausgewechselt, acht Minuten vor Schluss. Ich hätte die letzten Sequenzen zwar noch zu Ende gespielt, war aber nicht mehr in der Lage, noch einmal alles zu geben. Mein Limit war überschritten. Und dann lief die letzte, wirklich allerletzte Minute der regulären Spielzeit. Neymar kam an den Ball, spielte einen krummen Pass in die Mitte, fand Kollege Marquinhos und es stand 1:1. Ein Moment der Fassungslosigkeit. Als hätte ich auf dem Operationstisch gelegen, und der Chirurg hätte mir ohne Narkose das Bein aufgeschnitten.

Wir waren platt, das konnte wohl jeder sehen. Wir hatten so lange durchgehalten. Wenn du 90 Minuten alles reinschmeißt, das Champions-League-Halbfinale zum Greifen nah ist und du dann so bitter enttäuscht wirst, ist das einfach grausam. Da war eine Leere in meinem Körper. Und es wurde noch viel schlimmer.

Auf der Bank hatten wir uns gerade noch schief angeguckt und ahnten, dass es jetzt ganz schwer werden würde. Es war einfach kein Benzin mehr im Tank. Spätestens in der Verlängerung, so ahnten wir, würden wir umfallen. Aber bis dahin kam es gar nicht. Eric Maxim Choupo-Moting erzielte in der dritten Minute der Nachspielzeit das 2:1. Neymar leitete das Tor überragend ein. Dieser verdammte Neymar.

Wir hatten nichts mehr entgegenzusetzen und sogar einen A-Jugendlichen einwechseln müssen, während bei Paris ein Superstar wie Kylian Mbappé von der Bank kam und anschließend einen nach dem anderen vernaschte. Um da mitzuhalten, hätten wir Scooter oder Autos gebraucht. Irgendwann wäre das zweite Tor für PSG gefallen, also war es fast so etwas wie ein Gnadenstoß, dass wir nicht noch die Verlängerung ertragen mussten.

Aber es tat unglaublich weh. Für so ein Spiel hatten wir uns zwei Jahre lang den Arsch aufgerissen. Man hört ja häufig Spieler in Interviews sagen, dass sie während des Spiels nicht eine Sekunde an den Sieg oder ans Weiterkommen gedacht hätten. Blödsinn. Natürlich habe ich nach dem 1:0 vom Halbfinale geträumt. Und natürlich hatte ich mich schon darauf gefreut. Das wurde uns innerhalb von drei Minuten genommen, und plötzlich hieß es Koffer packen. Freud und Leid liegen manchmal wirklich beschissen nah beieinander. Bis heute schmerzen mich die Bilder, wie wir auf der Bank und auf dem Platz vor Schock zusammenbrechen, während PSG auf dem Platz feierte.

Aber da muss ich auch eine Lanze brechen für die Kollegen aus Frankreich. Die haben sich absolut fair verhalten. Das hätte bei einer Niederlage wohl anders ausgesehen, aber trotzdem. Drei Jahre zuvor waren die nach einem 4:0-Sieg im Hinspiel noch gegen Barcelona rausgeflogen und konnten dementsprechend nachfühlen, wie es uns ging. Den in der Öffentlichkeit meist vorherrschenden Eindruck der arroganten, reichen Bande kann ich nicht bestätigen. Ich hatte mir im Vorfeld vorgenommen, dass Trikot von Julian Draxler abzugreifen, weil er auf Schalke schon so eine Art Held für mich war, auch wenn seine Zeit dort nicht so toll endete. Für seine sportlichen Qualitäten feiere ich ihn bis heute. Als er dann auf dem Feld auf *mich* zukam und *mir* sagte, was *ich* doch für eine geile Saison gespielt hätte, fand ich das überragend. Ich wusste, dass ich nach meiner Saison kein ganz unbeschriebenes Blatt mehr war, aber trotzdem war das wieder so ein spezieller Moment, an dem mir eigentlich mal jemand in den Hintern hätte kneifen sollen.

Es lenkte mich leider nur kurz von dem Drama ab, das ich die letzten Minuten von der Bank aus hatte ertragen müssen. In der Kabine, in der es vor dem Spiel lauter war als in einem Büro an der Wall Street, war es jetzt so leise wie in einem Golfkurs. Keiner sagte etwas, die Köpfe hingen. Wir waren gebrochen. Das änderte sich auch im Hotel beim späten Abendessen nicht. Mir kommen fast wieder die Tränen, wenn ich an dieses Spielende denke. Wir hatten uns so hochgepusht und waren so tief gefallen.

Dann ergriff zunächst der Präsident, anschließend der Trainer das Wort, beide ungefähr mit dem gleichen Tenor: „Es gibt keine schlimmere Art und Weise rauszufliegen, aber ihr könnt so verdammt stolz sein. Ihr habt die Erwartungen weit übertroffen." Und das stimmte ja auch. Nur kannst du in so einem Moment nicht darüber nachdenken, was du in der Saison alles geleistet hast, was du erlebt hast und wo du jetzt stehst. Du denkst nur an die Niederlage.

Irgendwann bestellten wir uns das erste Bier an den Tisch, und irgendwann saß ich mit unserem Athletiktrainer Gabriele an der Bar. Er war längst ein guter Freund und enger Vertrauter geworden. Ich war immer sehr wissbegierig, meine gesamten Fortschritte im athletischen Bereich habe ich quasi ihm zu verdanken. Und ich hatte ihm immer gesagt, dass ich ihn, wenn ich mal ganz großes Geld mache, mitnehme, damit er nur für mich arbeite.

Wir sprachen lange über die Saison, wie surreal alles verlaufen war. Vom katastrophalen Start in der Champions League bis zum sensationellen Einzug ins Achtelfinale. Von einer wieder überragenden Spielzeit in der Serie A, von der verdammten Pandemie und den Valencia-Spielen. Es tat gut, einfach mal alle Gedanken loszuwerden. PSG mal kurz auszublenden. Einfach zu reden. Ich wäre am liebsten die ganze Nacht an der Bar sitzen geblieben. Schlafen konnte ich sowieso nicht.

Nach zwei oder drei weiteren Bierchen ging ich hoch zu den Jungs, mit denen ich immer die meiste Zeit verbrachte. Im Zimmer von Berat Djimsiti waren bereits Marten de Roon, Hans Hateboer, Remo Freuler und Lennart Czyborra. Mit dieser Truppe unternahm ich oft auch abseits des Platzes etwas, auch wenn es das reinste Sprachwirrwarr war. „Djimi" ist Schweizer, spricht also Deutsch. Remo ebenso. Marten und Hans sind Holländer und denken, sie könnten Deutsch sprechen, können es aber nicht. Lennart ist Deutscher. Meistens unterhielten wir uns also auf Englisch, und wenn jemandem ein Wort nicht einfiel, schmiss er es einfach auf Deutsch oder Holländisch rein. Da kamen manchmal köstliche Sätze bei heraus.

Wir saßen bis tief in die Nacht zusammen und philosophierten über das Leben. Wir wussten ja nicht, ob wir uns in der Konstellation jemals wiedersehen würden.

Am nächsten Tag empfingen uns um die 1000 Fans am Flughafen, natürlich streng nach Vorschrift, und bejubelten uns. Noch immer war das Spiel nicht verarbeitet, und ich hatte kaum geschlafen. Aber unsere Leute da so zu sehen, nach allem, was wir in diesem Jahr zusammen durchgemacht hatten mit dem Virus, dem unendlichen Leid in der Stadt ... Wahrscheinlich hatten nicht wenige von denen im vergangenen halben Jahr einen guten Freund oder Familienangehörigen verloren. Da bekam ich eine Gänsehaut. Und verdrückte vielleicht auch ein Tränchen. Die Fans bedankten sich bei uns, dass wir ihnen in dieser beschissenen Zeit noch einen Grund zum Lächeln und zur Ablenkung verschafft hatten.

Es war unglaublich. Der Fußball ist manchmal brutal, aber gerade deshalb auch so großartig. Ich bin so dankbar für alles, was wir in dieser Saison geschafft haben. Dass wir uns in Lissabon mit Europas Elite messen durften. Dass wir für viele ein Anker in der Not waren. Dass wir den Menschen da draußen zeigen konnten, wo man mit Entschlossenheit und harter Arbeit hinkommen kann. Dass man andere Menschen glücklich machen kann mit dem, was man tut. Ich bin einfach dankbar, dass Fußball mein Leben, mein Hobby und mein Beruf ist.

Kapitel 5
DORTMUND

April 2011

Ich habe früh gelernt, Borussia Dortmund nicht zu mögen.

Es gibt nur wenige Dinge, die du als Schalke-Fan beachten musst. „Dat" und „wat" statt „das" und „was" sagen, in der Nordkurve niemals still sein und auf alle Dortmunder fluchen. Wenn du ein ganz Großer bist, wird aus Dortmund „Lüdenscheid-Nord".

Als Schalker war und ist Dortmund halt doof und andersrum genauso. Das ist im Pott normal. Entschuldigung, dat is im Pott normal. Aber was machst du, wenn der ach so verhasste Verein fragt, ob du ein Probetraining absolvieren möchtest?

„Ihr könnt mich mal!"

Habe ich natürlich nicht gesagt. Denn aus Fußballersicht ist Dortmund schließlich eine der größten Adressen in der deutschen Liga.

2011, als ich eigentlich noch zum jüngeren B-Jugend-Jahrgang gehörte, durfte ich bereits regelmäßig bei den A-Junioren in Rhede mitspielen. Das war wie die B-Jugend ein eingeschworener Haufen, hauptsächlich bestehend aus meinen besten Freunden. Der Vater meines Kumpels Dominik, Andreé Krüßmann, war bei Borussia Dortmund als Jugendtrainer angestellt. An einem Sonntagmorgen Anfang April, kurz vor Ostern, stand ein stinknormales Spiel in der Niederrheinliga an. Was ich nicht wusste: Andreé hatte in Dortmund einem Jugendscout von mir erzählt: „Pass mal auf, in Rhede läuft einer rum, der kann mehr als durchschnittlich gut kicken." Ein paar Tage später war dieser Scout vom BVB in Rhede erschienen, um sich ein Bild von mir zu machen, wovon ich überhaupt nichts mitbekommen hatte. Es ist ja auch nicht so, dass sich diese Scouts in bunt leuchtenden Warnwesten an die Seitenlinie stellen und sich per Megafon ankündigen.

Nach besagtem Spiel kam Andreé auf mich zu. „Robin, die Zeit ist reif." Für was? Meinen Mittagsschlaf? Ein Pils? Eine Manta-Platte? „Robin, die Zeit ist reif, dass du ein Probetraining in Dortmund absolvierst. Ich habe das für dich geregelt."

Wat?

Ich schnappte mir kurz einen Hocker, nur damit ich symbolisch runterfallen konnte. Ich hatte wirklich überhaupt nicht damit gerechnet, das erwischte mich völlig auf dem falschen Fuß. Borussia Dortmund? Dieses Borussia Dortmund? Aus der Bundesliga? Mit Jürgen Klopp und Mario Götze und allen? Wahnsinn, kompletter Wahnsinn.

Das Wort „Fußballprofi" war mir bis dahin im Grunde gar nicht über die Lippen gekommen, so eine Gelegenheit hatte sich null Komma null angedeutet. Ich hatte eigentlich gerade erst begonnen, mich mit meiner beruflichen Zukunft auseinanderzusetzen. Der Beruf Fußballer erschien mir so realistisch wie eine Meisterschaft von Schalke 04.

„Du kannst schon außergewöhnlich gut kicken", meinte Andreé, nachdem ich mich wieder beruhigt hatte. „Du solltest es mal eine Etage höher versuchen." Krass, was passierte hier? Meine Mitspieler machten sich natürlich einen Spaß aus der Sache: „Ach du Scheiße, jetzt geht er nach Dortmund und hebt völlig ab." Der übliche Quatsch, aber vollkommen verständlich. Es hätte auch wirklich keinen Besseren treffen können. Zu jedem Training, dreimal in der Woche, kam ich im Schalke-Trikot. Ich besaß genau zwei und zog diese beiden abwechselnd an. Und jetzt sollte ich das Schalke- gegen ein Dortmund-Trikot tauschen. „Das kannst du doch nicht bringen", meinte jemand. Aber da musste ich natürlich jetzt drüberstehen. Und als ich später mit den Jungs mal ernsthaft über die Angelegenheit sprach, zeigte sich, dass sie natürlich auch stolz waren. Wie cool es doch wäre, wenn „einer von uns" es nach ganz oben schaffen würde!

Andreé leitete alles in die Wege, das Probetraining sollte in der darauffolgenden Woche stattfinden. Die Saison neigte sich bereits dem Ende zu. Dementsprechend konnte ich mich für die U19 der kommenden Saison bewerben, also ab Juli 2011, wenn ich ganz offiziell A-Jugendlicher war.

Das Training fand an einem Wochentag um 17 Uhr statt. Papa machte schon mittags Feierabend, weil er sich das für kein Geld auf der Welt entgehen lassen wollte. „Robin, vielleicht wird das ja was", sagte er. Er war richtig stolz, auch wenn er mir das nie so gesagt hätte. Mein Vater ist ein Typ, der sich seine Gefühle nicht anmerken lässt und sie nur selten offen zeigt. Ich wusste, dass er mir nach dieser Einladung von Dortmund am liebsten um den Hals gefallen wäre. Er hielt sich aber zurück und gab mir lediglich einen Rat mit auf den Weg: „Hart arbeiten, nicht ausruhen."

Papa und ich fuhren in Elten los und steuerten erst mal Hamminkeln an. Da wohnte die Familie Krüßmann. Andreé fuhr voraus, über die A3 und die A2 zum Trainingsgelände von Borussia Dortmund. Schon der erste Eindruck saß. Links und rechts und oben und unten Trainingsplätze, so weit das Auge reichte, ungefähr einen für jede Mannschaft. In Rhede hatten wir einen Rasen- und einen Ascheplatz, mehr nicht. Auf dem Parkplatz musste ich mich von Papa verabschieden, Andreé sagte, ich solle ins Hauptgebäude gehen, dort würde man mir weiterhelfen.

Ich war natürlich eingeschüchtert. Der kleine Junge vom Dorf bei den Großstadtkids in der Bundesliga. Uns trennte sportlich zwar nur eine Liga, aber gefühlt waren es zwei Galaxien. Mir kam alles eine Nummer zu groß vor. Im Sekretariat meldete ich mich beinahe flüsternd: „Guten Tag, ich bin Robin Gosens und für ein Probetraining der U19 hier." Die Dame machte zum Glück einen sehr netten Eindruck, sonst wäre ich vielleicht gleich wieder abgehauen. „Du gehst zum Zeugwart", sagte sie, „der gibt dir die passende Trainingskleidung, und dann hoch in den ersten Stock in die Kabine der U19."

Vom Zeugwart bekam ich Stutzen, Hose, Shirt und Pullover. Die Schuhe hatte ich immerhin selbst mitgebracht. Ich schlich hoch in den ersten Stock, und da ich ein bisschen spät dran war, waren die meisten Spieler schon auf dem Platz und nur noch wenige in der Kabine. Für die, die noch nie in einer Umkleide mit

A-Jugend-Bundesligaspielern waren: Das ist nicht unbedingt die größte Spaßzone – zumindest nicht für jemanden, der ein Probetraining absolviert. Natürlich hielten sich diese Jungs für etwas ganz Besonderes. Ein paar höfliche „Hallos" flogen in meine Richtung, aber ich hatte nicht das Gefühl, willkommen zu sein. Auf meine Frage, wo ich mich umziehen könne, bekam ich die rotzige Antwort: „Setz dich irgendwo hin."

Ich zog mich schnellstmöglich um und steckte plötzlich in schwarz-gelben Klamotten. Weil ich so nervös war, realisierte ich das aber gar nicht. Das mit Dortmund und Schalke war mir in dem Moment maximal egal. Dass ich mich unwohl und fehl am Platz fühlte, hatte nichts mit der Farbe der Kleidung, sondern mit der ganzen Situation zu tun. Alles in mir strebte weg. Niemand war da, an den ich mich halten konnte, ich hatte keine Ahnung und fühlte mich allein gelassen. Ich wusste nur, wann das Training begann, mehr hatte man mir nicht gesagt. Ich saß noch ein paar Minuten mit den anderen in der Kabine und starrte an die Decke. Niemand sprach mich an oder fragt mich etwas. Was sie wohl über mich dachten? Erlebten die solche Probespieler öfter?

Ich hoffte, dass die anderen endlich rausgingen, damit ich mitkommen konnte. Ich wusste ja nicht mal, auf welchen Platz ich musste. Als es endlich soweit war, redete wieder niemand mit mir. Ich rannte wie ein Hund hinter ihnen her. Auf dem Platz fing mich der Trainer Sascha Eickel ab und begrüßte mich. Im Mannschaftskreis vor dem Beginn der ersten Übung war jedoch nicht davon die Rede, dass ein neues Gesicht dabei war. Man hätte ja meinen können, ein Probespieler dürfe sich wenigstens mal vorstellen oder sowas. Die Jungs, die vorher nicht mit mir in der Kabine waren, wussten im Prinzip gar nicht, dass ich da war.

Die ganze Sache war von Anfang an zum Scheitern verurteilt.

Nach einer Runde Einlaufen erklärte der Trainer, was an diesem Tag auf dem Programm stand: Koordination, Spiel auf Ballhalten und zum Schluss ein taktisches Elf-gegen-elf über den ganzen Platz. Ich konnte keine einzige Sekunde genießen. Die Einheit ging vorbei wie im Flug. Ich war bei Borussia Dortmund und hatte vielleicht die Chance meines Lebens, hatte aber so wackelige

Beine, dass jeder Pass fünf Meter neben dem Mitspieler landete. Der totale Reinfall.

Schon die Koordinationsleiter am Anfang war zu viel für mich. Eine kleine, gelbe Leiter, die auf den Boden gelegt wird, circa fünf Meter lang, mit 50 mal 50 Zentimeter großen Feldern, durch die wir schnell tippeln sollten. Aber in einem Tempo, das ich nicht kannte. Ich blieb zweimal in der Leiter hängen und machte die ganze Übung kaputt. Ich kann mir allzu gut vorstellen, wie sich die Jungs hinterher angeschaut haben: „Was ist denn das für ein Hampelmann?"

Übrigens: Einer dieser Jungs war Koray Günter, damals U-Nationalspieler und heute bei Hellas Verona. Oder Marvin Ducksch, heute bei Hannover 96. Die konnten schon kicken. Damals viel besser als ich.

Mit dem „Ballhalten" ging es weiter, auch das hatte ich vorher noch nie gehört. Ich kannte nur das klassische Abschlussspiel mit zwei Toren, hier sollten wir in einem Feld dafür sorgen, dass die gegnerische Mannschaft den Ball nicht bekam. Ich spielte mir einen unglaublichen Mist zusammen. Zu einem herzlichen „Du bist so scheiße" fehlte nicht mehr viel.

Das Elf-gegen-elf gab mir den Rest. Bis dahin hatte ich bei Rhede im zentralen Mittelfeld die Fäden gezogen, jetzt sollte ich im linken Mittelfeld spielen. Wohl gemerkt bei den Ersatzspielern, auf der Gegenseite lief die Startelf fürs Wochenende auf. Ich wusste schon nach fünf Minuten nicht mehr, wo oben und unten war. Ich wurde überlaufen, ausgespielt, auseinandergenommen. Wenn ich den Ball bekam, war er zwei Sekunden später schon wieder weg, so schnell konnte ich gar nicht gucken. Es klappte überhaupt nichts.

Vor dem Training hatte mir Andreé gesagt, dass ich, wenn ich mich gut anstellen würde, in den Osterferien vielleicht weiterhin mittrainieren dürfte. Nachdem ich geduscht hatte, wollte ich nur noch nach Hause. Ich war völlig fertig und fühlte mich gedemütigt. Draußen warteten der Trainer und der Jugendkoordinator auf mich. Zitat: „Danke, dass du da warst. Wir würden uns dann bei dir melden." Das klang fast schon sarkastisch. Als würden sie mich am liebsten auslachen, so nach dem Motto: „Du glaubst doch wohl nicht wirklich, dass du hier noch mal einen Fuß reinsetzt. Fahr nach Hause, Junge!" Mir war klar, dass mich von diesem Verein niemand mehr anrufen würde. Ich hätte mich auch nicht angerufen.

Die Tür zum Profifußball schien für mich schon wieder zu, bevor sie überhaupt richtig aufgegangen war. Mit vier Schlössern und Extraspucke verriegelt. Da würde ich nicht mehr reinkommen. Ich war nur froh, dass ich endlich wieder abhauen durfte. Während der Fahrt sprachen Papa und ich nicht viel. Irgendwann sagte ich zu ihm: „Ich glaube, ich kann gar kein Fußball mehr spielen." Ich war fix und fertig mit der Welt, vielleicht musste ich sogar weinen.

Da war diese einmalige Chance, sich mit den ganz Großen zu messen. Bei Borussia Dortmund, mit zukünftigen Nationalspielern. Und ich hatte diese Chance mit Füßen getreten – beziehungsweise die Chance mich. Jeder, der da auf dem Platz gestanden hatte, war besser als ich gewesen. „Verschwinde, Kleiner", schienen sie mir aus der Ferne zuzurufen, „das hier ist ein paar Nummern zu groß für dich."

Zurück in Rhede, wurde ich natürlich ausgelacht. Das war aber in Ordnung. Zwei Tage hatte es gedauert, dann konnte ich selbst darüber schmunzeln. Beim Training erzählte ich ganz offen, wie es gelaufen war: richtig scheiße. Ich war zurück in meiner Komfortzone und glücklich damit. Ich gehörte nach Rhede und nicht nach Dortmund.

Aus mir würde nie ein professioneller Fußballspieler werden. Niemals.

Kapitel 6
STUTTGART

3. September 2020

Ich musste anhalten und rechts ranfahren.

Soeben hatte ich einen Anruf erhalten, mit dem ich nie gerechnet, den ich aber schon immer herbeigesehnt hatte. Der wichtigste Anruf meines Lebens. Und ich hätte mir nie verzeihen können, wenn in diesem Moment plötzlich die Verbindung abgerissen wäre.

Aber lasst mich erzählen, wie es überhaupt zu diesem Anruf kam.

Es war Ende Juli 2020, noch eine Woche bis zum letzten Spieltag in der Serie A. Diese wegen der Corona-Pandemie so eigenartige und so lange Saison war für uns trotz aller Widrigkeiten in Bergamo nahezu perfekt verlaufen. „Nahezu", weil wir ein paar Tage zuvor gegen Serienmeister Juventus Turin die eindeutig bessere Mannschaft gewesen waren und nur deshalb nicht gewonnen hatten, weil uns Cristiano Ronaldo in der letzten Minute noch einen Handelfmeter reingedrückt hatte. Durch das 2:2 waren unsere Chancen auf die Meisterschaft endgültig dahin gewesen.

Schon alleine über einen verpassten Titel zu schreiben, ist eigentlich absurd. Noch vor einem Jahr war es die Sensation schlechthin, dass wir, dieser bunt zusammengewürfelte Haufen, uns für die Champions League qualifiziert hatten. Auf einmal schien es fast schon normal, dass wir 17 Spiele in Folge nicht verloren und 98-mal das Tor trafen. 98! Fast drei Treffer pro Spiel. Und das in der Serie A, die schon immer für ihre Verteidigungskünstler berühmt war.

Es lief alles wie im Rausch. Schon im zweiten Spiel nach der mehrmonatigen Saisonunterbrechung waren wir mit Lazio Rom auf einen bis dahin sehr ernst zu nehmenden Meisterschaftskandidaten getroffen – und hatten ein 0:2 in ein 3:2 gedreht. Ich traf zum 1:2, es war mein achtes Saisontor. Ich hatte nicht das Gefühl, dass uns irgendwer würde schlagen können. Hin und wieder waren wir anfällig für ein oder zwei unnötige Gegentreffer, aber meistens schossen wir dann einfach ein oder zwei Tore mehr als der Gegner, wie zum Beispiel beim 7:2 in Lecce oder beim 6:2 gegen Brescia. Ehrlich, genauso war es. Wir waren so fit, so aggressiv, so eingespielt. So gut.

Dass wir es tatsächlich wieder in die Champions League schaffen würden, stand schon lange vor Saisonende fest. Die AS Rom war nach Wiederbeginn der Liga unser einziger Konkurrent um einen Tabellenplatz, der am Ende zur Champions-League-Qualifikation reichte, aber die Herren aus der Hauptstadt hatten überhaupt nicht mit uns mithalten können und viel zu viele Punkte abgegeben. Während wir Sieg an Sieg reihten, verlor die Roma dreimal in Folge und war weg vom Fenster. Eigentlich müsste ich ja schon bei dem Wort „Champions League" vor Freude durchdrehen. Aber die Quali für die Königsklasse war aufgrund unserer Leistungen so eindeutig, dass mir dieser Erfolg beinahe schon normal vorkam.

Zurück zur Vorbereitung auf das letzte Spiel der Saison gegen Inter. Unter Trainer Antonio Conte hatte dieser traditionsreiche Klub mit Spielern wie Romelu Lukaku oder Alexis Sanchez zu alter Stärke zurückgefunden. In dieser Partie ging es für beide Teams immerhin noch um den zweiten Platz, der Sieger durfte sich Vizemeister nennen. Das ist ja auch was.

Kurz vor dem Spiel passierte jedoch etwas Eigenartiges. Auf dem Display meines Handys erschien eine niederländische Nummer, ich ging aber nicht dran. Kurz darauf erhielt ich vom selben Absender eine WhatsApp-Nachricht, auf Niederländisch: „Kann ich dich heute Abend anrufen? Wenn nicht, gerne morgen. Grüße, Ronald Koeman."

Ronald Koeman, niederländischer Nationaltrainer und eine absolute Ikone. Ich war während seiner Glanzzeit als Verteidiger zwar noch nicht geboren, wusste aber, was für ein krasser Fußballer er gewesen war. Ende der 80er, Anfang der 90er war Koeman einer der besten Abwehrspieler der Welt, 1988 Europameister mit den Niederlanden und zweifacher Champions-League-Sieger mit Eindhoven und Barcelona. Unvergessen, wie er sich nach dem Halbfinal-Sieg gegen Deutschland bei der EM 88 mit dem Trikot von Olaf Thon demonstrativ den Hintern abgewischt hatte.

Doch an diesem Tag hatte ich keine Zeit für den Nationaltrainer der Niederlande. Schließlich waren meine Eltern zu Besuch in Bergamo, und zum Zeitpunkt der Nachricht saßen wir zusammen mit Rabea und ihrer Schwester im Restaurant. Ich schrieb ihm, dass er mich gerne am nächsten Tag erreichen könne. Wir verabredeten uns für 11.30 Uhr. Am Tisch herrschte für die nächsten Minuten kein anderes Gesprächsthema. Wir konnten uns natürlich vorstellen, warum Koeman mit mir sprechen wollte, aber wie sollte ich damit umgehen? Papa ließ gar keine Gedankenspiele zu, sondern sagte einfach: „Lasst uns jetzt mal anstoßen. Robin, das hast du dir verdient."

Am nächsten Morgen fuhren Mama, Papa, Rabea, Rabeas Schwester Vanessa, ihr Sohn Til und ich, die komplette Familie, nach Villa d'Alme am Fluss Brembo, nördlich von Bergamo gelegen. Die totale Alpenidylle mit rauschendem Wasser, Bergen und strahlend blauem Himmel. Leider gab es dort überhaupt kein Netz. Es dauerte, bis ich einen Platz gefunden hatte, an dem zumindest ein oder zwei Balken aufblinkten. Von dieser Stelle bewegte ich mich nicht einen Zentimeter weg, wäre ja auch peinlich gewesen, wenn ich Koeman schon wieder hätte vertrösten müssen. Ich saß bei 30 Grad eine halbe Stunde lang da, ohne mich zu rühren, und wartete, bis es endlich klingelte. Er rief erst um 12 Uhr an.

Es wurde ein angenehmes Gespräch. Nach ein bisschen Small-Talk sagte Koeman mir, dass er in der laufenden Saison drei oder vier Spiele von mir gesehen und mit Marten de Roon, meinem Teamkollegen, seines Zeichens niederländischer Nationalspieler, über mich gesprochen hätte. Er sei sicher, dass ich seiner Mannschaft helfen könne. Aus seiner Sicht gab es nur ein Problem. Ein

Problem, das ich zu der Zeit überhaupt noch nicht greifen konnte. „Du hast schon öfter gesagt, dass du dich eher zu Deutschland hingezogen fühlst, das weiß ich", meinte Koeman. „Aber ich möchte dich gerne von unserem Land und unserer Mannschaft überzeugen. Ich glaube, dass die linke Seite der Nationalmannschaft über die nächsten Jahre deine sein könnte."

Er schmierte mir in den nächsten Minuten – ich weiß gar nicht mehr, wie viele es genau waren – extrem viel Honig um die Schnute und erklärte mir, wie gut ich in seine Mannschaft passen würde. Eine Mannschaft mit Weltstars wie Virgil van Dijk, Matthijs de Ligt oder Frenkie de Jong. Er stellte mir sein Projekt vor, in dem ich offensichtlich ein wichtiges Puzzleteil war. Damit ich nicht das Gefühl bekäme, er wolle mich lediglich davon abhalten, mich für Deutschland zu entscheiden.

Nur: Zu diesem Zeitpunkt war Koeman der einzige Nationaltrainer der Welt, der je mit mir Kontakt aufgenommen hatte. Mir war mittlerweile klar, dass vermutlich auch Joachim Löw wusste, wer ich bin. Schließlich hatte er inmitten der Pandemie erklärt, dass er eigentlich vorgehabt hatte, mich für die letztendlich abgesagten Länderspiele im März gegen Spanien und Italien zu nominieren. Doch schon damals hatte mein Vater die Euphorie gebremst. „Bevor ich das nicht schwarz auf weiß habe, glaube ich gar nichts." Und genauso sah ich das auch.

Natürlich ehrte mich Koemans Angebot, gar keine Frage. Nicht nur, dass ich einen niederländischen Vater habe, direkt an der deutsch-niederländischen Grenze aufgewachsen bin und auch die niederländische Staatsbürgerschaft besitze. Die Oranje-Auswahl gehört nun mal seit Jahrzehnten zu den besten der Welt. Wenn mir einer vor drei Jahren einen solchen Anruf prophezeit hätte, als ich noch das Trikot von Heracles Almelo trug, wäre ich vermutlich auf Händen zum nächsten Auswahltraining gelaufen.

Aber jetzt war alles anders. Und es wurde sogar noch verrückter.

Einen Tag nach Koemans Anruf waren wir wieder in unserer Wohnung. Dazu sollte man vielleicht wissen, dass in der Neustadt von Bergamo kein Zentimeter Platz verschenkt wird. Unser Dachgeschoss-Apartment im vierten Stock betritt man durch einen extrem schmalen Innenhof, in den wir jeden Tag versuchen, unser Auto unfallfrei reinzubekommen, um mit einem Fahrstuhl in eine Tiefgarage zu fahren, wo wir parken. Mama, Papa und Rabea waren gerade in der Küche beschäftigt, während ich auf der Couch lag und eine SMS bekam:

„Hallo Robin. Hier ist Joachim Löw."

Ich musste laut lachen. Das konnte ich nicht glauben. Joachim Löw, Nationaltrainer seit 2006, Weltmeister 2014. Reicht als Gedankenstütze, oder?

„Kommt mal bitte eben her, ich muss euch was zeigen", rief ich in die Küche. Ich las die Nachricht laut vor und reichte das Handy rum. „Hallo Robin. Hier ist Joachim Löw. Habe die Nummer von deinem Berater. Würde gerne die nächsten Tage mal mit dir telefonieren. Wann passt es am besten? Liebe Grüße."

Keiner konnte glauben, was da stand. Für einen sehr kurzen, gefühlt aber ewig langen Zeitraum, war es komplett still in unserer Wohnung. Ich war offenbar der Einzige im Raum, der die Nachricht für einen Scherz hielt. Ich kenne meine Freunde, denen traute ich so was durchaus zu. „So schreibt doch Joachim Löw nicht", war einer meiner ersten Gedanken.

Meine Mama stand nur wortlos da, mein Papa fasste sich an den Kopf. Vor nicht mal 48 Stunden hatten wir noch gemütlich im Restaurant bei Aperol und Pasta zusammengesessen, und jetzt durfte ich mir offenbar plötzlich aussuchen, ob ich deutscher oder niederländischer Nationalspieler werden wollte. Unmöglich hier annähernd wiederzugeben, was für eine merkwürdige Stimmung in unserem Wohnzimmer herrschte.

Ich musste auf jeden Fall zurückschreiben, egal, ob mich am anderen Ende ein Kumpel auf den Arm nehmen wollte oder nicht. „Hallo Trainer", antwortete ich, „Danke vielmals für die Nachricht. Wir haben Samstag das letzte Spiel, morgen Nachmittag Training und dann zwei Tage frei, bin aber eigentlich immer erreichbar. Ist also im Prinzip egal, wann. Liebe Grüße, Robin."

Er schrieb sofort zurück: „Okay danke. Melde mich dann am Sonntag, nachmittags oder gegen Abend. Alles Gute am Wochenende noch. LG, JL."

Wie viel geiler konnte es noch werden!? Wir saßen da und weinten vor Freude. Ich hatte schon vor einem Jahr in Interviews immer mal wieder geflachst, dass der Bundestrainer ja mal kommen und mich beobachten könnte. Aber ich hatte doch keine Ahnung, dass er das zu dem Zeitpunkt längst getan hatte! Und mir bedeutete das in diesem Augenblick die Welt.

Spätestens jetzt konnte ich mich leider kaum noch auf die anstehende Aufgabe gegen Inter Mailand konzentrieren. Irgendwo verständlich, oder? Wir verloren das Spiel mit 0:2 – unsere erste Niederlage seit Januar – und wurden Dritter. Nach dem Spiel packten Rabea und ich unsere Sachen und machten uns auf den Weg nach Südtirol. Ein Kurztrip, um runterzukommen und abzuschalten. Noch war die Saison ja nicht vorbei. In der Champions League wartete mindestens noch Paris Saint-Germain auf uns. Bis zu dieser Partie blieben elf Tage. Zeit, die wir zumindest ein bisschen für Erholung nutzen wollten.

Wir waren bei strahlendem Sonnenschein unterwegs in den Bergen, da kam der Anruf. Der Anruf, mit dem ich niemals im Leben gerechnet hatte. Als auf dem Auto-Display „Joachim Löw" auftauchte, fuhr ich sofort auf den Seitenstreifen. Ich hatte Angst, dass der Kontakt in den Tunneln abreißen würde und war unendlich aufgeregt. Das hier hatte die Atmosphäre eines Bewerbungsgesprächs für den Traumjob. Nur dass ich in kurzer Hose im Auto saß und nicht im unbequemen Anzug zu schwitzen begann.

Das Gespräch mit Löw verlief ganz anders als das mit Koeman. Vor allem, weil es die meiste Zeit gar nicht so sehr um Fußball ging, sondern vielmehr um das Leben. Er wollte wissen, wie wir die schwierige Situation in Italien und Bergamo überstanden und erlebt hätten, inwiefern mich die Krise verändert habe. Er machte einen sehr empathischen Eindruck auf mich. Auch der sportliche Teil des Telefonats war anders. Natürlich lobte er mich für die gute Saison. Sonst hätte er ja auch nicht angerufen. Mit neun Toren und acht Vorlagen war ich in den Top-Fünf-Ligen Europas gemeinsam mit Trent-Alexander Arnold vom FC Liverpool der erfolgreichste Verteidiger. Vor Achraf Hakimi oder Andrew Robertson oder Sergio Ramos. Ein wenig Selbstbeweihräucherung sei mir verziehen.

Löw erklärte mir ausführlich, wie er spielen wollte, wie er generell seine Systeme sieht, und ob ich mir vorstellen könnte, in einer Viererkette in der Abwehr aufzulaufen. Die vergangenen drei Jahre in Bergamo hatte ich ausschließlich auf der linken Außenbahn in einem 3-5-2-System gespielt. Irgendwann wurde mir klar: Du telefonierst hier gerade wirklich mit dem Trainer der deutschen Nationalmannschaft! Und der sagt dir, dass du bei den kommenden Länderspielen dabei bist und dass du in letzter Zeit klasse gekickt hast. Vollkommen irre.

Löw machte mir im Gegensatz zu Koeman keine langfristigen Versprechungen, sondern sagte einfach: „Du hast dir das jetzt verdient. Komm vorbei, wir freuen uns. Und dann schauen wir mal, was passiert."

Nachdem ich aufgelegt hatte, herrschte erst mal Stille im Auto. Dann, nach ein paar Sekunden, sahen Rabea und ich uns an – und fingen vor Freude an zu schreien. Die verbleibenden 45 Minuten zum Hotel wurden zu einer Mischung aus Hupkonzert im Tunnel und Musikanlage auf Anschlag. Was die Leute in den anderen Autos dachten, war mir in diesem Augenblick total egal. Mensch, Jogi Löw wollte, dass ich für die Nationalmannschaft spiele!

Doch noch stand meine endgültige Entscheidung aus. Deutschland oder die Niederlande? Ich sprach in diesen Tagen viel mit Rabea und meinen Eltern, bis letztendlich klar war, dass es nur eine richtige Wahl geben konnte. Es ging mir nie um Spielsysteme, oder um Schwarz-Weiß oder Orange. Meine emotionale Verbundenheit mit Deutschland war einfach größer. Mein Herz – kitschig, ich weiß – schlug ganz klar für Deutschland. Als Löw mir ein paar Tage später sagte, dass er gerade den Kader für die anstehenden Länderspiele gegen Spanien und die Schweiz finalisiert, fragte er, ob ich eine Entscheidung getroffen hätte und er mich nominieren konnte? Aber selbstverständlich, sagte ich. Ich bin dabei.

Nach dem so unglücklich verlaufenen Champions-League-Turnier in Lissabon – diese verdammten letzten Minuten gegen Paris – machten Rabea und ich noch eine Woche Urlaub, bevor ich am 31. August zur Nationalmannschaft reisen durfte. Die Nominierung war noch nicht öffentlich gemacht worden, aber ich wusste ja Bescheid.

Eine Sache muss ich übrigens noch über Ronald Koeman loswerden. Kurz nach seinem Anruf war bekannt geworden, dass er den Job als holländischer Nationaltrainer für den Posten beim FC Barcelona aufgeben würde. Und genau am Tag seines Wechsels, als er vermutlich allerlei anderen Kram zu erledigen hatte, nahm er sich noch die Zeit und rief mich im Urlaub auf Kreta an. „Ich wollte dir nur sagen, dass der ganze Stab noch voll hinter dir steht und dich wirklich gerne einladen würde. Ich bin zwar nicht mehr dabei, aber an der Entscheidung hat sich nichts geändert." Als ich ihm mitteilte, dass ich mich für Deutschland entscheiden würde, wünschte er mir alles erdenklich Gute. Das war ein ganz feiner Zug von ihm, das muss ich wirklich sagen. Ich verabschiedete mich und scherzte, dass wir uns hoffentlich bald mal in Barcelona sehen würden. Natürlich nur halb scherzend.

Der Urlaub tat uns gut. Einfach nur Pool, Strand, Bücher, Musik und zwei bis zwölf Aperol. Pro Tag. Ich scherze schon wieder. Oder doch nicht?

Nachdem auch die Öffentlichkeit endlich erfahren hatte, dass der torgefährlichste Verteidiger Europas – hüstel – erstmals zur deutschen Nationalmannschaft eingeladen worden war, ging das große Anruffestival vom DFB los. Organisationsteam, Pressestab, Athletiktrainer – alle wollten wissen, wie es mir ginge, erkundigten sich nach meinem Fitnesslevel und berieten mich, was ich zu meinem Debüt mitbringen sollte. Da wurde mir erst mal bewusst, was für eine andere Hausnummer das beim DFB doch war, im Vergleich zu Atalanta. Ich wartete nur noch auf die Frage, welches Toilettenpapier mir am liebsten sei. Am Tag der Anreise wurde ich morgens um halb sieben von zu Hause abgeholt. Auf dem Weg sammelten wir noch Jonathan Tah in Düsseldorf ein. Auf der Fahrt hatte ich wenigstens schon mal vier oder fünf

Stunden Zeit, um mit jemandem zu reden, der Bescheid wusste und mir ein paar Sachen erklären konnte. Wie gewisse Dinge laufen, wen ich duze und wen lieber nicht. Beim DFB-Präsidenten, irgendwo logisch, bleibt es beim „Sie", aber wie sieht es beim Bundestrainer aus? Ist er Herr Löw oder Joachim? Jona sagte, dass alle immer nur „Trainer" sagen und der Umgangsform quasi ausweichen. Aber er beruhigte mich auch und meinte, dass die Atmosphäre eigentlich total locker sei und ich mir gar keinen Kopf machen bräuchte. Leichter gesagt als getan, aber er hatte recht.

Die Ankunft am Mannschaftshotel war schon aufregend, weil ich wirklich niemanden persönlich kannte. Florian Neuhaus von Borussia Mönchengladbach und Hoffenheims Torwart Oliver Baumann waren zwar auch zum ersten Mal dabei, die spielten aber in der Bundesliga und waren daher fast jedem ein Begriff. Ich war dieser neue Typ aus Italien, der noch nie zuvor in Deutschland gespielt hatte. Aber ich wurde total überrascht. Sehr viele kamen auf mich zu, um mir zu sagen, was für eine überragende Saison ich doch gespielt hätte. Ich hatte damit gerechnet, mich in großer Runde vorstellen zu müssen. Stattdessen kannte fast jeder meine Geschichte, begrüßte mich herzlich und gab mir das Gefühl, willkommen zu sein. Die einzige Umstellung durfte ich gleich beim ersten Meeting feststellen, weil ich für einen Augenblick vergessen hatte, dass ich wieder in Deutschland war. Aus Bergamo kannte ich es so, dass ein Meeting um 12:30 Uhr angesetzt war und die ersten um 12:32 Uhr erschienen. Die Südamerikaner dann so gegen 12:37 Uhr, während der Trainer geduldig seinen Espresso schlürft. Aber jetzt saßen wir hier in Stuttgart und alle anderen schon um 12:25 Uhr auf ihren Plätzen. Ich kam ein Minütchen zu spät und erntete sofort ein paar Blicke. Ich glaube, dem Neuling wurde das ausnahmsweise verziehen, aber das würde mir nicht noch mal passieren.

Vor dem Mittagessen musste ich im Trainerbüro antreten. Joachim Löw meinte, dass ich mich beruhigen und mich nicht verrückt machen solle. Doch das fiel mir immer noch nicht so leicht, wie auch? Ich konnte meine Nervosität nicht wirklich verbergen, diese Jungs kannte ich doch alle nur aus dem Fernsehen. Plötzlich war ich hier wieder der kleine Fanboy. Nach dem Essen sprach Toni Kroos mich an. „Na", sagte er, „kommst du auch aus dem Urlaub? Also ich habe da ja nichts fürs Training gemacht." Da musste ich lachen. „Ich ganz sicher auch nicht", antwortete ich, „ich hab' stattdessen Aperol getrunken." Und wir lachten beide.

Toni Kroos, meine Güte. Weltmeister, viermaliger Champions-League-Sieger, einer der elegantesten Mittelfeldspieler der vergangenen Jahrzehnte. Und jetzt durfte er den torgefährlichsten Verteidiger Europas kennenlernen, was für ein Moment für ihn. Im Ernst: Bei dem Gespräch wurde aus mir wieder ein Balljunge, der im Spielertunnel zu seinem großen Idol aufschaut.

Man kennt das ja von einer Party, diese Salzstangenphase, wenn alle sich doof angucken und krampfhaft darauf warten, dass die Stimmung etwas lockerer wird. So in etwa hatte ich das Kennenlernen mit den anderen Nationalspielern erwartet, aber das war überhaupt nicht der Fall. So ein Eisbrecher wie der von Kroos tat auch deshalb so gut, weil er in dem Laden der absolute Chef ist. Wenn der dich kennt, weiß, wo du gespielt und was du geleistet hast, gibt dir das ein unglaublich entspanntes Gefühl. Und für das eigene Ego ist es sicherlich auch nicht von Nachteil.

Beim ersten Training wurde die Gruppe zweigeteilt, weil einige bereits voll im Saft standen und andere, wie Kroos, Ilkay Gündogan, Kai Havertz, Tah oder ich, direkt aus dem Urlaub gekommen waren. Natürlich hatte ich in den rund zwei Wochen Pause nicht meine gesamte Fitness verloren, aber im Gegensatz zur restlichen Truppe hatte ich schon konditionellen Nachholbedarf. Die Fitnessstudio-Besucher unter den Lesern verstehen vielleicht, was ich meine. Wenn man mal eine Woche nicht trainieren kann, muss direkt bei jeder Übung subtrahiert werden. So schnell geht das leider nun mal mit dem Körper.

Auch beim Training wurde ich wieder ein bisschen überrumpelt, weil das Niveau im Vergleich zu den Einheiten bei Atalanta noch mal ein ganz anderes war. Da sitzt jede Ballannahme, man hat keine Sekunde Zeit zu überlegen, wird permanent unter Druck gesetzt. Jeder will bei jeder Einheit glänzen, diese Mentalität finde ich überragend. Dementsprechend kam ich aber auch schnell wieder rein und hatte beim Abschlusstraining vor dem Spiel gegen Spanien eigentlich schon ein gutes Niveau erreicht.

Zwei Tage vor dem Spiel am 3. September trainierten wir das erste Mal taktisch und anschließend auch elf gegen elf. Da war klar, dass ich spielen würde, weil Löw mich ins Team der potenziellen Stammspieler eingeteilt hatte. Kurz nach der Einheit las ich von der Pressekonferenz, die schon vor der Einheit stattgefunden hatte. Dort hatte der Bundestrainer bereits bestätigt, dass ich gegen Spanien von Anfang an auf dem Platz stehen würde. Wow. Mein Debüt als Nationalspieler. Und dann auch noch gegen Spanien. Gegen den Weltmeister von 2010, den Europameister von 2008 und 2012. Gegen Sergio Ramos und Sergio Busquets, David de Gea und Thiago. Selbstverständlich war ich etwas angespannt, schließlich wollte ich die Sache nicht kleiner machen, als sie war.

Am Abend vor dem Spiel rief mich Löw abends um 22 Uhr noch mal aus meinem Zimmer, um mit mir unter vier Augen zu sprechen. In drei Jahren bei Atalanta hatte mich Coach Gian Piero Gasperini nicht ein einziges Mal zur Seite genommen. „Sollen wir mal draußen ein paar Schritte gehen?", fragte er mich. Beim Spaziergang vor dem Hotel ergriff er direkt das Wort: „Robin, morgen erstes Länderspiel. Ich freue mich für dich. Genieß den Moment. Ich weiß, was du kannst, das hast du hier in den drei Tagen gezeigt. Du warst mutig und hast dich sofort bewiesen. Mir ist egal, ob du Fehler machst. Ich will sehen, dass du wie bei Atalanta mutig nach vorne spielst. Wir brauchen diese Power auf der linken Seite."

Das half mir sehr, für einen Moment vergaß ich fast das Spiel. Ich erlebte, wie wichtig es ist, wenn dein Trainer dir so den Rücken stärkt und dir Mut zuspricht. Eigentlich hätte ich Löw niemals so emotional erwartet. Er hat zwar eine ruhige und sachliche Art, weiß aber genau, wie er die Mannschaft einstellen muss und pushen kann.

Die Anspannung verließ mich trotzdem nicht vollends. Mein erstes Länderspiel stand vor der Tür, und irgendwo kam, als ich mein Zimmer wieder erreicht hatte, der 17-jährige Robin um die

Ecke und fragte, was aus dem angehenden Polizisten wurde. Der spielt morgen gegen Spanien, grinste ich. Spanien, verdammt noch mal. Kann man eigentlich noch einen geileren Debüttermin erwischen? Ich weckte meine Eltern und Rabea noch mal, weil ich so unter Strom stand, dass ich ihnen von dem Spaziergang mit dem Bundestrainer erzählen musste. Ich war total beeindruckt, dass Löw sich ausgerechnet für mich noch mal Zeit genommen hatte. Dabei hatte ich doch noch gar nichts geleistet, also für die Nationalmannschaft.

Die Telefonate beruhigten mich und brachten die Nachtruhe näher, weil auch meine Familie mich bestärkte, dass es keinen Grund gab, angespannt zu sein. Der Moment meines Lebens stand bevor, darauf durfte ich mich freuen. Ich schlief ein und träumte wahrscheinlich von Helmut Rahn, Fritz Walter und Franz Beckenbauer. Oder von Dinosauriern, wer weiß das schon so genau.

Eine feste Frühstückszeit gab es für den nächsten Morgen nicht, nur die genaue Zeit, wann man zum Anschwitzen bereitstehen musste. Dieses Anschwitzen fällt bei vielen Teams unterschiedlich aus, in der Nationalmannschaft wird Fußballtennis gespielt. Zweierteams in verschiedenen Gruppen, nicht zu ernst, aber immerhin etwas kompetitiv. Nach dem Mittagessen konnte sich jeder auf seine Weise ausruhen, ein Mittagsschläfchen machen oder Playstationspielen. Ich legte mich aufs Bett, ließ den Fernseher laufen und spielte am Handy. An schlafen war gar nicht zu denken, denn mit jeder Minute rückte dieses Spiel näher. Das Adrenalin wirkte stärker als jeder Espresso.

Wir schaufelten uns noch ein paar Nudeln und Bananen rein, ehe Jogi Löw uns in der letzten Sitzung vor dem Spiel die Aufstellung verriet. Und da stand wirklich mein Name. Die weiteren Aussagen des Trainers rauschten nur so an mir vorbei. In der Kabine im Stuttgarter Stadion angekommen, sah ich das Deutschland-Trikot mit der Nummer 3, das mit dem Rücken zum Eingang vor einem Schrank hing. „Gosens" stand darauf, „Wahnsinn" in meinem Gesicht. Und auf einmal zog ich mich neben diesen Größen um, band die Schuhe zu und machte mich mit ihnen warm.

Alles lief wie im Film ab, ich weiß auch beim besten Willen nicht mehr, wer alles auf mich einredete oder was der Trainer vor dem Anpfiff noch mal sagte. Es war einfach so surreal. Wir klatschten uns ab, umarmten uns, und raus ging es ins leere Stadion.

Als wir in einer Reihe auf dem Feld standen und die Nationalhymne aus den Lautsprechern schallte, rang ich um meine Fassung. Ich erinnerte mich an jenes wunderbare Erlebnis im September 2019 in Zagreb, als ich das erste Mal live der Champions-League-Hymne lauschen durfte. Damals war ich sicher gewesen, dass das durch nichts getoppt werden könnte. Doch die Nationalhymne war noch einmal etwas ganz anderes. Mir wurde bewusst, dass ich hier gleich für mein Land spielen würde, dass ich so viele Menschen stolz machen könnte. Ich hätte weinen können, das war der größte Gänsehautmoment meiner bisherigen Karriere. Den würde mir niemals jemand wegnehmen können. Ich war bereit, mich zu zerreißen.

Die ersten Minuten waren ganz in Ordnung. Ich war angespannt, aber nicht nervös. Im 3-4-3 sollte ich wie in Bergamo die linke Seite unsicher machen, natürlich aber auch hinten meine Defensivaufgaben erledigen. Neben mir spielten Kroos und Gündogan im zentralen Mittelfeld, hinter uns in der Dreierkette Antonio Rüdiger, Niklas Süle und Emre Can. Vorne agierte Julian Draxler als eine Art hängende Spitze hinter Timo Werner und Leroy Sané. Zunächst lief viel über die rechte Seite von Thilo Kehrer, außer ein wenig Anlaufen hatte ich also gar nicht so viel zu tun. Das gab mir die Gelegenheit, mich auf mein Spiel zu konzentrieren und meinen Kopf auszuschalten. Im Prinzip so, wie es der Trainer von mir verlangt hatte.

Wir hatten uns im Vorfeld darauf verständigt, viel mit Diagonalbällen hinter die Kette zu arbeiten, weil wir wussten, dass die spanischen Außenverteidiger, namentlich Dani Carvajal und José Gaya, weit reinschieben. Und tatsächlich brauchte ich kurz nach der Pause einen überragenden Pass von Ilkay Gündogan nur noch runterzupflücken, zu verarbeiten und auf Timo Werner querzulegen, der das Ding zum 1:0 wegmachte. Erste Torbeteiligung im ersten Länderspiel, nicht schlecht. Und doch war ich vor allem froh, dass wir genau das umgesetzt hatten, was wir im Training einstudiert hatten und gegen Spanien in Führung gegangen waren.

Leider entschied sich der Schiedsrichter dafür, sechs Minuten nachspielen zu lassen. Und leider brachten wir das Ding nicht über die Zeit. Nach zwei, drei verlorenen Kopfballduellen im Mittelfeld musste ich eine Flanke verteidigen, rutschte mit meiner Grätsche allerdings ins Leere, lag im Aus und hob so das Abseits auf. Gaya brauchte den Ball nur über die Linie drücken. Ausgleich in letzter Sekunde.

Mir war tatsächlich nicht klar, dass ich, auch wenn ich im Aus liege, dennoch zum Spiel gehöre. Das habe ich so nach dem Spiel im Interview auch gesagt und dafür Hohn und Spott kassiert. „DFB-Neuling Gosens kennt die Abseitsregel nicht!" Meine Güte. Ich wäre sowieso nicht mehr rechtzeitig aus dem Abseits gekommen. Und hätte ich im Interview lügen sollen? Vielleicht, aber das ist nicht meine Art. Ich kann Spieler nicht leiden, die nicht zu ihren Fehlern stehen und um den heißen Brei herumreden. Man sagt ja heutzutage, Fußballer seien langweilig geworden, aalglatt, hätten nichts mehr zu erzählen. Wen wundert es, dass kaum noch einer von uns ausspricht, was er wirklich denkt, wenn man so niedergemacht wird? Im Nachgang des Spiels wurde sich mehr auf diese Abseitsaussage konzentriert, statt zu erwähnen, dass ich eigentlich ein grundsolides Debüt abgeliefert hatte. Unsere Fehlerkultur in Deutschland ist meiner Meinung nach ziemlich schlecht. Fehler sind entscheidend für die Persönlichkeitsentwicklung, und jeder Mensch in jedem Business braucht die Freiheit, sie machen zu dürfen, um zu lernen und daran zu wachsen. Wichtig ist nur, dass man sie, nachdem sie einmal gemacht wurden, nicht wiederholt. Jedenfalls wollte ich mir von diesen Leuten nicht den sportlich gesehen schönsten Tag meines Lebens ruinieren lassen und versuchte, den Spott auszublenden. Manche fanden es halt auch ganz cool, dass ich im besagten Interview mein Herz auf der Zunge getragen hatte. „Du bist vielleicht ein Typ", meinte der Pressesprecher Jens Grittner am nächsten Tag zu mir und berichtete, dass viele Fans sich positiv geäußert hätten.

Viel wichtiger war mir aber, dass die Kollegen und der Bundestrainer mein Spiel gut fanden. Nur darauf kam es an.

Was für eine Woche! Vom Jungen auf dem Dorfbolzplatz in die deutsche Nationalmannschaft. Ganz sicher waren das die emotionalsten Tage meiner Karriere. Bis zu diesem Spiel gegen Spanien hatte ich die Nationalelf nur vor dem Fernseher verfolgt, jetzt gehörte ich dazu. Manchmal liege ich noch heute im Bett und denke zurück an diesen Tag. Robin Gosens in der deutschen Nationalmannschaft – wie soll ich das je verstehen?

Was mir wichtig ist

DRUCK UND ANGST IM PROFIFUSSBALL

4. März 2019

Wie ticken wir eigentlich? Was treibt uns an? Was macht uns glücklich? Was macht uns wütend? Und wieso? Das interessiert mich, wirklich. Ich möchte das wissen und verstehen.

In den ersten Jahren als Fußballprofi in Dordrecht und Almelo hatte ich viel Zeit nachzudenken, über mich und andere. Irgendwann wurde daraus der Wunsch, dieses Interesse auf eine professionelle Basis zu stellen.

Ich habe mich schon immer für Menschen und die Beweggründe ihrer Handlungen interessiert. Ferndiagnosen wie: „Der Spieler lacht ja gar nicht beim Torjubel, bestimmt will er damit seine Unzufriedenheit darüber zum Ausdruck bringen, dass er heute nicht in der Startelf stand", regen mich auf. Das sind Fernsehfloskeln, Spekulationen für die Sensationsgier, ähnlich ärgerlich.

Ich wollte es genauer wissen und mehr erfahren, als diese Floskeln hergeben. Meine Mitspieler besser verstehen, meinen Trainer, meine Freunde.

In der Zeit, als ich in Almelo spielte und in Gronau wohnte, machte ich einen Termin bei der Studienberatung in Münster. Ich wollte wissen, inwiefern sich ein Psychologiestudium an der Uni Heidelberg mit dem Job als Fußballprofi verbinden ließe. Die Antwort aus Münster: „Du kannst das als Topsportler gerne machen, aber wir sind nicht so flexibel." Die Uni Heidelberg war natürlich gleich mal eine große Adresse, so als würde ich den FC Bayern bitten, nebenbei ein bisschen mittrainieren zu dürfen. In

Heidelberg hatte man Präsenztermine, Vorlesungen, feste Klausuren. „Nebenbei" war da nicht. Und zwischen Gronau und Heidelberg liegen schlappe 400 Kilometer.

Ich verabschiedete mich von dem Gedanken, irgendwo „normal" zu studieren. Das war schwer möglich. Ich konnte nicht am Montagmorgen zur Uni, dann kurz zum Training und dann wieder in den Hörsaal. Fürs Erste legte ich das Thema Studium ad acta, hielt aber die Augen nach Alternativen auf.

Im Frühjahr 2018 hatte ich ein sehr belastendes erstes halbes Jahr in Bergamo hinter mir, wenig Spielzeit, wenige Gespräche, viele Sorgen, als ich im Internet auf die Seite des Instituts für Lernsysteme ILS stieß, „Deutschlands größter Fernschule". Über einen Grundkurs Psychologie hieß es dort: „Ob Sie Ihre beruflichen Kompetenzen um psychologisches Know-how ergänzen möchten oder es Ihnen um eigene Aspekte, wie beispielsweise einer Verbesserung der seelischen Gesundheit oder der gezielten Förderung von Stärken geht…" – genau darum ging es mir. Um das Verständnis und die Einordnung meiner eigenen Situation und wie ich daran arbeiten könnte. Der Grundkurs bot darüber hinaus die Chance, einen Überblick über das weite Feld der Psychologie zu bekommen. Ein grobes Basiswissen. Mehr musste es erst einmal gar nicht sein. Das Leben als Fußballprofi ließ ein Studium auch gar nicht zu.

Ich meldete mich an, und im Februar 2018 ging es los. Der Kurs war normalerweise auf 14 bis 16 Monate ausgelegt, weil ich ihn aber so spannend fand und mich reinhängte, war ich schon im Dezember durch. Ich erhielt ein Zertifikat, aber viel wichtiger: Ich wusste jetzt, dass Psychologie zu hundert Prozent mein Ding war, genau das richtige Fach für mich. Ich wollte mein neu erworbenes Wissen unbedingt vertiefen. Und einen richtigen Abschluss erlangen. Es musste doch die Möglichkeit geben, in Bergamo Fußball zu spielen und Vorlesungen online zu besuchen. Wir lebten im Jahr 2018. Da sollte es keine Rolle spielen, wo ich den Vorlesungen lauschte, ob in Dubai auf dem Rücken eines Kamels oder in meiner Wohnung in Bergamo. Ich wollte kein Studium in Bergamo beginnen, denn wenn Atalanta irgendwann einfiel, mich zu verkaufen, hätte ich damit nicht viel gewonnen.

Nicolas Haas war meine Rettung, ohne ihn wäre ich kaum klargekommen in Italien. Er war ein Teamkollege aus der Schweiz, zwei Jahre jünger als ich und genau wie ich ohne Freundin und Familie nach Bergamo gezogen. Wir halfen uns im ersten Jahr gegenseitig, wenn der andere mal wieder ein Tief hatte. Zum Ende der ersten Saison, als ich mitten in meinem Grundkurs an der ILS steckte, erzählte mir Nico, dass er ein Psychologiestudium anfangen wolle. „Ey, geil", sagte ich, „wo machst du das? Ich denke da auch schon die ganze Zeit drüber nach."

So kam ich an die SHR Fernhochschule, die sich „The Mobile University" nennt, mit 21 Standorten in Deutschland, Österreich und der Schweiz. Sie war, durchaus wichtig zu erwähnen, eine Privatschule, also kostenpflichtig. Aber, auch wichtig zu erwähnen, ein bisschen Geld hatte ich als Fußballer ja durchaus zur Verfügung. Weil die SHR eine Privatschule war, entfiel der Numerus clausus, der beim Studiengang Psychologie normalerweise im Einser-Bereich lag – mit meinem Zweier-Abitur schwierig. Das passte also auch. Aber das Wichtigste stand fett auf der Startseite: Fernstudium.

Bei einem telefonischen Beratungsgespräch zeigte sich, dass die SHR das perfekte Paket für mich hatte. Gewisse Präsenztermine, wie zum Beispiel Klausuren, durfte ich in Italien erledigen. Ich musste dafür lediglich eine deutsche Schule oder die Botschaft aufsuchen. Alle anderen Dinge wie Vorlesungen wurden über einen Online-Campus abgewickelt. Es gab nicht mal einen bestimmten Zeitraum, in dem ich das Studium schaffen musste, einzige Vorgabe war, dass ich sechs Semester zu absolvieren hatte. Ob ich diese sechs Semester aber, wie ursprünglich vorgesehen, in drei oder in sechs Jahren hinter mich bringen würde, spielte keine Rolle.

Der Fisch war am Haken und schnell auch im Netz. Ich schrieb mich ein, überwies die erste Rate, und seit dem 4. März 2019 bin ich Student der Psychologie.

Ich möchte an dieser Stelle niemanden damit langweilen, wie genau das Fernstudium aussieht und was für Kompetenzfelder ich zu belegen habe. Wie jedes Kompetenzfeld noch mal in einzelne Modul aufgeteilt ist und wie ich mich auf die erste Klausur zur Historie der Psychologie vorbereitet habe. Wie die Grundlagen der Psychologie aussehen und wie furztrocken es beim wissenschaftlichen Arbeiten zugeht. Wie mir die Corona-Quarantäne half, diesen elendigen Teil mit Stochastik und Statistiken hinter mich zu bringen. Wie ich belegen musste, ob die Psychoanalyse von Sigmund Freud valide oder objektiv ist …

Weil die Vorlesungen virtuell waren, entfiel selbstredend auch das Studentenleben, weshalb ich leider nicht von einer „Ersti-Woche" mit Schnitzeljagden und wilden Partys berichten kann. Nicht mal eine Vorstellungsrunde gab es, lediglich eine wahrscheinlich automatisierte Mail des Studienleiters: „Herzlich willkommen und viel Spaß." Die ersten Monate verliefen relativ schleppend, weil parallel zum Studium auch ab und zu Fußball gespielt werden musste. Und seit September 2019 ja auch noch international. Es gab deshalb immer wieder Momente, in denen ich mich fragte, warum ich mir diesen Stress überhaupt antat. Ja, schon klar. Ein Fußballspieler, der über Stress redet. Vielleicht sagt ihr jetzt: „Der muss doch nur kurz zum Training und kann dann wieder aufs Sofa!" Stimmt ja auch. Auf dem Blatt Papier hat ein Fußballprofi keinen stressigen Alltag. Eine oder zwei Trainingseinheiten am Tag, vielleicht noch eine Besprechung, und das war es. Die Zeit, zu studieren, ist auf jeden Fall da. Meistens muss man einfach nur den Arsch hochkriegen. Zur Wahrheit gehört aber auch das Drum und Dran. Natürlich „arbeiten" wir letztlich nur die 90 Minuten auf dem Platz, aber dazu kommen die Reisen, das Training und die Vorbereitung. Das Kofferpacken und Umgewöhnen. Die körperliche Erschöpfung wirkt sich auf den geistigen Zustand aus. Manchmal bist du einfach so kaputt und fertig, dass du nicht in der Lage bist, dich für zwei oder drei Stunden an den Schreibtisch zu setzen, um über die Geschichte der Psychologie zu lesen.

Aber natürlich kam auch danach Atalanta weiterhin an erster Stelle. Die erste Reise zum Champions-League-Spiel nach Zagreb wollte ich nicht mit Sigmund Freud oder Albert Ellis und seiner

Verhaltenstherapie verbringen. Und auch nicht die Reisen danach. Wir sind so viel unterwegs, dass ich oft nicht die Muße habe, groß zu pauken. Man kann auch sagen, ich bekomme den Arsch oft nicht hoch.

Das ist aber nicht schlimm, denn ich muss ja lediglich sechs Semester absolvieren, in welcher Zeit, ist ja wie gesagt egal. Ich habe das Studium noch nicht eine Sekunde lang bereut. Sobald ich fertig bin – der Zeitpunkt wird früher oder später kommen –, ist der Master fest eingeplant. Momentan versuche ich mich in Richtung Klinische Psychologie und Diagnostik zu spezialisieren. Hier geht es darum, Krankheitsbilder zu erkennen, zu diagnostizieren und den Menschen mit der richtigen Therapie zur Seite zu stehen. Mein großer Traum ist es, nach der Karriere als Fußballer eine Praxis zu eröffnen und Menschen zu helfen, insbesondere Sportlern, die mit Druck und Angst konfrontiert sind.

Ich könnte mir vorstellen, in dieser Hinsicht mit Bundesligavereinen zusammenzuarbeiten. Denn der Fußball schreibt oft so schöne Geschichten, dass die schlimmen gerne übersehen, versteckt oder verschwiegen werden. Es gibt Dinge auf und neben dem Platz, mit denen ich mich nicht anfreunden kann und werde. Und über diese Dinge möchte ich reden. Um eins gleich klarzustellen: Ich verstehe mich hier nicht als Sprachrohr aller Fußballer, sondern möchte einfach nur persönlich etwas loswerden.

Ich bin mir dessen bewusst, dass vieles in diesem Buch polarisieren dürfte und Diskussionen auslösen könnte – das ist auch völlig okay und sogar gut! Ich gebe bewusst viel von mir preis, weil es mir auf dem Herzen liegt, mir sehr wichtig ist und mich belastet. Deswegen würde ich mir wünschen, dass die Offenheit im Umgang mit den Themen nicht für eine möglichst große Schlagzeile missbraucht, sondern ernst genommen wird und vielleicht zum Nachdenken anregt.

Im Fußballgeschäft sind sehr viele Augen auf die Spieler gerichtet, eben weil sich sehr viele Menschen für Fußball interessieren. Und weil viel Geld in diesem Geschäft fließt, ist ständiger Druck Normalität. Die Spieler müssen in der Lage sein, diesen

Druck auszuhalten. Das betrifft zwar nicht nur Fußballer. Jeder Mensch kennt Drucksituationen. Sei es der Viertklässler vor einer Mathearbeit, der Chirurg vor einer Operation oder die Eltern, die Verantwortung für ihre Kinder haben. Druck ist, davon bin ich überzeugt, in gewissem Sinn sogar positiv, damit To-do-Listen abgearbeitet werden. Man denke nur an Schularbeiten oder Hausarbeiten. Ich persönlich brauche den Druck vor einem Fußballspiel. Mir gefallen die Anspannung und der positive Stress. Sie sind die Voraussetzung, um Höchstleistung zu bringen.

Um was es mir hier aber geht, ist eine andere Art von Druck, der negative Druck von außen, sei es von der Presse, von sozialen Medien oder von anderen Menschen. Den können wir nicht beeinflussen, und der kann einen kaputtmachen. Nur sieht das leider selten jemand, weil zumindest im Fußballgeschäft kaum darüber geredet werden darf. Die Sichtweise der Öffentlichkeit ist gemeinhin, dass Fußballer eine Wagenladung voll Geld bekommen und deshalb alles runterschlucken und akzeptieren müssen. „Was beschwerst du dich? Du fährst doch gleich nach Hause, legst dich in deinen Jacuzzi und hast die Niederlage schon wieder vergessen, die uns Fans so lange quält!" Aber Fußballer sind keine Maschinen, die auf Knopfdruck funktionieren. Es sind Menschen mit Emotionen, mit Problemen. Auch dem ach so reichen Fußballer geht es einfach mal beschissen. Auch ich streite mich mit meiner Freundin und bin mit dem Kopf vielleicht nicht immer bei der Sache. Auch ich habe einfach mal einen schlechten Tag.

Der Druck von außen wird durch soziale Medien immer schlimmer, mitunter unerträglich. Was denkt sich User XY dabei, wenn er schreibt, was für ein „Hurensohn" ich sei, der „sterben soll", weil er „viel zu schlecht für Atalanta" ist? Wo ist da die Hemmschwelle? Das ist gleichzeitig derjenige, der mich nach einem Foto oder Autogramm fragt, wenn ich ihm auf der Straße über den Weg laufe. Aber hier, im Internet, hat er die größten Eier der Welt, weil er sich hinter seinem Profil verstecken kann.

Sowas will ich nicht einfach akzeptieren, nur weil ich unverhältnismäßig viel Geld verdiene. Ich kann nichts dafür, dass in diesem Geschäft Verträge gemacht werden, bei denen mir selbst schwindelig wird. Ich kann nur dafür sorgen, dass ich jeden Tag mein Bestes gebe, um diesem Geld in irgendeiner Form gerecht zu werden.

Aber was passiert, wenn ich öffentlich beklage, dass Menschen im Internet auf mir herumhacken und meine Familie bedrohen, weil wir gerade ein Spiel verloren haben? Dann werde ich schief angeschaut. „Sag mal, hast du nicht andere Sorgen als solche Internet-Helden?" Na klar. Aber das belastet mich, ich möchte mir das nicht gefallen lassen. Jetzt rede ich schon mal über so ein Thema, und ihr nehmt mich gar nicht ernst. Es fehlt die Sensibilität für das Thema, es fehlt das Bewusstsein dafür, dass uns Spieler solche Nachrichten oder Berichte aus den Zeitungen zerfetzen können und bewirken, dass wir noch schlechter spielen, weil der Druck dadurch stetig steigt. Es *muss* Kritik geben, weil sie dabei hilft, sich als Person und als Spieler weiterzuentwickeln, aber wenn diese exzessiv und unter der Gürtellinie ist, muss man in meinen Augen auch mal eingreifen. Natürlich stehen wir in der Öffentlichkeit und müssen mehr aushalten, völlig zu Recht. Aber was ist denn, wenn wir den Spieß mal umdrehen und ich den Reporter nach einem hochemotionalen Spiel frage: „Was bist du denn für eine Flasche? Du hast 90 Minuten Zeit, dir dieses Spiel anzugucken und vernünftige Fragen zu formulieren, und dann kommst du mir hier mit so einem Durchfall um die Ecke, auf den ich antworten soll. Du bist kein Journalist, sondern Abfall, du kannst deinen Job nicht." Dann möchte ich mal sehen, wie so ein Reporter darauf reagiert und ob es ihn tangiert. Vermutlich wird er es genauso machen wie wir Spieler: Er versucht, es wegzulächeln und zu überspielen. Aber innen, ungefähr an der Stelle, wo sich das Herz befindet, zerbricht in so einem Moment etwas. Und das zu reparieren, ist gar nicht mal so einfach, weil so was nichts mehr mit Kritik zu tun hat, sondern beleidigend und respektlos ist. Und egal, wie viel oder wenig Geld jemand verdient – so sollte man nicht miteinander umgehen. Schlechtes Spiel hin oder her, schlechte Fragen hin oder her, das Dokument falsch abgeheftet hin oder her. Das hat auch nichts mit Gejammer zu tun, sondern soll einfach darauf aufmerksam machen, wie sehr Worte manchmal schmerzen können. Und vielleicht denkt der eine oder andere ja mal an das, was ich hier schreibe, wenn er kurz davor ist, jemandem etwas Verletzendes zu überbringen.

Wir sind an einem Punkt angelangt, an dem Spieler sich nicht trauen, öffentlich über Probleme zu sprechen, weil ihnen dann sofort unterstellt wird, dass sie mit Druck nicht klarkommen würden. Sie glauben, dass potenzielle Arbeitgeber zurückschrecken, weil sie sich diese Probleme lieber nicht ans Bein binden wollen. Deswegen halten die Spieler lieber den Mund und fressen die Probleme in sich hinein. Sie trauen sich nicht mal, innerhalb ihres Vereins über Probleme zu reden. Das fängt nicht erst bei Druck oder Angst an, sondern bereits bei ganz alltäglichen Dingen, einer kriselnden Beziehung etwa oder wenn ein Familienmitglied krank ist. Dabei müsste es doch ein Anliegen des Vereins sein, Bedingungen zu schaffen, dass die Spieler ihre Bestleistung abrufen können. Keine Arbeit macht Spaß, wenn der Kopf nicht frei ist. Und im Fall von Druck und Angst geht es nicht um Spaß, sondern um Gesundheit.

Wenn ich im Kopf nicht frei bin, werde ich auch keine Topleistung auf dem Platz bringen. Im Gegenteil: Dann werden meine Leistungen immer schlechter, der Verein unzufriedener und die Kritik der Öffentlichkeit immer größer. Aber von außen sieht niemand, warum ich gerade so eine Scheiße spiele. Und nicht mal der Verein weiß es, weil er sich keine Zeit für mich nimmt. Ein Beispiel aus eigener Erfahrung: In meinem ersten Jahr in Bergamo wuchs mir die Situation so manches Mal über den Kopf. Ich spielte nur selten, saß allein in meiner Wohnung und sah meine Freundin oder meine Familie nur alle zwei, drei Monate. Ich verstand die Sprache kaum und schaffte es oft nicht, den Anweisungen im Training zu folgen. Was hätte es Atalanta, und speziell Gian Piero Gasperini, gekostet, mich kurz zur Seite zu nehmen und fünf Minuten mit mir zu reden? „Robin, irgendwas läuft doch hier noch nicht rund. Warum? Wie geht es dir eigentlich?" Vielleicht bin ich ja zu naiv. Ich wurde nie auf dieses Business vorbereitet, konnte nie die Erfahrung als Jungprofi in einem Nachwuchsleistungszentrum sammeln. Vielleicht habe ich einfach ein falsches Bild von der Fußballwelt.

Trotzdem sage ich: Es hätte niemanden auch nur einen Cent gekostet, das Gespräch mit mir zu suchen. Mir hätte es so gutgetan, zu sehen, dass jemand da ist, der sich um mich sorgt, dem es ist nicht egal ist, was mit mir passiert.

Ich bin kein Footballfan, aber im September 2020 las ich folgende Geschichte. Dak Prescott, der Quarterback der Dallas Cowboys, des wertvollsten Sportteams der Welt, hatte noch keinen neuen Vertrag für die neue Saison, seine Zukunft war offen, als er seinen Bruder verlor. In einem Interview teilte er mit, wie er mit dieser Situation zu kämpfen habe und dass er an Depressionen leide. Er redete ganz offen darüber. Einen Tag später wurde Prescott dafür von einem bekannten TV-Kommentator angegriffen. Wie er es wagen könne, sich so zu entblößen? Er solle gefälligst sein Team anführen, das größte Team der USA! Wie sollten seine Teamkollegen jetzt noch Respekt vor ihm haben?

So ein bescheuerter Schwachsinn.

Das Gute an der Geschichte waren die Reaktionen auf den Kommentar. Fast alle stellten sich auf Prescotts Seite und verurteilten die Aussagen des Kommentators.

Vereine sollen ihre Spieler schützen. Ein großer Schritt wäre es schon, wenn sie ihnen zu verstehen geben würden: „Jungs, wenn ihr irgendwelche Probleme habt, kommt zu uns, redet mit uns." Das ist schon viel, mehr muss es erst mal auch gar nicht sein. Und im nächsten Schritt wäre es noch schöner, wenn ich auch öffentlich darüber reden könnte, was mich als Profisportler belastet, ohne dass in den Schlagzeilen danach das Wort „jammern" auftauchte. Auch da wieder ein Beispiel: Per Mertesacker wurde mit Deutschland Weltmeister, mit Werder Bremen und dem FC Arsenal Pokalsieger, bestritt in seiner aktiven Karriere über 600 Spiele für Verein und Nationalmannschaft. Kurz vor seinem Karriereende erklärte Mertesacker im März 2018 in einem Interview, dass sich der ständige Druck im Profifußball bei ihm vor Spielen regelmäßig in Form von Brechreiz und Durchfall bemerkbar gemacht habe. Dass er mitunter froh gewesen sei, wenn er mal verletzt ausfiel und so eine „Auszeit" bekam. Das tragische Halbfinal-Aus in der Verlängerung gegen Italien bei der WM 2006 empfand er damals als Erleichterung: „Ich weiß es noch, als wäre es heute. Ich dachte nur: Es ist vorbei, es ist vorbei. Endlich ist es vorbei." Zum Zeitpunkt des Interviews hatte ich gerade erst mit dem Psychologie-Grundkurs begonnen. Ich war völlig baff, ehrlich gesagt. Gefühlt zum ersten Mal sprach da ein aktiver Fußballer über die Sorgen, die ihn 15 Jahre lang fast wöchentlich begleitet hatten, und dann gleich so.

Was passierte? Natürlich griffen alle Medien das Thema auf, es war ja auch mehr oder weniger Neuland, was Mertesacker da betreten hatte. Viele zitierten ihn, sprachen von bemerkenswert offenen Worten. Aber es gab auch Leute, die die Intention dieses Interviews entweder nicht verstanden oder absichtlich fehlinterpretiert haben. RTL schrieb: „Mertesacker jammert über Druck im Profi-Fußball." Merte wurde als „Weltmeister von trauriger Gestalt" bezeichnet. Auf Twitter ging daraufhin der Kommentar eines Users viral, der diesen Beitrag mit „Löscht euch" kommentierte. Ich bin nicht bei Twitter, aber ich hätte diesen Kommentar sicherlich geteilt. Schlimm, dass Mertesacker über ein Jahrzehnt gewartet hat, um über seine Gefühle zu sprechen. Er sprach für all die Fußballer da draußen, denen es genauso ging oder geht wie ihm. Es wird immer Leute geben, die die Probleme eines Fußballers lediglich als die Probleme eines Fußballers sehen. Die nicht sehen wollen, dass die Millionen auf dem Konto eben keine psychischen Probleme lösen.

Seit ein paar Jahren spiele ich jetzt mit Josip Ilicic zusammen und würde behaupten, ihn einigermaßen gut zu kennen. Josip kam 2010 aus Slowenien nach Italien, spielte zunächst drei Jahre in Palermo, anschließend vier Jahre in Florenz, und seit 2017 ist er wie ich in Bergamo. Nach außen hin gibt er sich als starke Persönlichkeit, dabei nimmt er sich jede noch so kleine Angelegenheit sehr zu Herzen. Vor ungefähr zwei Jahren wurde Josip krank, bekam Atemprobleme und verpasste einige Wochen. Dann kam das Coronavirus. Josip, das wissen die wenigsten, wurde gleich zu Anfang positiv getestet und hatte nach seiner Quarantäne Angst, wieder mit uns zu trainieren, weil er sich nicht erneut anstecken wollte. Stattdessen versteckte er sich zu Hause. Die Öffentlichkeit fragte sich, was da los war. Josip hatte bis dahin eine unglaubliche Saison gespielt und allein im Achtelfinal-Rückspiel gegen Valencia vier Tore geschossen. In den Medien galt er als Heilsbringer, ohne den Atalanta es schwer haben würde. Aber Josip blieb zu Hause, weil er Angst hatte. Irgendwann setzte ein Idiot das Gerücht in die Welt, Josips Frau habe ihn betrogen, und deswegen sei er jetzt depressiv. Unfassbar. Wer schreibt so eine Scheiße? Was denkt man sich dabei? So belastet man einen Menschen, dem es eh schon schlecht geht, nur noch mehr. Seine Frau musste ihre Profile in den sozialen Medien löschen, weil sie Morddrohungen erhielt. Atalanta ging daraufhin schließlich an die Öffentlichkeit. Josip würde den Rest der Saison nach dem Re-Start aufgrund psychischer Probleme nicht spielen können, teilte der Verein mit.

Der anschließende Support war unglaublich. Die ganze Stadt, hatte man den Eindruck, schloss sich zusammen, um Josip zu unterstützen, ihm zur Seite zu stehen. Alle wünschten ihm eine schnelle Genesung. Endlich ging es mal um den Menschen und nicht um den Fußballer. Um die Gesundheit und nicht ums Geld.

Ich finde: Genau da müssen wir hinkommen. Wir müssen uns gegenseitig helfen, uns ermutigen, miteinander sprechen. Wir müssen uns Zeit geben, uns Fehler erlauben. Nicht nur Fußballern, sondern uns allen.

Kapitel 7
ARNHEIM

28. Mai 2012

Ich wollte immer Polizist werden. Das war mein Traum. *Der* Traum.

So wie andere Kinder Feuerwehrleute oder Fußballer cool fanden, bewunderte ich meinen Opa Klaus. Er war Polizist und nahm mich oft in seinem Streifenwagen mit, so einem großen Van, im klassischen Polizeigrün. Immer, wenn ich bei Opa in Hüthum zu Besuch war, fragte ich ihn: „Opa, darf ich im Polizeiauto mitfahren?" Ich war gerade mal sechs Jahre alt. Opa setzte mir seine Mütze auf und machte sogar die Sirene an. Für mich war ganz klar, dass ich mal Polizist werden würde. Einfach, weil Opa auch Polizist war und ich so sein wollte wie er. Ich hatte damals natürlich keinen Schimmer, was der Beruf überhaupt bedeutet und was man da wirklich macht.

Richtig damit auseinandergesetzt habe ich mich zwei Jahre vor meinem Abitur, als es auf dem Berufskolleg in Richtung Endspurt ging. „Bald habe ich Abi", dachte ich, „was passiert dann?" Profifußball war zu diesem Zeitpunkt noch gar kein Thema. Ich kam gerade beim VfL Rhede in die A-Jugend und war von professionellem Fußball so weit entfernt wie Elten von Berlin. Also mindestens 600 Kilometer. Auch Jahre nach den Kutschfahrten mit Opa war Polizist der Beruf, der mich am meisten ansprach. Ich meine, ich hatte immer schon ein großes Verantwortungsbewusstsein, war stets da für meine Jungs und kümmerte mich darum, dass es allen gut ging. Auch deshalb konnte ich mich mit diesem Beruf stark identifizieren.

Mein Plan sah so aus: Grundausbildung, Hundertschaft und dann Kripo. Im Abiturjahr gingen die Bewerbungen raus, an die Polizei in Nordrhein-Westfalen, im Saarland und in Rheinland-Pfalz. In NRW wurde ich gar nicht erst zum Test eingeladen, offiziell „wegen Ihrer Beinlängen-Differenz". Mein rechtes Bein ist neun Millimeter länger als das linke. Ich glaube aber, dass der eigentliche Grund ein anderer war. Als Jugendlicher hatte ich mir für mein Playstation-Konto eine spaßige Mail-Adresse eingerichtet. Da war ich sicherlich nicht der Einzige. In den frühen 2000er-Jahren gab es in der Bundesliga einen Spieler namens Robson Ponte. Der spielte sechs Jahre für Bayer Leverkusen und zwei für Wolfsburg. Ich fand den extrem cool. Ein typischer Brasilianer mit Dreitagebart und dunklen Haaren. Meine Freunde nannten mich deswegen oft Robson, und ich wollte mir gerne mit diesem Namen ein Playstation-Konto erstellen. Gab es aber schon. Also fiel die Wahl auf „Robinson Patete", klang ja ungefähr gleich. Diese Mail-Adresse nutzte ich jahrelang. Als ich später die Bewerbungen verschickte, kam beim Empfänger keine Mail von Robin Gosens an, sondern von Robinson Patete. Bis heute glaube ich, dass das den Beamten womöglich nicht seriös genug war – und der eigentliche Hauptgrund, warum sie mich in NRW nicht zum Polizisten machen wollten.

In Rheinland-Pfalz wurde ich zum Einstellungstest eingeladen und fuhr da auch hin. Dieser Test besteht zunächst aus Theorie mit Mathematik und dem ganzen Stoff, allerlei anderem Kram und einer medizinischen Untersuchung. Das war alles kein Problem für mich, ich hätte aber noch einen psychologischen Test absolvieren müssen. Ob ich stressresistent bin und dergleichen, ob ich mit gewissen Situationen klarkomme. Soweit kam es aber nicht mehr. Erinnert ihr euch an das A-Jugend-Spiel in Kleve, als mich der Scout von Vitesse Arnheim ansprach? Gut, da knüpfen wir nämlich jetzt an. Der Scout schrieb mir am Tag nach dem Spiel eine Nachricht und informierte mich über den Termin fürs Probetraining. Ich sagte sofort zu. Ich hatte zwar gerade erst die traumatische Erfahrung in Dortmund hinter mir, aber was hatte ich schon zu verlieren? Probieren konnte ich es ja noch mal. Zumal es auch nur ein Katzensprung von meinem Elternhaus entfernt war. An einem guten Tag brauchst du von Elten nach Arnheim nur 20 Minuten mit dem Auto.

Ich erinnere mich noch gut an die erste Fahrt nach Arnheim. Opa fuhr mich, weil ich erst 17 war. Auf der A12 hatte ich einen Puls von 180. Mit meinem Opa kann ich normalerweise über Gott und die Welt reden. An diesem Tag blieb ich still. Ich war viel zu nervös, um über das Wetter oder die letzte Schalke-Niederlage zu reden. Erst verfuhren wir uns, und als wir den Zielort erreicht hatten, wusste ich immer noch nicht, wo ich hinmusste. In einem der Container traf ich einen Kerl in Vereinskluft, dem ich in meinem gebrochenen Holländisch zu erklären versuchte, wer ich war. Ich hatte, um mir die Getränke am Wochenende zu verdienen, ein paar Jahre lang bei einer Tankstelle an der Grenze gearbeitet und dort die meisten Sprachkenntnisse gesammelt.

Ich wusste nicht, wo ich meine Trainingskleidung herbekam, war total planlos. Und doch klappte alles irgendwie auf den letzten Drücker, sodass ich Sekunden vor Trainingsbeginn auf den Platz sprintete und gerade noch rechtzeitig dabei war.

Was ich dann ablieferte, war wirklich verrückt. Kein Scheiß. Ich spielte die Jungs in Grund und Boden. Vielleicht hatten die alle keinen Bock mehr, weil die Saison schon fast vorbei war, oder ich hatte einfach nur einen sehr guten Tag erwischt. Es war das komplette Kontrastprogramm zum Desaster in Dortmund ein Jahr zuvor, obwohl es genau gleich begann.

Trainer Marino Pusic nahm mich anschließend zur Seite: „Robin, ich möchte dich in meinem Team haben. Wir müssen das unbedingt hinbekommen." Ich nahm das erst mal gar nicht so ernst und fuhr mit Opa nach Hause. Für mich war die Sache damit erledigt. Vitesse war schon einer der interessanteren Vereine in den Niederlanden, mit einer guten Jugendarbeit und einem nagelneuen Komplex für den Nachwuchs. Aber das bekam ich in dem Moment noch nicht in meinen Kopf. Für mich war das alles noch nicht wirklich real.

Am nächsten Tag rief Marino an: „Wie sieht's aus? Was willst du machen?" Erst da wurde mir bewusst, dass der Mann das wirklich ernst meinte und mich nach Arnheim lotsen wollte. In die A-Jugend eines niederländischen Erstligisten. Es war ein simples Angebot, ohne Vertrag und große Zukunftsversprechen. Ich sollte mein letztes A-Jugend-Jahr in Arnheim spielen und dann schauen, was passierte. Fünfmal in der Woche Training, Samstag Spiel und Sonntag frei. Das wohl gemerkt in meinem Abiturjahr.

Gleichzeitig erfuhr ich, dass die A-Jugendlichen von Vitesse offenbar Gefallen an mir gefunden hatten. Einer erzählte mir später, was er nach dem Training zu Marino gesagt hatte: „Ey, Trainer, den brauchen wir!" Ich sagte ja, dass ich krass war. Jetzt könnt ihr mir das auch glauben.

Marino rief immer wieder an. Und jedes Mal sagte ich ihm, dass er mit meinem Vater sprechen solle. Ich wollte damit nichts zu tun haben, ich konnte diese Entscheidung nicht treffen. Irgendwas hatte dieses Angebot in mir ausgelöst, dass mich einfach ungenießbar werden ließ. Wirklich, ich war nicht zu ertragen, ganz anstrengend. Sobald mir bewusst geworden war, dass sie dieses Angebot ernst meinten, schaltete ich aus irgendeinem Grund ab und schob die Entscheidung vor mir her. Nach jedem Telefonat mit Marino kam mein Vater zur mir. „Robin, wir brauchen eine Entscheidung. Willst du das machen oder nicht?" Ich schrie ihn jedes Mal an: „Geh mir nicht auf den Sack! Ich will diese Entscheidung nicht treffen!" Das Verhältnis zu meinen Eltern wurde schwierig. Ich war 17, unsicher und hatte absolut keine Ahnung, was ich machen sollte und was das alles zu bedeuten hatte.

Wenn ich heute zurückblicke, kann ich natürlich darüber lachen. Aber damals hat mich dieses Angebot einfach überfordert. Es sollte doch eine gute Sache sein, bei so einem Verein spielen zu dürfen, sich zeigen zu können und eines Tages vielleicht sogar Profi zu werden. Warum also machte es mich so fertig? Marino machte seinen Standpunkt immer wieder deutlich: „Ich brauche eine Entscheidung. Ich habe einen Platz im Kader frei und den soll unbedingt Robin bekommen. Wenn er das aber nicht machen möchte, sehe ich mich anderweitig um." Irgendwann hatte ich die Schnauze voll, anders kann man das nicht sagen. „Nervt mich nicht mehr, dann mache ich es halt!" Es hatte nichts mit meiner Überzeugung zu tun, ich wollte nur endlich in Ruhe gelassen werden.

Papa teilte Marino meinen Entschluss mit. Und damit wurde es erst richtig kompliziert. Fortuna Elten, FC Bocholt und VfL Rhede, meine drei Ex-Vereine, hatten alle das Anrecht auf eine Ausbildungsentschädigung. Fragt mich nicht, wie so etwas läuft. Es war einfach so. Vitesse wollte die auf keinen Fall zahlen. Na toll. Da machte ich wochenlang so ein Theater mit, schlief nicht mehr, stritt mich jeden Tag mit meinen Eltern, und jetzt war das alles für die Katz gewesen?

Papa und ich mussten mit den Vereinen reden. Bocholt hatte von dieser Entschädigung zum Glück nie etwas gehört, das konnten wir also schon mal abhaken. Papa einigte sich mit dem damals Verantwortlichen: „Sagen wir Summe X." „Passt." Elten war mein Heimatverein, die wollten mir keine Steine in den Weg legen. Blieb noch Rhede, die leider ganz genau Bescheid wussten. Papa und ich fuhren mit einer Art Vermittler von Vitesse dorthin, um die Sache zu klären. „Wir bestehen auf die uns zustehende Summe", hieß es. Und: „Wenn wir die nicht bekommen, bleibt Robin hier." Uff. Es war ein ziemlich kurzer Besuch. Ich verließ Rhede mit dem Gefühl, dass der Wechsel zu Vitesse wohl nicht klappen würde. Und das machte mich fertig. Warum zerrten alle so an mir rum?

Papa fuhr anschließend noch mal alleine hin. „Mal ganz ehrlich, ihr wollt dem Jungen doch jetzt nicht wirklich diese Chance verbauen?" Er war wohl ziemlich überzeugend, denn sie einigten sich schließlich, und endlich war der Wechsel perfekt. Nachdem dieses ganze Theater vorbei war, fuhr ich zu Marino, weil er in Ruhe mit mir über die nächste Saison reden wollte. Wie er mit mir plante, wie seine Mannschaft spielte und was er vorhatte. Ein klassisches Trainer-Spieler-Gespräch mit Taktiktafel und wilden Gesten. Er sprach ein bisschen Deutsch, ich ein bisschen Niederländisch. Das reichte, wir verstanden uns auf Anhieb. Jeder Spieler braucht in seiner Karriere einen Förderer, jemanden, der etwas in einem sieht und ihm vielleicht auch mal das eine oder andere durchgehen lässt, weil er der Meinung ist, dass es sich lohnt. Mein Förderer war ganz klar Marino. Wäre er nicht so hartnäckig gewesen, und hätte er nicht jeden Tag meinen Vater genervt, wäre dieser Transfer wohl niemals zustande gekommen. Dieses eine Probetraining hatte Marino gereicht, um an mich zu glauben. Er ging das Risiko ein, einen Spieler zu holen, der bis dato rein gar nichts mit professionellem Fußball an der Mütze hatte. Das hörte da aber nicht auf. Während unserer gesamten Zusammenarbeit gab er mir das Gefühl, etwas Besonderes zu sein, und schenkte mir sein uneingeschränktes Vertrauen. Dafür werde ich ihm immer dankbar sein. Noch heute stehen wir in engem Kontakt. Immer, wenn er mir eine Nachricht schreibt, beginnt meine Antwort mit: „Hey Trainer, wie geht's dir?" Bei manchen Aktionen im Training oder im Spiel habe ich immer noch seine Stimme im Kopf, die mir sagt, was zu tun ist – ohne Scheiß. Deswegen ist er irgendwie auch jetzt noch mein Coach.

Der Schritt nach Arnheim hatte schnell auch üble Folgen: Ich musste den Bulgarien-Urlaub mit meinen Jungs absagen, weil Anfang Juli schon das Trainingslager begann. Medizinbälle schleppen statt Wodka-Lemon trinken, Steigerungsläufe statt Goldstrand. Es war das erste Mal in meinem Fußballerleben, dass ich nicht das machen konnte, worauf ich Lust hatte. „Scheiße", dachte ich, „ab jetzt läuft der Hase ganz anders." Mein Alltag würde sich drastisch verändern.

Ich hatte Mama versprochen, Schule und Fußball unter einen Hut zu bekommen. Außer den Jungs beim Fußball wurden meine sozialen Kontakte ziemlich eingeschränkt. Trinkerei war nur noch ab und zu am Samstagabend nach den Spielen drin. Nach meinem guten Auftritt im Probetraining dachte ich natürlich, dass ich zum Start der Vorbereitung einfach so weitermachen würde. Doch dieser Eindruck wurde bei der ersten und zweiten und dritten Einheit nicht unbedingt bestätigt. Die anderen Spieler hatten scheinbar wieder ihr Normalniveau erreicht und ließen mich spüren, dass ich ihnen vor allem technisch und taktisch unterlegen war. Auf einmal ging es um horizontales und vertikales Verschieben, um Laufwege nach links, rechts, vorne und hinten, um den ganzen Prozess der Entscheidungsfindung.

Das war Neuland für mich, ich konnte aber viel durch meine Athletik, meine Physis und meine Mentalität wettmachen. Mit diesem typisch deutschen Ansatz, immer alles reinzuwerfen. Das wiederum hatten die Jungs bei Vitesse so nicht. Ich brachte ganz andere Attribute in die Mannschaft, musste aber trotzdem extrem hart arbeiten, um das richtige taktische Verständnis zu entwickeln und technisch ansatzweise mithalten zu können. Ich rannte einfach immer kreuz und quer überall hin. Marino musste mir dauernd zubrüllen, dass ich meine Position halten solle. Natürlich spielten wir im 4-3-3-System, ich sollte darin den linken Achter besetzen. Das versuche ich mal zu erklären: Hinten spielen vier Abwehrleute, davor drei Mittelfeldspieler und davor drei Stürmer. Im Mittelfeld muss man sich die drei Spieler wie ein umgekehrtes Dreieck vorstellen. Es gibt den einen etwas Defensiveren, den Sechser, der meistens die Abwehr beschützt. Und vor ihm laufen zwei Achter auf, der eine links, der andere rechts. Ich als Linksfuß übernahm den linken Part. Soweit klar?

Ich verdiente mir den Respekt meiner Mitspieler, weil ich jeden Weg machte und 90 Minuten nicht aufhörte, zu rennen. Anpassungsprobleme gab es sowieso kaum, weil Niederländer sehr zuvorkommende und offene Menschen sind. Ich fühlte mich umgehend wohl. Zum ersten Meisterschaftsspiel bei Willem II reiste mein Vater extra nach Tilburg an, das sind von Elten immerhin 115 Kilometer. Er sah ein Eigentor seines Sohnes. Großes Kino war das. Im ersten Spiel köpfte ich eine Ecke ins eigene Tor, ganz unglückliches Ding. Trotzdem ging es danach Stück für Stück bergauf. Die krasse Technik hatte ich nie und habe ich auch heute nicht, war dafür aber immer gefährlich und machte meine Tore. Nach einem halben Jahr kam Marino auf mich zu: „Pass auf, die U21 ist interessiert. Die würden dich gerne ab und zu beim Training sehen." Das klang sehr gut. Die U21 war die Vertretung der Profimannschaft, also wieder ein Schritt näher nach ganz oben. Zu diesem Zeitpunkt hatte für mich sowieso schon festgestanden, dass ich alles auf die Karte Profifußball setzen wollte.

Und genau deshalb nahm ich an dem psychologischen Auswahlverfahren bei der Polizei in Rheinland-Pfalz auch nicht mehr teil. Keine Sorge: Opa verstand das.

Es gab nur ein Problem. In Arnheim war es so wie in den deutschen Internaten. Da richtet sich die Schule nach den Spielern. Wenn ein Schüler also an einem Dienstag mal vormittags Training hatte, wurde der Unterricht auf den Nachmittag verlegt. Ich ging aber nicht dort zur Schule. Und die U21 trainierte immer morgens. Ich sprach mit Papa: „Ich will dahin!" Ich habe die Diskussion, die mein Vater und ich mit dem Schuldirektor in Wesel und meinem Klassenlehrer hatten, im Kapitel „Emmerich" bereits kurz angerissen. Dazu gehörte aber noch etwas mehr. Der Schuldirektor sagte ganz trocken: „Das ist keine gute Idee, Robin. Wir hatten hier mal einen Eishockeyspieler, der sich bei den Profis durchschlagen wollte, aber machen wir uns nichts vor: Dass du es zu den Profis schaffst, ist mehr als unwahrscheinlich. Du bist in deinem Abiturjahr, konzentrier dich lieber auf die Schule." Sehr ermutigend. Danke noch mal. Mir war seine Argumentation natürlich herzlich egal, ich wollte das trotzdem machen. Also schlossen wir einen Kompromiss, dass ich den Stoff nachholte und morgens zum Training durfte. „Sobald deine Noten schlechter werden, brechen wir dieses Experiment ab", sagte der Schuldirektor. An dieser Stelle liebe Grüße an die gesamte FTG 104 (meine damalige Klasse) – außer an Florian, den faulen Hund. Du hattest nicht so einen Stress wie ich und wolltest trotzdem immer mit abschreiben, statt mir Hausaufgaben zum Abschreiben vorzubereiten.

Meine Noten wurden tatsächlich noch besser. Offenbar hatte ich diese Du-schaffst-es-sowieso-nicht-Motivation gebraucht. Als das erste Jahr in Arnheim zu Ende ging, hatte ich das Abitur in der Tasche und einen Zweijahresvertrag für die U21 vorliegen. Das hieß also, dass ich jetzt alles auf die Karte Fußball setzen konnte. Ich war 18 Jahre jung und sollte 17500 Euro im Jahr verdienen. Das war der Standardvertrag für die Jungs, die aus der A-Jugend hochkamen und mehr als eine normale Ausbildungsvergütung, also erst mal völlig in Ordnung. Der Weg nach Arnheim erlaubte es mir, weiterhin bei Mama und Papa zu wohnen, Mietkosten fielen also weg. Natürlich war das nicht viel Geld für den Aufwand, aber das kümmerte mich nicht. Ich hatte die reale Chance, Fußballprofi zu werden!

Ich sollte zunächst in der U21 eingesetzt werden, mit der Option, jederzeit in die erste Mannschaft hochgezogen zu werden. Jetzt ging es wirklich los. Ich wollte arbeiten, mich für höhere Aufgaben empfehlen und war so verbissen, dass ich auch zu Fuß zum Training gegangen wäre. Ich wollte es schaffen. Und es ging gut los, weil Peter Bosz mir den Abiball versaute. Er war damals gerade Trainer der ersten Mannschaft geworden und landete ein paar Jahre später über Ajax Amsterdam und Borussia Dortmund bei Bayer Leverkusen.

Bosz stand, wie die meisten niederländischen Trainer, für unterhaltsamen Offensivfußball. Also ideal für mich. Kurz vor meinem Abiball lud er mich ein, mit den Profis ins Trainingslager zu fahren, obwohl schon klar war, dass das erst mal nur ein Schnupperkurs werden würde. Nach dem Motto: Zeig mal, was du draufhast, dreh aber nicht gleich durch. Neben mir waren noch drei andere U21-Spieler dabei, wir sollten für die gute A-Jugend-Saison belohnt werden. Es war auch kein schickes Trainingslager an der türkischen Riviera oder auf Hawaii – wir blieben eine Woche in der Nähe von Arnheim. Bosz gab uns anschließend drei Tage frei, was für mich Gold wert war. Ich hatte schon die Abiturfeier verpasst und eigentlich auch die Abschlussfahrt nach Lloret de Mar. Jetzt war dieses unerwartete Zeitfenster aufgegangen. Ich rief meinen Vater an: „Meine ganze Klasse ist in Lloret, darf ich mir ein Ticket kaufen?" Es war kurz vor meinem 19. Geburtstag, deshalb schlug ich vor: „Ihr könnt mir den Trip doch zum Geburtstag schenken." Was meine Eltern dann auch taten. Und weg war ich. Drei Tage lang tanzte ich mit Wodka-Red-Bull und schalem Bier im Londoner und Tropics ab. Wie sehr ich diese Urlaube liebte! Wie geil war eigentlich meine Klasse damals? Ich meine: Frau meines

Lebens gefunden, Freundschaften fürs Leben geschlossen (Mathis, Flo – ihr wisst Bescheid) und die beste Zeit überhaupt gehabt. Ich gebe euch jetzt mal einen Rat, zumindest denen, die noch zur Schule gehen: Genießt die Zeit in vollen Zügen, danach wird alles komplizierter. Sorry, aber ist so.

Danach wurde es auch schon wieder ernst. Der Jugendkoordinator und der U21-Trainer von Vitesse baten zum Gespräch. Ich bekam kurz Panik: „Verdammt, was ist denn jetzt los? Haben die was mitbekommen?" Es sollte eigentlich niemand vom Verein wissen, dass ich direkt nach dem Trainingslager in die Partyhochburg an der Costa Brava gefahren war. Zum Glück lag ich total daneben. Sie sagten: „Wir haben mit Peter Bosz gesprochen. Der hat dich im Trainingslager auf mehreren Positionen getestet und glaubt, dass du eine große Zukunft als linker Verteidiger hast. Wenn du nichts dagegen hast, würden wir dich auch in der U21 als linken Verteidiger aufbauen." 13 Jahre lang hatte ich nur vorne oder im offensiveren Mittelfeld gespielt, und jetzt sollte ich auf einmal Abwehrspieler werden. Ich hatte nur eine Frage: „Vergrößert das meine Chancen, in die erste Mannschaft zu kommen?" „Ja." „Dann los!" Mir war eigentlich vollkommen egal, wo ich spielte. Ich wollte einfach nur in die erste Mannschaft. Also wurde ich von da an zum Linksverteidiger umgeschult. Nach dem Training legte ich Extraschichten ein, trainierte Flanken und rannte die linke Seite auf und ab.

Im Dezember hatten wir ein Spiel gegen den FC Dordrecht. Der Sportdirektor, Marco Boogers, und der Trainer der ersten Mannschaft, Harry van den Ham, waren auf der Tribüne und sahen ein gutes Spiel von mir auf der linken Abwehrseite. Die erste Mannschaft von Dordrecht war damals Erster in der zweiten Liga und wollte logischerweise unbedingt aufsteigen. Sie brauchten aber noch einen Linksverteidiger. Kurze Zeit später kamen sie auf mich zu.

Nach Weihnachten durfte ich wieder mit den Profis ins Trainingslager, dieses Mal nach Abu Dhabi. Schön, 30 Grad im Schatten mitten im Winter. Dort rief mich mein Berater an.

Seit der A-Jugend bei Vitesse hatte ich diesen ersten Berater. Als das bei mir so langsam losgegangen war mit U21 und dem ersten Profivertrag, war mir ans Herz gelegt worden, mir einen solchen zu suchen. Ich hatte mich bis dahin noch nie damit auseinandergesetzt und auch überhaupt keine Ahnung, was ein Berater eigentlich macht. Nach einem Spiel kam besagter Berater auf mich zu und wollte wissen, ob ich nicht mal Lust hätte, mich mit ihm zu unterhalten. Marino hatte mir schon gesagt, dass das ein „guter Kerl" sei, dem ich vertrauen konnte. „Den brauchst du spätestens, wenn es um einen Profivertrag geht." Ich erfuhr erst ein paar Jahre später, dass er doch nicht so ein „guter Kerl" war, aber dazu kommen wir noch.

Es ist schon krass, was dieses ganze Berater-Business eigentlich anrichtet. Ich finde es grenzwertig, dass Berater mittlerweile bei C-Jugend-Spielen rumhängen und versuchen, 13-Jährige abzuwerben. Lasst die Jungs doch bitte erst mal in Ruhe Fußball spielen, Erfahrungen sammeln und Fehler machen. In dem Alter brauchst du keinen Berater, da brauchst du deine Eltern.

Dieser Berater rief mich also an, während wir in Abu Dhabi waren, und sagte: „Ich glaube, Dordrecht will dich haben." Wir waren gerade mal einen Tag zurück in Arnheim, da machte er schon Druck: „Willst du das machen oder nicht?" Warum eigentlich nicht? Ich konnte beim Ersten der zweiten Liga spielen, vielleicht aufsteigen und gegen echte Kerle antreten, nicht mehr nur gegen die Jungs aus der U21. Das nächste Level sozusagen.

Marco Boogers und Harry van den Ham riefen mich beide an: „Du bist der geborene linke Verteidiger, der Typ, den wir brauchen. Wir wollen dich haben!" Ich sagte ihnen natürlich nicht, dass ich erst ein einziges Spiel auf dieser Position absolviert hatte. Aber es war ein gutes Angebot, da waren sich alle einig. Bei Vitesse gab es nämlich ein Problem: Der Verein war 2010 eine Kooperation mit dem FC Chelsea eingegangen, die vorsah, dass etliche Chelsea-Talente, die noch nicht gut genug waren für die Premier League, in Arnheim geparkt wurden und in der Eredivisie spielen sollten. Das wiederum war leider ein verheerendes Signal an die Jugendspieler. Du konntest als Linksverteidiger noch so gut sein, wenn Chelsea meinte, irgendwen nach Arnheim schicken zu müssen, um auf dieser Position zu spielen, hatte das so umgesetzt zu werden. Man musste schon außergewöhnlich gut sein, um bei Vitesse mal eine echte Chance zu bekommen. Das war echt scheiße.

Das Angebot aus Dordrecht stand. Und ich traf eine Entscheidung.

Kapitel 8
DORDRECHT

14. Januar 2014

Was mache ich, wenn ich keine Ahnung habe, wovon jemand redet? Ich schaue bei Google nach.

Ich hatte damals keinen Schimmer, wer oder was Dordrecht überhaupt war. Also schmiss ich die Suchmaschine an und ließ mich überraschen. „Oh", dachte ich, „die sind ja Erster." Zwar nur in der zweiten niederländischen Liga, aber immerhin.

Bis dahin hatte ich mir eigentlich vorgenommen, mich für die erste Mannschaft von Vitesse zu empfehlen. Diesen Wunsch hatte Trainer Peter Bosz allerdings in seine Hände genommen, an die Wand geklebt und mit einer Fliegenklatsche kaputtgehauen. Zitat: „Bei uns wirst du in dieser Saison auf keinen Fall in der ersten Mannschaft spielen." Er riet mir stattdessen zu einer Leihe in die zweite Liga. Dort könnte ich erste Profierfahrungen sammeln und auf einem höheren Niveau als bei der U21 von Vitesse spielen. Das Angebot von Dordrecht schien also zum richtigen Zeitpunkt zu kommen. Sie wollten mich für die Rückrunde ausleihen und hatten beste Chancen, in die erste Liga aufzusteigen.

Noch war ich mir etwas unsicher, aber im Prinzip klang das Angebot schon sehr verlockend. Kurz darauf fuhr ich mit meinem Berater von Arnheim nach Dordrecht, um uns dort mit Sportdirektor Marco Boogers zu treffen. Er führte uns über das Vereinsgelände und erläuterte uns die besondere Taktik seines Klubs. Denn Dordrecht spielte damals wie kaum ein anderes Team in Europa: Eins gegen eins über den ganzen Platz. Jeder hatte seinen festen Gegenspieler und folgte diesem überall hin, notfalls auch auf die Toilette. Hohes Pressing, immer Vollgas – ganz nach meinem

Geschmack. Diese Taktik hat nur einen Haken: Wenn du als Verteidiger im direkten Duell den Kürzeren ziehst, ist die Tür offen und der Weg frei für den gegnerischen Stürmer. Aber dazu später mehr.

Zunächst gefiel mir, was ich da hörte. Boogers meinte, er könne sich sehr gut vorstellen, dass ich in dieses System reinpasse. Und weil sie noch einen Linksverteidiger suchten, waren sie aufmerksam geworden. Ich war jung, motiviert – und vor allem sehr billig. „Wir brauchen einen linken Verteidiger wie dich", sagte Boogers, und außerdem sei es an der Zeit für mich, Spiele gegen gestandene Profis zu bestreiten und Erfahrung auf hohem Niveau zu sammeln.

Die Sache war noch zusätzlich attraktiv: Mit einem Aufstieg in die erste Liga würde ich direkt mal etwas Vorzeigbares in meinem Lebenslauf stehen haben. Außerdem wurde mir mehr oder weniger versprochen, dass ich jedes Spiel bestreiten könnte. Der Weg zu einem Wechsel schien geebnet. Allerdings verschwieg ich Marco Boogers die Tatsache, dass ich in besagtem Spiel gegen Dordrecht als Linksverteidiger nur ausgeholfen hatte und eigentlich auf einer anderen Position beheimatet war. Und die planten groß mit mir als Linksverteidiger.

Dordrecht, das sollte ich an dieser Stelle vielleicht erwähnen, ist ein Mini-Mini-Mini-Klub in einer beschaulichen Stadt im Süden der Niederlande. Das, was ich beim FC Dordrecht sah, hatte nichts mit Profifußball zu tun. Eher Amateurfußball, wenn auch auf hohem Niveau. Als Marco mich über das Gelände – oder doch eher Hinterhof? – führte, war ich mir nicht so sicher, ob wir uns nicht wieder nach Rhede verirrt hätten. Die Kabinen waren nicht gerade neu, das Essen in der Kantine war derart ungenießbar, dass ich mir später mein eigenes Essen kochte. Das Stadion mit seinen 3500 Sitzschalen drohte jeden Moment auseinanderzufallen. Es war einfach ein sehr kleiner Verein mit einfachen Mitteln und einfacher Herangehensweise. Und gerade deshalb fand ich es hier so geil. Hier konnte ich lernen und gleichzeitig in Ruhe arbeiten.

Und weil das in Dordrecht alles so beschaulich war, fing die lokale Gerüchteküche nach meinem Besuch auch gleich an zu köcheln. „Ist das der neue, heiß ersehnte Linksverteidiger?" „Kommt der Erlöser für die linke Seite?" Auch die Reporter vor Ort hatten also keine Ahnung, dass ich als Linksverteidiger ungefähr so erprobt war wie mein Vater als Pilot. Ein Schmunzeln konnte ich mir bei der Lektüre dieser Schlagzeilen nicht verkneifen. Die linke Abwehrseite war für mich kein Neuland, aber doch noch ziemlich unerforscht. Und trotzdem traute ich mir die Aufgabe zu, deshalb hielt ich bei all dem Gerede um den „heiß ersehnten Linksverteidiger" einfach die Klappe.

Zu Hause erklärte ich meinem Vater, dass ich das Angebot gerne annehmen würde: „Ich glaube, das passt." Wenige Tage später unterzeichnete ich den Leihvertrag und war damit offiziell Fußballprofi. Der Bursche, der zu schlecht für die A-Jugend von Borussia Dortmund gewesen war, durfte sich nun bei den Großen versuchen. Wobei: Die niederländische zweite Liga hatte in etwa das Niveau der dritten Liga in Deutschland, sprechen wir also besser von „Mittelgewicht".

Mit dem Wechsel nach Dordrecht änderte sich vielleicht mein Status, nicht aber mein Leben und mein Alltag. Dordrecht liegt in der Nähe von Rotterdam und damit nicht einmal anderthalb Stunden von Elten entfernt. Der Klub bot mir, wie den meisten Profis, eine Wohnung in der Stadt an. Und wenn ich euch erzähle, dass mir ein Mini-Mini-Mini-Klub eine Wohnung angeboten hat, dürft ihr eurer Fantasie gerne freien Lauf lassen, wie diese Wohnung letztlich aussah. Fassen wir es mal als „renovierungsbedürftig" zusammen.

Ich entschied mich, weiterhin zu Hause zu wohnen. Schließlich war es bereits Januar, und im Mai war die Saison auch schon wieder vorbei. Und ganz vielleicht hatte ich auch noch keine Ahnung, wie ein Staubsauger oder ein Wischmopp funktionierte. Ich pendelte also von Montag bis Donnerstag jeden Tag zum Training und am Freitag zum Spiel. Wir spielten immer freitagsabends um 20 Uhr, das war sagenhaft. Wenn wir gewannen, was sehr oft der Fall war, gab uns der Trainer am Samstag und Sonntag frei. Deshalb fuhren wir nach den Spielen mit der Mannschaft meistens nach Rotterdam in die Disko.

Ich hatte also eine stinknormale Fünftagewoche wie die meisten meiner Freunde, nur dass ich nicht von 9 bis 17 Uhr arbeiten musste. Immerhin entsprach das Gehalt eher dem eines Auszubildenden, ich spielte ja weiterhin zu den Vertragskonditionen, die ich in Arnheim unterschrieben hatte. Bedeutet: Profifußball für 17500 Euro im Jahr. Jede Reise wurde außerdem sorgfältig ins Fahrtenbuch eingetragen, und am Ende des Monats erstattete mir der Verein die Benzinkosten. Genial, oder?

Das hatte, soviel nehme ich vorweg, sehr wenig mit einer steilen Fußballkarriere zu tun. Für mich war es aber ein erster Schritt und vielleicht gerade deswegen so perfekt. Ich wurde langsam herangeführt, musste mich nicht großartig umgewöhnen und konnte mein Privatleben ganz normal weiterführen. Abends sah ich Rabea, am Wochenende meine alten Freunde. Es war natürlich etwas nervig, fünfmal in der Woche mindestens drei Stunden im Auto zu sitzen. Aber mit zwei Teamkollegen aus Nijmegen bildete ich eine Fahrgemeinschaft. Ich sammelte sie unterwegs ein, und wir wechselten uns mit dem Fahren ab.

Und so begann mein Abenteuer Dordrecht.

Am Mittwoch, den 15. Januar 2014, überreichte ich Marco Boogers den unterschriebenen Leihvertrag, am Donnerstag nahm ich am Abschlusstraining teil, am Freitagabend stand ich gegen Excelsior Rotterdam bereits in der Startelf. Vorher hatte der Pressechef – wenn man ihn denn so nennen möchte – noch eine kleine Medienrunde organisiert, um mich vorzustellen. Mein Niederländisch war damals noch nicht so ausgereift, das Video findet man heute noch auf Youtube. Ich mit Milchgesicht, ohne Barthaar und viel zu langen Haaren an den Seiten.

Nach Arnheim war ich anderthalb Jahre zuvor vor allem wegen meiner Athletik und nicht wegen meiner technischen Fähigkeiten gekommen, in der zweiten Liga wurde nun wieder viel mehr Wert auf die körperliche Komponente und weniger auf die spielerische gelegt. Und erneut hatte ich Nachholbedarf, weil es dann doch etwas professioneller und vor allem härter zuging. Wir, und vielleicht noch Willem II, versuchten zwar Fußball zu spielen, die anderen 18 Mannschaften kamen aber eher über die Robustheit.

Heißt: Langer Ball nach vorne, Kampf um den Ball und das Ding irgendwie über die Linie drücken. Eklig, aber das war nun mal die zweite niederländische Liga. Tiki-Taka konnte da niemand erwarten. Wir spürten den Druck des Siegers. Zum Zeitpunkt meines Wechsels hatten wir sechs Punkte Vorsprung auf Willem II, wollten aufsteigen und mussten deshalb gewinnen. Und weil ich meinen Beitrag dazu leisten wollte, nahm ich mir vor, körperlich zuzulegen. Zum ersten Mal in meinem Leben versuchte ich es mit Krafttraining. Anders hätte ich physisch gegen die Brecher in dieser Liga auch nicht bestanden. Unser Athletiktrainer war mir eine große Hilfe. Er war auch der Meinung, dass ich körperlich ohnehin etwas zulegen sollte. Am Anfang gingen wir vor allem auf Masse, also viel Krafttraining und viel Essen. Im Fokus standen Beine, Bauch, Rücken und Brust. Bedeutet: Squats, Bankdrücken und all so was.

Im ersten Spiel gegen Rotterdam, am 23. Spieltag, begann ich – natürlich – als Linksverteidiger. Ein kalter Freitagabend im Januar vor 3500 Zuschauern unter Flutlicht. Ich war verdammt nervös. Auch wenn es sich nicht wirklich so anfühlte, aber in diesem Moment begann meine Fußballkarriere erst so richtig. Das Spiel endete 1:1. Von der lokalen Presse bekam ich gute Kritiken, trotzdem stellte mich der Trainer schon in der zweiten Partie bei Achilles '29 – ja, so heißen da manche Vereine – im zentralen Mittelfeld auf. Und von da an nur noch dort. Warum? Nun, der Trainer hatte erkannt, dass ich deutlich mehr rennen konnte als alle anderen, und dass meine Qualitäten im Mittelfeld vielleicht besser aufgehoben wären. Er fand eine Notlösung für die ach so vakante Linksverteidigerposition und stellte mich im 4-3-3 auf der linken Achterposition auf – die Position, die ich zuvor schon in Arnheim bekleidet hatte. Der „Heilsbringer" und „Erlöser" für die linke Abwehrseite spielte also wieder im Mittelfeld. Das hätte ich den Kollegen auch vorher sagen können.

Eines Tages klingelte mein Telefon. In Arnheim wunderten sie sich natürlich, was das sollte mit der Umstellung. Tenor: „So war das aber nicht vereinbart!" Peter Bosz wollte mich doch eigentlich als Linksverteidiger aufbauen und fragte jetzt, wie das funktionieren sollte, wenn man mich bei meiner Leihstation ins Mittelfeld stellte.

Marco Boogers ist ein ganz feiner Kerl, aber ein resoluter Geschäftsmann, der den Verein nicht nur sportlich führte, sondern mit seinem Versandunternehmen auch finanziell unterstützte. Er war kein gewöhnlicher Sportdirektor, der einfach nur Spieler kaufte und verkaufte und sich ansonsten raushielt. Ich erinnere mich an einen Vorfall, als er nach einer der wenigen Niederlagen mit grimmiger Miene in die Kabine kam. Da wusste jeder von uns: Jetzt gibt es Ärger. Er ging drei Schritte vor und zurück und nahm einen Spieler ins Visier, der vor dem Spiel sein Handy in der Kabine aufgeladen hatte. „Deswegen haben wir verloren", brüllte er, „ihr wart nicht mit Fußball beschäftigt!" Er nahm das Telefon und schmetterte es gegen die Wand. Marco hatte in den Gesprächen mit mir einen so freundlichen Eindruck gemacht, dass ich nach dieser Szene sprachlos war. Was ganz gut passte: Für kein Geld der Welt hätte ich in dieser Situation den Mund aufmachen wollen. Man sollte dazu vielleicht sagen, dass Marco ein sehr impulsiver Mensch ist, der oft aus der Emotion heraus handelt und sich erst eine halbe Stunde später seiner Taten bewusst wird. Dann kam meist der Anruf beim Betroffenen und eine fette, ebenso emotionale Entschuldigung. Der ins Visier genommene Spieler bekam am nächsten Tag von Marco ein neues Handy und eine lange Umarmung spendiert, Thema gegessen. Herrlich!

Als der Beschwerdeanruf aus Arnheim kam, kümmerte Marco das also herzlich wenig. Seine Antwort: „Das ist jetzt unser Spieler, also entscheide ich, wo der spielt. Und ihr könnt mich am Arsch lecken." Diskussion beendet, Robin Gosens war nun ein Mittelfeldspieler. Ich bin mir nicht sicher, ob der Trainer dabei etwas zu melden hatte. Wenn Marco gewollt hätte, dass ich als Torwart auflief, hätte er vermutlich auch das durchgesetzt.

Peter Bosz passte das natürlich nicht, auch wenn er sich während der Leihe nie bei mir persönlich erkundigte. Er hatte mich vorher gewarnt: „Du wirst als Mittelfeldspieler, je höher du kommst, Probleme bekommen, weil du auf engen Räumen nicht so gut bist." Doch diese engen Räume gab es in der zweiten Liga ja nicht. Jackpot! Ich hatte im Mittelfeld so viel Zeit, dass ich viel auffälliger agieren konnte als auf der linken Abwehrseite. Ich spielte meine Ausdauer und Dynamik aus, ein cleverer Schachzug des Trainers beziehungsweise des Sportdirektors. Es machte mir ganz einfach auch mehr Spaß, wieder mehr im Spiel involviert zu sein.

In meinem vierten Spiel für Dordrecht, beim 6:1-Sieg in Emmen, schoss ich mein erstes und einziges Tor. Ansonsten war ich vor allem für die Stabilität im Mittelfeld zuständig. Unsere Leistungen stagnierten im Verlauf der Rückrunde etwas, sodass wir am Ende nur Zweiter hinter Willem II wurden und in den Play-offs um den Aufstieg kämpfen mussten. Das wäre wohl vermeidbar gewesen, aber es war vor der Saison überhaupt nicht unser Anspruch gewesen, in die Eredivisie aufzusteigen. Da gehört Dordrecht eigentlich auch gar nicht hin. Die kaputten Bänke und Sitze im Stadion können das bestätigen. Der Klub hatte kein Geld, und unser Kader bestand im Prinzip aus 30 Leihspielern. Nach wie vor überhaupt die Möglichkeit zum Aufstieg zu haben, war also an sich schon aller Ehren wert. Aber für diese Saison und vor allem diese geniale Kaderzusammenstellung von Marco Boogers wollten wir ihn und uns belohnen.

Der Modus sah so aus, dass der Zweite, also wir, im Halbfinale gegen den Fünften, in diesem Fall Venlo, ranmusste. Der Dritte, Excelsior Rotterdam, traf auf den Vierten, FC Den Bosch. Und dazu kamen aus der ersten Runde noch zwei Teams, die die Saison zwischen den Plätzen sechs und neun beendet hatten, und zwei Teams aus der ersten Liga, die um ihre Chance auf den Klassenerhalt kämpfen durften. Am Ende blieben zwei Mannschaften übrig, die sich neben Willem II auf ein Ticket für die Eredivisie freuen durften.

Soweit verständlich? Nein? Ist auch wirklich schwierig.

Wir gewannen das Hin- und Rückspiel gegen Venlo und hatten somit nur noch die Hürde Sparta Rotterdam zu überwinden. Ein Derby als letztes Hindernis, Rotterdam und Dordrecht trennen nur 20 Kilometer. Prickelnder hätte es kaum kommen können.

Das Hinspiel endete in Rotterdam vor 12 000 Zuschauern in einer hitzigen Atmosphäre 2:2, für uns ein sehr gutes Ergebnis. Zum Rückspiel war die Hütte in Dordrecht restlos ausverkauft, manche haben, glaube ich, sogar noch jemanden mit reingeschmuggelt und auf dem Schoß sitzen gehabt. Die Stimmung war überragend, die Fans peitschten uns nach vorne. Ich war gerade erst 19 und seit vier Monaten dabei. Für mich war dieses Spiel das absolute Highlight. Und für die meisten anderen wahrscheinlich auch.

Funso Ojo, mein Partner im Mittelfeld, schoss uns nach fünf Minuten in Führung, und irgendwie konnte ich spüren, dass wir uns das nicht mehr nehmen lassen würden. Unmittelbar vor der Halbzeit besorgte Paul Gladon das 2:0, in der Kabine sah ich in strahlende Gesichter. „Wir steigen echt auf", dachte ich. Ich war im Januar zum Tabellenersten gewechselt und hatte natürlich insgeheim mit dem Aufstieg gerechnet. Dass wir dann aber noch durch die Play-offs mussten, machte die Situation viel besser. Mehr ging nicht.

Kurz nach der Pause kassierten wir den Anschlusstreffer, blieben anschließend aber cool. Nach einem Konter traf Giovanni Korte in der Nachspielzeit zum 3:1. Die Bilder laufen nach wie vor in Zeitlupe in meinem Kopf ab: Wie der Ball im Netz landet und die Zuschauer alle gleichzeitig von der Tribüne auf den Rasen rennen. Der Schiedsrichter pfiff ab, und wir wurden unter Menschenmassen begraben. Zum ersten Mal seit fast 20 Jahren spielte Dordrecht wieder in der ersten Liga.

Wir feierten tagelang mit den Fans, mieteten Busse, fuhren durch die Stadt und wurden dabei von Zehntausenden Anhängern bejubelt. Mittendrin stand der 19-jährige Robin nach seinem ersten halben Jahr als Fußballprofi. Für mich hätte es kaum besser laufen können. Dordrecht war der perfekte erste Schritt in meiner Karriere. Dieser Klub vermittelte schon allein durch seine Infrastruktur nicht den Eindruck, als wäre man Fußballprofi und müsste alles in seinem Leben diesem Verein unterordnen. Ich wollte einfach nur Fußball spielen und kein großes Theater haben. Ich war sofort wichtig für die Mannschaft gewesen, hatte kaum Tiefpunkte und nach wie vor mein ganzes Privatleben. Dieses halbe Jahr war einfach Gold wert. Ich muss Marco Boogers nachträglich dafür danken. Er gab mir die Chance, als sich in Arnheim eigentlich niemand für mich interessierte. Er sorgte dafür, dass ich spielen und Fehler begehen durfte, dass ich Zeit bekam und mich langsam herantasten durfte. Er öffnete mir die Tür zu allem, was danach auf mich wartete.

Wie ging es jetzt weiter? Mit dem Aufstieg hatte sich das Thema Dordrecht für mich erledigt – dachte ich zunächst jedenfalls. Doch kurz nach den Feierlichkeiten nahm mich Boogers zur Seite und sagte: „Robin, ich nehme dich mit in die erste Liga." Er hatte trotz des Aufstiegs in die erste Liga weiterhin kaum Geld zur Verfügung und war auch in der kommenden Saison vor allem auf Leihspieler angewiesen. Und da war ich mit meinem Azubi-Gehalt natürlich wieder ein geeigneter Kandidat.

Aber ich wollte um meine Chance in Arnheim kämpfen, der Verein, der mich vom Dorfleben in Rhede in dieses Business gebracht hatte, für den ich allerdings noch keine Minute in der ersten Mannschaft bestritten hatte. Nach dem Ende der Saison 2013/2014 waren mir nur zwei Dinge klar: Ich wurde bald 20 und wollte auf keinen Fall wieder irgendwo auf der Bank sitzen oder in der U21 spielen. Außerdem wollte ich von zu Hause ausziehen, ganz egal wohin es ging. Darauf hatte ich Mama und Papa schon länger vorbereitet. Entweder Vitesse hatte einen klaren Plan und zeigte mir einen Weg in meine Zukunft, oder ich würde mich verabschieden und woanders Spielpraxis sammeln.

Aus diesen zwei Optionen wurden ganz schnell sechs. Denn NAC Breda, Willem II, SC Cambuur, Heracles Almelo und, na klar, Dordrecht meldeten sich bei meinem Berater. Nehmen wir Vitesse dazu, waren es sechs Erstligisten, die mich auf einmal haben wollten. Beziehungsweise fünfeinhalb, denn bei Vitesse war ich mir noch nicht sicher.

Unmittelbar nach der Aufstiegsfeier fuhren wir nach Arnheim und suchten das Gespräch mit Mo Allach, dem Sportdirektor bei Vitesse. Ich wollte wissen, wo ich bei ihnen stand, und ob Peter Bosz noch mit mir plante. Wir trafen uns in seinem Büro. Allach und mein Berater kannten sich sehr gut, sie sind beide Marokkaner und miteinander befreundet. Deshalb wusste ich, dass das Gespräch ganz entspannt ablaufen würde. Allach gratulierte mir zum Aufstieg, betonte aber, dass Bosz mich als Linksverteidiger sah, ich in Dordrecht aber bekanntlich nur ein einziges Spiel auf dieser Position bestritten hatte. Wenigstens ergänzte er: „Wir glauben schon, dass du für uns in der ersten Liga spielen kannst."

Allerdings folgte wieder das berühmte „aber". Die Kooperation mit dem FC Chelsea stand mir zum zweiten Mal im Weg. Spieler, die noch nicht gut genug für Chelsea waren und Spielpraxis brauchten, wurden gerne in Arnheim geparkt. Für Vitesse war das natürlich ein Segen, weil diese Spieler meistens großes Potenzial hatten. Für mich war es jedoch ein großes Problem, denn wenn ein anderer Linksverteidiger kam, musste der spielen. „Ich kann dir nicht versprechen, ob du da um den Stammplatz kämpfen wirst", sagte Allach, „da könnten auch noch Spieler dazu kommen, darauf habe ich keinen Einfluss." Das hörte sich komisch an. „Du musst mir doch sagen können, ob ich in eurem Kader eine Rolle spielen kann oder nicht", sagte ich. Konnte er aber nicht. Wenn Chelsea einen Spieler schickte, hatte der verdammt noch mal zu spielen. Das war der Deal. Toll. Also sagte ich: „Verkauft mich oder verleiht mich, aber das hier hat ja so keinen Sinn." Er pflichtete mir bei: „Für dich ist es das Wichtigste, dass du irgendwo spielst."

Mein Vertrag bei Vitesse lief noch ein Jahr mit einer Option für eine weitere Spielzeit seitens des Vereins. Sie hätten mich also verleihen und anschließend – je nachdem, wie ich mich angestellt hätte – mit mir verlängern können. Wir einigten uns darauf, dass ich nicht verkauft, sondern wieder verliehen werden sollte. Und so begann mein Roadtrip durch die Niederlande. In Breda sprachen mein Berater und ich mit den Verantwortlichen von NAC, in Leeuwarden mit den Verantwortlichen des SC Cambuur und wiederholten all das in Dordrecht. Heracles Almelo wurde erst mal nicht konkret, Willem II war keine Option. Ich wollte nicht von einem Aufsteiger zum anderen wechseln.

Der Trainer in Cambuur, Henk de Jong, hinterließ einen richtig coolen Eindruck. Er war ein lässiger Kerl Anfang 50, mit struppigem grauem Haar und grauem Bart. Cambuur war in der Vorsaison als Aufsteiger Zwölfter geworden und ein etwas größerer Klub als Dordrecht. Ich sollte wieder der Box-to-Box-Spieler im zentralen Mittelfeld sein, also derjenige, der die Meter macht und die Zweikämpfe führt.

Option zwei erledigte sich ziemlich schnell, Breda klang nicht sehr interessant. Hinter Tür Nummer drei verbarg sich das, was ich kannte, mit einem kleinen Fragezeichen. Dordrecht hatte trotz des Aufstiegs den Trainer gewechselt. Ernie Brandts übernahm für Harry van den Ham und plante mich eher als Linksverteidiger ein. Vielleicht hatte er sich ja mit Peter Bosz abgesprochen, Vitesse, das wusste ich, würde es auf jeden Fall begrüßen, wenn ich nicht mehr im Mittelfeld auflief.

Cambuur oder Dordrecht? Cambuur klang aufregend und etwas ambitionierter. Aber ich war damals noch nicht der offene Typ, der ich heute bin, und brauchte etwas Vertrautes, wenn ich schon von zu Hause auszog. Also rief ich Henk de Jong an und teilte ihm meine Entscheidung mit. Er antwortete: „Kann ich dich nicht doch überzeugen?" Es tat mir weh, in Cambuur abzusagen. Das war ein super Verein mit coolen Fans und einem schönen, kleinen Stadion. Doch mit Dordrecht war ich aufgestiegen, kannte viele Mitarbeiter und vor allem Marco Boogers, der mich offensichtlich mochte. Ich wollte in der kommenden Saison in jedem Spiel auf dem Platz stehen, und das bot mir Dordrecht. Ich entschied mich für die einfachste Option. Und für die falsche. Zumindest in der Rückschau.

Rabea und ich flogen Ende Juni in den Urlaub nach Fuerteventura, wer hat diese Insel eigentlich erfunden? Zurück in der Heimat, stand der Umzug an. Anfang Juli begann bereits die Vorbereitung auf die neue Saison. Es wurde Zeit, die Komfortzone zu verlassen und ein neues Kapitel zu beginnen. „Wenn du in der ersten Liga spielst", dachte ich mir, „musst du deinen Arsch hochkriegen und dich auch um deinen Kram kümmern."

Mama kam damit nicht so gut klar wie Papa, auch wenn bei ihr keine Tränen flossen. Ich war gerade 20 geworden und reif für etwas Eigenes. Ich zog also doch in eine dieser Spielerwohnungen, die ich ein halbes Jahr zuvor noch dankend abgelehnt hatte. Vielleicht waren sie mir auch nur so katastrophal vorgekommen, weil ich sowieso nicht umziehen wollte. Jetzt wirkten die Wohnungen eigentlich ganz solide. Zu „gemütlich" oder „wohnlich" fehlten dann allerdings doch zweieinhalb Renovierungen.

Wir fuhren mit einem großen Bulli von Elten nach Dordrecht, um meine Klamotten in der Bude unterzubringen, einer klassischen Dreizimmerwohnung mit einem Wohn- und Essbereich, einem Schlaf- und einem Gästezimmer. Alles war schon vollgestellt mit Ikea-Möbeln, darunter ein Tisch mit vier Stühlen, eine Couch, ein Bett und eine uralte Küche. Die Maklerin, die mit dem Verein zusammenarbeitete, sagte mir, dass ich sie jederzeit erreichen könne, wenn ich noch was bräuchte. Aber ganz ehrlich, diese 150-Euro-Möbel hätte ich auch noch selbst einkaufen können. Aber trotzdem war ich ihnen dankbar. Ich wusste ja, dass der Klassenerhalt mit Dordrecht ganz schwer werden würde, und stellte mich darauf ein, dass ich in dieser Bude lediglich für ein Jahr wohnen würde.

Ohnehin sollte der Fußball ab sofort für mich in den Vordergrund rücken. Die Saisonvorbereitung lief gut, wir arbeiteten intensiv, und der neue Trainer bastelte an seiner Elf aus dem wieder mal neu zusammengewürfelten Kader. Was ihm schnell zum Verhängnis wurde, war die Macht des Sportdirektors. Marco Boogers hatte, bevor er Ernie Brandts als neuen Trainer verpflichtete, klar gesagt, dass sich an der Spielidee in der ersten Liga nichts ändern sollte. Wir würden weiterhin mit Manndeckung über den ganzen Platz und mit einer hohen Verteidigungslinie agieren, den Gegner früh angreifen und versuchen, unter Druck zu setzen. Harry van den Ham, der inzwischen übrigens zum vierten Mal Trainer in Dordrecht ist, hatte als Einziger Einfluss auf Boogers. Wenn ich Probleme hatte, ging ich zu ihm und nicht zum Trainer. Weil Boogers so dominant war, wurde es für jeden Trainer automatisch schwierig. Aber das soll nicht als Kritik an Marco Boogers verstanden werden. Er war nun mal so, da brauchtest du als Trainer eine gewisse Persönlichkeit, um gegenzuhalten. Und die hatte Ernie Brandts nicht.

Am ersten Spieltag mussten wir nach Heerenveen, die unter anderem mit Mark Uth und Hakim Ziyech aufliefen. Eine gute Mannschaft, die von unserer unorthodoxen Spielweise allerdings ein wenig überrumpelt wurde. Wir bogen einen Rückstand noch in einen umjubelten 2:1-Sieg um. „Geil", dachte ich, „läuft". Doch dann ging es ganz schnell bergab. Ihr kennt das aus Zeichentrickfilmen, wenn jemand mit dem Schlauchboot dem Wasserfall näherkommt und schließlich in der Tiefe verschwindet? In etwa so verliefen die kommenden vier Monate für uns. Mit dem Unterschied, dass wir die Landung nicht überlebten.

Anfang August 2014 hatten wir unseren ersten Sieg eingefahren. Und erst Ende Januar 2015 den nächsten. Wir wurden schwindelig gespielt, vorgeführt und erniedrigt. Am siebten Spieltag mussten wir gegen Arnheim ran, natürlich war ich besonders aufgeregt. Jetzt konnte ich Vitesse zeigen, dass ich durchaus das Zeug zum sehr guten Erstligaspieler hatte und es wert war, mir eine Chance in Arnheim zu geben.

Vor dem Spiel meldete sich Mo Allach sogar bei mir, fragte, wie es mir gehe, und meinte, dass sie auf mich besonders achten würden (von Peter Bosz hörte ich dagegen kein einziges Wort), und auch die Medien in Arnheim hatten mich zum ersten Mal auf dem Schirm. Warum mich Vitesse abgegeben hätte, hieß es dort, da ich mich in Dordrecht doch ganz gut anstellte. Das Ende vom Lied: Wir gingen komplett unter und verloren mit 2:6. Zum ersten Mal dachte ich, dass es zwar cool war, in der Eredivisie Stammspieler zu sein, aber die letzte Saison in der zweiten Liga doch irgendwie mehr Spaß gemacht hatte. Ans Verlieren wollte ich mich nicht gewöhnen. Was mich noch mehr ärgerte, war der fehlende Zuspruch aus Arnheim. Nach dem einen Anruf von Mo Allach kam von dieser Seite gar nichts mehr.

Eine Woche nach dem Debakel gegen Vitesse schenkte uns Cambuur vier Gegentore ein. Was ich vorher schon vermutet hatte, wurde jetzt offensichtlich: Ich hätte nicht nach Dordrecht wechseln sollen. Rein sportlich wäre Cambuur die bessere Alternative gewesen. Die Leute begannen sich zu fragen, was wir überhaupt in der ersten Liga zu suchen hätten. Wir wurden nicht ausgelacht, aber man wunderte sich schon, wie eine Mannschaft so naiv sein, immer die gleichen Fehler machen und das eigene System nicht anpassen konnte. Boogers hätte irgendwann die Reißleine ziehen müssen und Ernie Brandts eine moderne Verteidigung spielen lassen sollen. Unsere Spielweise war dermaßen unpassend. Hätten wir uns einfach nur hinten reingestellt, hätten wir deutlich seltener verloren, da bin ich mir sicher. So aber liefen wir nach jedem kleinsten Stockfehler ins offene Messer. Die meisten Teams waren viel zu gut, als dass sie unsere Fehler nicht eiskalt bestraft hätten. Wir luden die Gegner förmlich ein, uns auseinanderzunehmen.

Man kann auch sagen, wir hatten einfach nicht genügend Qualität für die erste Liga. Aber wir hätten es wenigstens probieren können! Wie man das anstellt, konnte man in den vergangenen Jahren mehrfach beobachten. Auch Darmstadt hat es irgendwie geschafft, die Klasse in der Bundesliga zu halten, obwohl der Kader nicht unbedingt Erstliganiveau hatte. Die sind zwar ein Jahr später auch wieder abgestiegen, aber immerhin.

Zum ersten Mal war ich von zu Hause ausgezogen und musste selbst klarkommen, hatte niemanden, bei dem ich mich nach diesen dauernden Niederlagen ausheulen konnte. Es war auch leider nicht mehr so, dass wir freitagabends lässig Telstar vom Platz fegten und danach ein freies Wochenende hatten. Jetzt mussten wir mal samstagabends ran, mal sonntagmittags und fingen uns regelmäßig mindestens vier Hütten.

Rabea und ich hatten zwar vorher auch nicht zusammengewohnt, waren aber das erste Mal wirklich voneinander getrennt. Ich lungerte also viel allein auf der Couch rum und verbrachte die Abende auf illegalen Streaming-Seiten und schaute *Game of Thrones*. Es war eine krasse Umstellung, die mir nicht so leichtfiel, wie ich das erwartet hatte. Zum ersten Mal musste ich Geburtstagsfeiern von Freunden absagen, konnte nicht mehr auf jede Party gehen, musste ein richtiger Profi sein. Immerhin wohnten zwei Mannschaftskollegen in den Wohnungen unter mir, mit denen ich ein bisschen Zeit verbrachte. Wir fuhren zwei- oder dreimal in der

Woche rüber nach Rotterdam, um shoppen oder essen zu gehen. Und manchmal lud ich die Jungs zu mir zum Essen ein.

Nachdem ich mich im ersten halben Jahr in Dordrecht zunehmend mit dem Thema Fitness beschäftigt hatte, meldete ich mich für einen dreijährigen Ernährungsberatungskurs beim Bildungswerk für therapeutische Berufe an. Dort wollte ich im ersten Jahr den Schein zum Fitnesstrainer erwerben, im zweiten den zum Ernährungsberater und abschließend das Scheinchen zum Personaltrainer. Dementsprechend spielte das Thema Ernährung eine große Rolle in meinem Alltag. Schräg gegenüber von meiner Wohnung lag ein Albert Heijn, das niederländische Pendant zu Edeka oder Rewe. Meistens kaufte ich dort asiatische und indische Gerichte ein, die schmeckten gut und dauerten vor allem nicht so lange. Zur Nachspeise gab es meistens Magerquark mit frischen Ananasscheiben. Für den Muskelaufbau. Am liebsten esse ich übrigens Reiswaffeln mit Putenbrust und Salz und Pfeffer, aber das nur am Rande.

Von diesem kleinen Lichtblick zurück zum Wasserfall. Nach dem 30. Spieltag, Anfang April, bestand nur noch eine theoretische Chance auf den Klassenerhalt. Wir machten uns nichts vor. Das Schlauchboot war am Absaufen. Eine Woche später, natürlich nach einer Niederlage in Arnheim, war unser Abstieg auch offiziell besiegelt. Wir beendeten die Saison mit nur 20 Punkten aus 34 Spielen und einem Torverhältnis von minus 52.

Die Krönung brachte der letzte Spieltag, als wir gegen Ajax, den frischgebackenen Vizemeister, 2:1 gewannen. Weil – und jetzt kommt's – wir mit einem anderen System aufgelaufen waren! Ein einziges Mal hatten wir nicht den Eins-gegen-eins-Ansatz gewählt, sondern etwas abwartender agiert. Und prompt machte es sich bezahlt. Ich kann mich noch gut an das Gespräch mit Marco Boogers erinnern, als wir nach dieser Partie mit einem Bierchen im Vereinsheim saßen. „Robin", sagte er, „stell dir mal vor, wir hätten das ganze Jahr mit diesem System gespielt!" Ich guckte ihn an und hielt mein Bier hoch: „Lass uns nicht mehr drüber reden. Aber abgestiegen wären wir, glaube ich, nicht." Wir stießen an, betranken uns, und damit war die Saison vorbei.

Wenn man Marco heute fragt, würde er bestimmt zugeben, Fehler gemacht zu haben. Heute würde er wohl darum kämpfen, Harry van den Ham als Trainer zu behalten. Warum hat er ihn danach wohl immer wieder eingestellt? Er hatte es aber auch nicht leicht mit diesem knappen Budget und der schwachen Infrastruktur. Er konnte nicht mal eben drei oder vier Millionen Euro für einen gestandenen Erstligaprofi ausgeben, im Prinzip hatte er das Budget eines deutschen Regionalligisten zur Verfügung. Trotzdem, und das tat im Nachhinein so weh, wäre der Klassenerhalt mit einem defensiveren Ansatz vielleicht möglich gewesen.

Marco und mir war klar, dass wir uns in Dordrecht kein drittes Mal sehen würden. „Ich habe dir anderthalb Jahre die Plattform gegeben, damit du weitere Schritte gehen kannst. Wenn wir uns noch mal in der zweiten Liga sehen, werde ich dich umbringen", sagte er. Es war seine liebgemeinte Art zu sagen: „Sieh zu, dass du aus deinen Möglichkeiten etwas machst."

Trotz der desaströsen Saison fand ich meine eigenen Leistungen meistens wirklich ganz gut. Ich hatte im Laufe der Spielzeit das Gefühl entwickelt, ein richtiger Erstligaspieler zu sein. Das war für mich eine der wichtigsten Erkenntnisse. Nach einem Jahr, das mich lehrte, auch ohne Mama und Papa, ohne Freunde und Freundin klarzukommen. Meiner Persönlichkeit taten diese Tiefschläge gut, auch wenn ich das damals noch nicht begreifen konnte. „Hinterher", rief mir das Schlauchboot vom Grund des Flusses zu, „ist man immer schlauer." Denn, und das begreife ich erst jetzt so langsam, vor allem das Negative und die Tiefschläge formen dich als Spieler. Lob und Streicheleinheiten sind super, helfen dir bei der Entwicklung allerdings nicht so wie Fehler. Rein sportlich gesehen war mein erstes Jahr in der Eredivisie mit Dordrecht sicherlich kein Erfolg, trotzdem enorm lehrreich, weil ich Fehler machen durfte, die mir verziehen wurden und aus denen ich gelernt habe.

Also fuhr ich nach Arnheim und bat Mo Allach, meinen Vertrag bei Vitesse nicht zu verlängern.

Ich wollte unbedingt weg.

Kapitel 9
ALMELO

4. Juni 2015

Eine Umzugsfirma brauchte ich nicht.

Sehr früh stand fest, dass Dordrecht absteigen würde. Also hatte ich nach und nach immer mal wieder Sachen mit nach Hause genommen. Ein Abschied auf Raten. Als die Saison beendet war, waren nur noch ein paar Klamotten in der Wohnung. Ich stopfte sie ins Auto und fuhr ab. Das Kapitel Dordrecht war damit für mich abgeschlossen.

Ich bereitete mich auf das nächste Treffen in Arnheim vor, um über meine Zukunft zu sprechen. Dieses Mal vertrat ich jedoch einen klaren Standpunkt: Ich wollte Vitesse verlassen. Diese ganze Kooperation mit Chelsea, die fehlende Kommunikation während der vergangenen anderthalb Jahre und meine unklare Position waren nichts für mich. Es war Zeit für das nächste Abenteuer. Ich hatte mir bewiesen, dass ich das Zeug für die erste Liga hatte und definitiv mithalten konnte. Zu einem Verein zu wechseln, bei dem ich kein Stammspieler gewesen wäre, hätte keinen Sinn ergeben. Ich wollte Fußball spielen.

Wie im Jahr zuvor fuhr ich unmittelbar nach Saisonende mit meinem Berater nach Arnheim, um mit Mo Allach zu sprechen. Allach bestätigte, dass sich an der Situation bei Vitesse und der Kooperation mit Chelsea nichts geändert habe. Ich machte es kurz: „Dann lass uns das hier beenden." Damit war er einverstanden, Vitesse verzichtete auf die Option, meinen Vertrag per Klausel zu verlängern. Ich konnte mir ablösefrei einen neuen Verein suchen. Ich sage das jetzt so nüchtern, aber die Situation machte mich schon ein bisschen traurig. Ich durfte für den Verein, der mich drei Jahre zuvor entdeckt hatte, keine einzige Minute in der ersten Mannschaft bestreiten. Trainer Peter Bosz hatte mir nie eine Chance gegeben. Auf der Geschäftsstelle von Vitesse gibt es eine Glaswand, auf der alle Spieler verewigt sind, die hier ihr Profidebüt gegeben haben. Ich hatte auch auf dieser Wand stehen wollen. Die Leute sollten mein Gesicht sehen, wenn sie da entlanglaufen. Aber das Leben ist ja bekanntlich kein Wunschkonzert.

Mein Berater präsentierte mir zwei Klubs, die sich bereits im vergangenen Sommer meinetwegen bei ihm gemeldet und jetzt erneut angefragt hätten. Cambuur wurde nach wie vor von Henk de Jong trainiert, der mir sehr gefiel, und ich bereute es, nicht im Vorjahr dorthin gewechselt zu sein. Seine Mannschaft hatte, während wir mit Dordrecht sang- und klanglos abgestiegen waren, immerhin eine ganze Zeit lang um die europäischen Plätze mitgespielt, wenn auch am Ende knapp verpasst. Außerdem signalisierte Heracles Almelo erneut Interesse. Der Verein, die Atmosphäre – ich hatte mit Dordrecht erlebt, wie unangenehm es war, in Almelo zu spielen. In diesem engen, lauten Stadion mit seinen 12 000 leidenschaftlichen Fans. In der Partie hatte ich zwar verletzt gefehlt, die Atmosphäre aber von der Tribüne aus aufgesogen. Almelo wäre der nächste Schritt in meiner Karriere. Erst der kleine Außenseiter aus Dordrecht, dann der größere Mittelfeldverein in Almelo, der vielleicht auch mal das Potenzial für etwas mehr hatte. Und wer weiß, irgendwann vielleicht der Verein, der um Titel mitspielt. Oder der Traum von der Bundesliga, von Schalke.

In Almelo traf ich mich mit Sportdirektor Nico-Jan Hoogma und Trainer John Stegeman. Beide machten einen sehr lässigen Eindruck. Dass John mit erst 39 Jahren bereits einen Erstligaklub trainierte, fand ich beeindruckend. Ihm gefiel, dass ich gleich auf mehreren Positionen einsetzbar war. „Ich weiß, dass du als linker Verteidiger und zentraler Mittelfeldspieler auflaufen kannst. Ich sehe dich auch auf beiden Positionen, aber du musst wissen, dass unser Kapitän Linksverteidiger ist." Er plante also mit mir als Mittelfeldspieler. Wer holt denn schon einen U21-Mann, der gerade mit seinem Verein abgestiegen ist, und setzt ihn dem Kapitän vor die Nase? Mit eben jenem Kapitän Mark-Jan Fledderus sollte ich noch Probleme bekommen. Ich hatte nichts dagegen, auf die Linksverteidigerposition zu verzichten. Mir machte es im Mittelfeld eh am meisten Spaß. Ob ich also zu Cambuur oder Heracles ging, spielte positionstechnisch keine Rolle. Beide wollten mich als Mittelfeldspieler verpflichten, als Achter im 4-3-3.

John Stegeman und Nico-Jan Hoogma zeigten mir das Klubgelände, das zwar etwas größer als das von Dordrecht war, aber nicht so modern wie in Arnheim. Das Stadion gefiel mir wie gesagt besonders gut. Es hatte eine richtig englische Atmosphäre, klein und eng, die Tribüne nah am Feld. Hier konnten dir die Fans quasi auf den Kopf spucken, wenn sie denn wollten.

Ausnahmsweise waren auch meine Eltern, die mit ihrem Wohnwagen in den Niederlanden unterwegs waren, mit von der Partie. Ich habe Mama und Papa immer in alles miteinbezogen, und da es so aussah, als ob Almelo mein neuer Arbeitgeber werden würde, kamen sie vorbei. Das Stadion und die Geschäftsstelle liegen direkt nebeneinander. Als wir uns gerade auf den Weg zum Stadion machten, fuhren sie mit dem Wohnwagen vor und hörten, was John und Nico-Jan zu sagen hatten.

Ich hatte ein sehr gutes Gefühl, und auch die Finanzen stimmten. Heracles wollte mir deutlich mehr zahlen als Cambuur. Mein Berater musste nur noch die letzten Details klären, ich flog währenddessen mit einem Kumpel in die Türkei. Ein paar Tage Urlaub hatte ich bitter nötig. Nachdem ich das finale Angebot erhalten und mein Berater es bestätigt hatte, sprach John Stegeman auf die Mailbox: „Herzlichen Glückwunsch, ich bin sehr glücklich, dass du zu uns kommst!" Ich rief direkt zurück: „Ich freue mich auch und kann es gar nicht abwarten!" Klingt recht abgedroschen? Aber was hätte ich sonst in dem Moment sagen sollen? „Oberaffenmegageil, du geile Sau! Nächste Saison nehmen wir alles auseinander, lass krachen!" Naja, vielleicht beim nächsten Mal.

Am 4. Juni 2015 postete ich bei Instagram ein Bild von mir aus dem Urlaub, am Pool sitzend, mit dem Rücken zur Kamera und der Cap falschrum auf dem Kopf. Und im Hintergrund der blaue Himmel und Palmen. Extrem lässig eben. „Eine geile Zeit geht zu Ende", schrieb ich dazu. „Die neue wartet schon. Auf in ein neues Abenteuer." Damit war mein Wechsel offiziell. Nach dem Urlaub setzte ich meine Unterschrift unter einen Dreijahresvertrag, der mir 100 000 Euro brutto im Jahr einbringen sollte. Das kleine Milchgesicht, das gerade noch für ein Azubigehalt in der U21 bei Vitesse und in Dordrecht gekickt hatte, verdiente plötzlich sehr gutes Geld. Mit diesem Gehalt lag ich auf Vereinsebene natürlich im unteren Bereich, aber das kümmerte mich wenig. Ich war angekommen im Business, auch finanziell. Jetzt konnte ich Geld ausgeben, das ich vorher nie gehabt hatte. Die ersten drei Monatsgehälter haute ich gleich mal auf den Kopf, um mir endlich den verdammten VW Scirocco zu kaufen, den ich so gern haben wollte. Natürlich in Weiß. Ein Scirocco musste weiß sein. Bis ich die Farbe leid war und ihn nach einem halben Jahr matt grau lackieren ließ. Ich fühlte mich wie ein König.

Als Nächstes ging die Wohnungssuche wieder los, aber dieses Mal unter anderen Vorzeichen. Ich war nicht mehr bloß ausgeliehen, Almelo war keine Zwischenstation mehr. Ich hatte für drei Jahre unterschrieben und wollte mich dementsprechend einrichten. Dieses Mal wollte ich es richtig machen, eine schöne Wohnung finden und sie nach meinem Geschmack einrichten. Ich würde alleine wohnen, soviel stand fest. Rabea hatte gerade ihr Physiotherapiestudium in Bochum begonnen und daher sowieso keine Zeit, mit mir irgendwo einzuziehen. Außer vielleicht, wenn ich zum VfL Bochum gewechselt wäre. Aber das war okay für uns. Wir hatten im vergangenen Jahr die Erfahrung gemacht, dass auch eine Fernbeziehung funktionieren kann. Sie wollte ihr Studium angehen und ich meine Karriere voranbringen.

In Almelo gab es im Gegensatz zu Dordrecht einen Teammanager, Edwin van Lenthe, der mich bei der Wohnungssuche unterstützte und mir in der Stadt ein paar Buden zeigte. Die waren leider alle schäbig und viel zu teuer. Damit ergab sich ein Problem. Wir hatten schon Ende Juni, und der Trainingsauftakt stand vor der Tür. Ich musste also erst mal pendeln, wenn ich in Almelo nichts Passendes fand. Dabei hatte ich kaum Zeit, mich zwischen den Trainingseinheiten und Heimfahrten intensiv darum zu kümmern. Immerhin wurde der Scirocco vernünftig eingefahren.

Daraus folgte gleich das nächste Problem: Der Verein verlangte, dass kein Spieler weiter als eine halbe Stunde vom Klubzentrum entfernt wohnen sollte. Wenn ich vorübergehend wieder bei Mama und Papa einzog, hatte ich 75 Minuten Fahrtzeit. Was also tun? Mein Mannschaftskollege Dario Vujicevic hatte eine Idee: „Warum ziehst du nicht einfach auf die deutsche Seite?" Wie meinst du das? Ganz einfach: Von Almelo bis nach Gronau kurz hinter der deutschen Grenze brauchte man nur 25 Minuten, und in Gronau waren die Häuser zum einen schöner und außerdem erschwinglicher. Schon klar, ich verdiente jetzt gutes Geld, aber ich wollte wirklich nicht Unsummen für eine Wohnung bezahlen, die mir gar nicht gefiel. Also schaute ich mich in Gronau um und fand ein schönes Loft in Epe, dem letzten Dorf vor der Grenze nahe Enschede. Von da aus brauchte ich genau eine halbe Stunde bis zum Trainingsplatz von Heracles. Punktlandung. Die Vorbereitung auf die neue Spielzeit konnte beginnen.

John Stegeman hatte mir zu verstehen gegeben, dass ich um meinen Platz in der Mannschaft zu kämpfen hatte. Aber das war okay für mich. Ich hatte den Klub keine Ablöse gekostet und dementsprechend auch nicht den ganz großen Druck, sofort abliefern zu müssen. Diesen Anspruch hatte ich eher an mich selbst. Mark-Jan Fledderus war als Kapitän auf der linken Abwehrseite gesetzt, für mich ging es um einen der zwei Plätze im zentralen Mittelfeld. John spielte wie eigentlich jeder Trainer in den Niederlanden mit einem 4-3-3-System, mit einem defensiven Mittelfeldspieler und zwei etwas offensiveren davor. Vielleicht darf man seinen Trainerschein in Holland nur machen, wenn man vorher einen Eid ablegt, niemals ein anderes System spielen zu lassen. Es würde mich jedenfalls nicht wundern.

Ich brauchte ein paar Wochen, um mich in der Mannschaft zurechtzufinden. Erst am achten Spieltag, Anfang Oktober, stand ich gegen Heerenveen zum ersten Mal in der Startelf, und das auch nur, weil sich unser Kapitän verletzt hatte. So durfte ich über 90 Minuten auf der linken Abwehrseite ran und trug meinen überschaubaren Teil dazu bei, dass wir 2:0 gewannen und nach der anschließenden Länderspielpause als Tabellendritter mit nur einem Punkt Rückstand ins absolute Topspiel zu Ajax Amsterdam fuhren.

Mark-Jan hatte seine Verletzung inzwischen auskuriert, sodass der Platz hinten links wieder vergeben war. Unser Trainer wurde erfinderisch und packte mich in die offensive Dreierreihe. Ajax, viermaliger Champions-League-Sieger und Rekordmeister, war ein bisschen zu gut für uns. Ich blieb als Linksaußen relativ blass und spielte zwei Wochen später schon wieder als Linksverteidiger, dann im linken Mittelfeld, danach im zentralen Mittelfeld. Und so weiter. Wer es noch nicht gemerkt hat: Ich hatte durchaus Schwierigkeiten, meinen Platz zu finden. Was eben auch hieß, dass John Stegeman noch nicht wirklich wusste, was er mit mir anfangen sollte. Ich machte mich deswegen nicht verrückt. Ich war gerade erst 21 und in einer Mannschaft gelandet, die mir vieles erleichterte.

Im Grunde konnte man die Situation aus dem Vorjahr nehmen und um 180 Grad drehen. In Dordrecht war ich auf der Linksverteidigerposition gesetzt gewesen und hatte in jedem Spiel auf dem Platz gestanden. Dafür hatte ich Probleme in meinem Privatleben gehabt, weil ich erstmals von zu Hause weg war und in der Mannschaft wenig Freunde fand. In Almelo wiederum suchten alle noch nach meiner besten Position, dafür war ich umgeben von einer überragenden Truppe. Ich habe hoffentlich noch ein paar Jahre im Fußballgeschäft vor mir, aber es wird für alle kommenden Mitspieler schwer, diesen Jungs das Wasser zu reichen. Es stimmte einfach im Team, alle waren locker drauf und hatten Spaß. Wir gingen zusammen ins Kino, zum Bowlen, was auch immer. Und zwischendurch war es auch mal ganz angenehm, alleine zu sein, mich in mein Loft zurückziehen zu können und dort Zeit für mich zu haben. Bei Heracles wurde eigentlich jeder Spieler und Mitarbeiter – außer vielleicht Mark-Jan – ein guter Freund von mir. Selbst die Köchin in der Kantine. In Dordrecht war ich nach jedem Training schnellstmöglich nach Hause gefahren, jetzt saßen wir teilweise noch zwei oder drei Stunden zusammen und redeten über Gott und die Welt. Und dieses Gemeinschaftsgefühl spiegelte sich auch auf dem Platz wider. Die Zeit in Almelo zeigte mir, dass

Zusammenhalt innerhalb der Mannschaft der wichtigste Erfolgsfaktor ist. Ist ja kein Hexenwerk, sollte man meinen – oh doch! Ich behaupte einfach mal, dass keine Mannschaft auch nur einen Blumentopf gewinnt, wenn die Chemie nicht stimmt. Jürgen, Pep oder Hansi, ihr könnt gerne Stellung beziehen, würde mich freuen. Da kannst du noch so gute Einzelspieler haben. Wenn du als Spieler nicht bereit bist, den Extrameter für einen Mannschaftskollegen zu machen oder auch mal die Drecksarbeit für ihn zu erledigen, ohne dafür Komplimente zu bekommen, wirst du früher oder später an deine Grenzen kommen. Es gibt in einer Truppe so unglaublich viele Strömungen und Einflüsse, die sich auf die Chemie auswirken. Sprache ist natürlich ein großes Thema. Aber es geht auch darum, wie die Spieler ticken, wie viele Alphamännchen es gibt, ob der Erfolg da ist und wie die einzelnen Eigenschaften zusammenpassen. Hier kommt der Trainer ins Spiel. Er muss dafür sorgen, dass aus all den Spielern eine Einheit wird und man sich für den gemeinsamen Erfolg zerreißen möchte. Aber auch ein Coach braucht das Quäntchen Glück, weil er nicht immer weiß, mit was für Typen er es zu tun hat. Nicht umsonst wählen Sportdirektoren heutzutage ihre Spieler nicht nur aufgrund ihrer Qualitäten auf dem Platz aus, sondern versuchen sich auch ein Bild davon zu machen, wie der Junge sich außerhalb verhält.

Zurück zum Thema: Die ersten beiden Tabellenplätze waren, wie eigentlich immer, an PSV Eindhoven und Ajax Amsterdam vergeben. Gegen die beiden war und ist in dieser Liga kein Kraut gewachsen, da gibt es nur selten Überraschungen. Aber wir standen nach 22 Spieltagen auf Platz drei und waren quasi der Anführer der restlichen Eredivisie. Heracles hatte es zuvor noch nie in einen europäischen Wettbewerb geschafft, wir konnten also Historisches erreichen. Der gute Lauf endete mit dem 3:6 gegen Alkmaar am 23. Spieltag. Ich hatte gelbgesperrt gefehlt, durfte mich aber in der Woche darauf bei Tabellenführer Eindhoven endlich mal wieder im zentralen Mittelfeld zeigen. Zu diesem Zeitpunkt hatte ich das Gefühl, dass ich auf der Acht am besten aufgehoben war. Jetzt musste ich liefern und zeigen, dass John im zentralen Mittelfeld auch wirklich auf mich zählen konnte.

Doch ich wurde nach 51 Minuten ausgewechselt, wir verloren 0:2. Gegen Roda Kerkrade erhielt ich noch eine Bewährungsprobe. Und nutzte sie wieder nicht. Diesmal war zur Halbzeit Schluss, am Ende gingen wir 0:5 unter. Als wir eine Woche später auch in Nijmegen keinen Punkt holten, sprach plötzlich niemand mehr vom Europapokal. Nach vier Niederlagen in Folge waren wir von Platz drei auf Rang neun abgerutscht. Und daran hatte auch ich meinen Anteil. Die Chance, die mir John auf meiner Wunschposition geboten hatte, hatte ich nicht nutzen können. Vielleicht war es einfach nicht meine beste Position? Vielleicht musste ich einsehen, dass ich zwar laufstark, athletisch und zweikampfstark war, dass mir aber, wie Peter Bosz es vorhergesagt hatte, einfach die technischen Qualitäten für diese Position fehlten? Vielleicht war ich also doch ein Linksverteidiger? Und vielleicht brauchte es diesen letzten Spieltag, damit das endlich alle begriffen.

Ein Punkt fehlte uns noch, um sicher Sechster zu werden und in den anschließenden Play-offs um einen Qualifikationsplatz für die Europa League mitspielen zu können. Wir hatten dreimal in Folge nur unentschieden gespielt, und John stellte mich zum ersten Mal seit drei Monaten wieder links hinten auf. Wir verloren mit 1:2 in Groningen, wurden aber trotzdem Sechster. Und ich gab meinen Platz nie wieder her.

Im Play-off-Halbfinale erwartete uns wie schon am letzten Spieltag Groningen. Nach dem 1:2 im Hinspiel gab ich im Rückspiel in der zweiten Minute der Nachspielzeit die Vorlage zum 2:1 von Paul Gladon, das uns die Verlängerung sicherte. Wir schossen noch drei Tore, setzten uns anschließend in den zwei Finalspielen gegen Utrecht durch und hatten damit die Tür nach Europa weit aufgestoßen. Noch lagen drei Qualifikationsrunden vor uns. Trotzdem feierten wir dieses Saisonende wie eine Meisterschaft, fuhren mit einem Bus durch die Stadt und ließen uns von den Fans bejubeln. Was mir allerdings noch wichtiger war: John Stegeman hatte mir gesagt, ab jetzt würde ich die Nummer eins auf der Linksverteidigerposition sein. Mark-Jan Fledderus war zwar Kapitän, aber auch schon fast 34 Jahre alt. Akzeptieren wollte er die Entscheidung natürlich trotzdem nicht. Sein Pech. Bei mir lief es jetzt, aber richtig.

Rabea und ich flogen nach den Play-offs und der ganzen Feierei für zehn Tage nach Mexiko. Danach gönnte ich mir noch ein paar Tage Ibiza mit meinen besten Freunden Marco und Mike. Und dann ging es Ende Juni auch schon wieder in die Saisonvorbereitung. In einem Monat stand die erste Euro-League-Qualirunde gegen den FC Arouca an, einen portugiesischen Verein, den ich genauso gut kannte wie die Lieblingsmusik von Barack Obama. Außerdem schrieb ich mich am Institut für Lernsysteme für einen Grundkurs Psychologie ein. Wenn ich abends alleine im Loft saß, hatte ich begonnen, mich mit Psychologie zu beschäftigen. Der 14-monatige Grundkurs vermittelte die fachlichen Grundlagen. Danach wollte ich schauen, was ich aus diesem Wissen machen würde.

Es war natürlich nur ein erstes Qualifikationsspiel von sechs möglichen, aber die Anspannung rund um den Verein war deutlich spürbar. Das war Neuland für uns alle. Aber so traten wir nicht auf. Wir spielten Arouca schwindelig, vergaben allerdings eine Großchance nach der anderen und belohnten uns erst nach der Pause durch Paul Gladon. Wir hätten längst 5:0 oder auch 6:0 führen müssen, stattdessen kassierten wir in der Nachspielzeit mit Aroucas erster Torchance den Ausgleich – eine von mir dämlich abgefälschte, halbherzige Flanke, die an unserem Keeper Bram Castro vorbei ins Tor trudelte. Das 1:1 war natürlich viel zu wenig gegen diesen Gegner. Die waren schlecht, wirklich. Aber wir bekamen es auch im Rückspiel nicht gebacken, den Ball in das verdammte Tor zu schießen. Warum ist das manchmal so schwer? Das Spiel endete tatsächlich 0:0, und durch das Auswärtstor hatte sich das Thema Europa League auch schon wieder erledigt. Weil wir zu blöd waren, gegen einen Verein zu bestehen, der heute in der zweiten portugiesischen Liga spielt. Bei allem Respekt, aber das war so was von vermeidbar. Und als wäre das Ausscheiden nicht schon beschämend genug gewesen, drückte die Küche im Hotel uns noch zusätzlich einen rein.

Edwin van Lenthe, unser Teammanager, hatte freundlich darum gebeten, uns trotz der späten Uhrzeit, es war schon nach Mitternacht, noch Fish & Chips zu servieren. Zwei von diesen klassischen, silbernen Catering-Wärmebehältern wurden ins Hotel-Restaurant getragen, in dem wir frustriert gewartet hatten. Genervt, angefressen und einfach enttäuscht. Ich öffnete einen dieser Behälter und dachte sofort, dass man uns verarschen wollte. Da waren Chips drin, ganz normale Chips aus dem Supermarkt. Der Gedanke an ein paar Pommes hatte mich wenigstens daran gehindert, nicht das ganze Hotelfoyer auseinanderzunehmen, und dann stellten die uns da stinknormale Chips in diesen silbernen Dingern hin? Das musste ein schlechter Scherz sein. „Edwin", schrie ich, „was ist das für eine Scheiße?" Das lächerliche Ende eines lächerlichen Abends.

Es fiel uns schwer, den Frust dieser Spiele einfach so abzuschütteln. Dafür hatten wir uns zu viel vorgenommen. Wir gewannen gerade mal eins der ersten elf Ligaspiele, obendrein verpasste ich vier Wochen wegen einer Syndesmoseverletzung. Erst im Herbst ging es langsam wieder bergauf. Ich war auf der Linksverteidigerposition gesetzt und fühlte mich dort zunehmend wohler. Meinen Alltag bestimmte jedoch eine andere Geschichte. Ich hatte inzwischen ein bisschen Geld angespart und deshalb auch ein wenig Spielraum, um mir mal was anderes zu gönnen als einen Scirocco. Ich wollte meine Kohle vernünftig anlegen. Also kaufte ich eine Wohnung in einem Neubau in Elten und suchte nach Mietern. Eine schlaue Investition, wie ich dachte. Doch daraus wurde nichts. Ich fand keinen Mieter, und es ergab natürlich wenig Sinn, gleichzeitig für zwei Wohnungen zu zahlen und nur in einer zu wohnen. Marijn de Kler war im Sommer 2015 gemeinsam mit mir von Arnheim nach Dordrecht gewechselt und schnell mein bester Kumpel in der Truppe geworden. Er wohnte nach wie vor in der Nähe von Arnheim. Also überlegte ich: Wie wäre es, wenn ich das Loft in Epe wieder abgäbe und in meine eigene Wohnung nach Elten zöge? Ich könnte Mari unterwegs einsammeln, und wir würden eine Fahrgemeinschaft bilden. Guter Plan, machen wir so!

Ich habe das nicht nur so gesagt.
Ich wollte wirklich Polizist werden.
© privat

Kurz nach den Milchzähnen wurde das Thema Fußball in Rhede etwas ernster – aber nicht zu ernst!
© privat

Auf einmal an der Schwelle: Die ersten Gehversuche in Arnheim.   © Vitesse Arnheim

Plötzlich Profi: In Dordrecht ging es von der 2. Liga in die Eredivisie.
© FC Dordrecht / Erwin Spek

Auf den linken Fuß war schon immer Verlass! © FC Dordrecht / Erwin Spek

Jubel mit den Dordrecht-Kollegen – ein wichtiger Treffer zum 1:1 gegen Groningen: Den Torriecher hatte ich irgendwie immer.
© IMAGO / Pro Shots

Aufstieg mit Dordrecht – zur Belohnung gab es einen Bullenpokal.
© FC Dordrecht / Erwin Spek

Weiter aufwärts mit Almelo:
Ich wollte immer schon fliegen können.
© Harry Broeze

„So fühlt sich Europa an":
Nach dem Heracles-Sieg in
den Play-offs gegen Utrecht
durften wir in der Europa-
League-Qualifikation ran.
© getty images / VI-Images /
Kontributor

In Badelatschen und Almelo-Hose in Papas Büro: Hier unterschreibe ich bei Atalanta Bergamo. © privat

Zweikampf mit Radja Nainggolan: Ob Gasperini das nun so geplant hatte oder nicht, gegen die Roma durfte ich erstmals in der Serie A ran!   © atalanta.it

Früher nannte man das mal den Vettel-Finger: mein erstes Tor für Atalanta in der Seria A gegen Torino.
© atalanta.it

Jubel mit zwei Kollegen auf dem Rücken: Respekt, dass Marten de Roon das gestemmt hat.
© atalanta.it

Unterstützung fürs Pokalfinale: Mama, Papa und Rabea flogen im Mai 2019 nach Rom. © privat

Gefrustet nach verlorenem Pokalfinale gegen Lazio: Es geht nicht immer nur bergauf, Freunde!
© atalanta.it

Zusammen mit zwei Weltmeistern.
© atalanta.it

Saubere Grätsche – CR7 träumt heute noch schlecht:
Cristiano Ronaldo hatte keine Chance. © atalanta.it

Ein Herz nach einem Tor? Ja mei, gegen Juve trifft man ja auch nicht alle Tage!
© getty images / Miguel Medina / Kontributor

Ankunft am Flughafen: Die Atalanta-Fans stehen immer an unserer Seite.
© atalanta.it

Atalanta-Bulli mit Bengalo – Unterstützung to go: Irgendwann kaufe ich mir auch so einen Van. © atalanta.it

Champions League! Nach dem Sieg gegen Sassuolo feiern Djimi, Remo, Hans und ich gebührend. © atalanta.it

Wenn Träume wahr werden: Gegen Donezk traf ich zum 3:0, das für uns das Achtelfinale in der Champions League bedeutete. © atalanta.it

Wenn du trotz null Punkten nach drei Spielen noch das Champions-League-Achtelfinale erreichst © atalanta.it

„Partita zero": Beim Achtelfinale gegen Valencia nahm das Coronavirus seinen Anfang. © IMAGO / AFLOSPORT

Stellt euch vor, ihr spielt in Liverpool gegen den englischen Meister, gegen Jürgen Klopp, und trefft dann auch noch zum 2:0-Endstand. © atalanta.it

Der rettende Stein: Im Funkloch sprach ich das erste Mal mit Bondscoach Ronald Koeman. © privat

Begreift noch immer nicht, was er da gerade trägt: Ich, Robin, in den Trainingsklamotten der deutschen Nationalmannschaft.
© DFB / PHILIPPREINHARD.COM

Der wohl größte Moment meiner Karriere: Beim Ertönen der Nationalhymne wäre ich beinahe zusammengesackt. © DFB / PHILIPPREINHARD.COM

Mit diesen Jungs habe ich mein Debüt gegen Spanien gegeben.
© DFB / PHILIPPREINHARD.COM

Hier wollte ich euch nur mal meine Sprungkraft zeigen …
© DFB / PHILIPPREINHARD.COM

Akkus aufladen im Sommerurlaub. © privat

Vielfarbiger Zuwachs: Malou, grins mal!
© privat

Schick machen, bitte: Wenn die Getränke
auf der Weihnachtsfeier nichts kosten. © atalanta.it

Ich packte also meinen Kram in Epe zusammen und schaffte alles in die nigelnagelneue Wohnung nach Elten. Ein paar Tage später kam ein Vereinsvertreter von Heracles auf mich zu und fragte: „Bist du umgezogen?" Ich erfand eine kleine Notlüge: „Ja, ich musste leider aus der Wohnung in Epe raus und hab mir jetzt zu Hause in Elten eine eigene gekauft." Kurz darauf bat mich der Trainer in sein Büro. Da war mir schon klar, dass irgendwas nicht stimmte. John war normalerweise nicht der Coach, der zum Kaffeekränzchen einlud. „Robin", begann er seine Standpauke, „das geht nicht. Du weißt, dass du nur eine halbe Stunde entfernt wohnen darfst." Von Elten nach Almelo braucht man gut doppelt so lange.

Ich hatte gerade alles fertiggemacht, alle Möbel besorgt und die Wohnung bezogen. John zu überreden, war allerdings aussichtslos, er machte keine Ausnahme für mich. „Du musst hier irgendwo in der Nähe von Almelo wohnen." Schöne Scheiße. Was sollte ich jetzt machen? Ich steckte tief im Schlamassel. Ich fuhr nach Hause, überlegte hin und her und kam auf die abstrusesten Ideen. Im Sommer hatte Heracles Robin Pröpper von De Graafschap verpflichtet. Der wohnte in Enschede, und wir verstanden uns gut. Ich rief ihn an: „Robin, wäre es okay für dich, wenn ich so tue, als würde ich bei dir einziehen?" Und tatsächlich konnte ich ihn von dieser verrückten Idee überzeugen. Mit diesem Vorschlag marschierten wir zum Trainer: „John, wir würden gerne eine WG gründen." Damit war er einverstanden. Was er nicht wusste, war, dass Robin Pröpper weiterhin mit seiner Freundin zusammenwohnte und ich deshalb gar nicht einziehen konnte. Der Verein sollte glauben, dass ich in Enschede wohnte, damit ich ganz gemütlich jeden Tag nach Hause zu meiner eigenen Wohnung fahren und den matt grauen Scirocco bis an seine Belastungsgrenze bringen konnte. Ich hatte fast an alles gedacht und wurde nun noch ein bisschen dreister. Jeden Morgen fuhr ich los und sammelte Mari in Arnheim ein. So, wie wir das vorher geplant hatten. Damit der Schwindel aber nicht aufflog, warteten wir jeden Tag kurz vor dem Vereinsgelände auf Robin Pröpper, damit ich das Auto wechseln und bei Robin einsteigen konnte. Falls uns also jemand auf dem Parkplatz vorm Stadion sah, konnte er unmöglich Verdacht schöpfen. Genauso machten wir es auch nach dem Training. Richtig Gangsterfilmmäßig, oder? Gesagt werden muss allerdings auch, dass ich tatsächlich öfter bei Robin schlief und mich dort ab und zu einnistete. Einfach, weil wir ein super Verhältnis hatten und es auf Dauer deutlich angenehmer war, nur bis Enschede fahren zu müssen. Zum Glück hat in der ganzen Zeit niemand überprüft, wo ich angemeldet war, sonst wäre der Schwindel aufgeflogen. Zur Wahrheit gehört aber auch, dass es sportlich zu der Zeit sehr gut lief und ich mittlerweile ein gestandener Spieler war, weswegen, auch wenn vielleicht der eine oder andere einen Verdacht hatte, zwei Augen zugedrückt wurden. Rückblickend betrachtet war die Aktion natürlich ziemlich dreist, aber ich war damals noch ziemlich jung und vor allem sehr naiv. Heute weiß ich natürlich, dass man sich sowas gegenüber seinem Arbeitgeber nicht erlauben und ihn nicht hintergehen darf.

John, Nico-Jan und alle, die ihr das jetzt vielleicht lest: Ich wollte euch wirklich nicht verarschen, sondern einfach nur zu Hause wohnen. An Mari und Robin: Danke, Jungs. Das war genial.

Mit Heracles waren wir leider nicht mehr so erfolgreich wie in der Vorsaison und wurden nur Zehnter. Dafür wusste ich nach diesem Jahr genau, wer Robin Gosens war. Ich hatte einen Ernährungsberatungskurs abgeschlossen, kannte meinen Körper und wurde kräftiger, robuster. Ich hatte angefangen, die Grundlagen der Psychologie zu erforschen und konnte gewisse Gedankengänge verstehen, über die ich vorher nicht nachgedacht hatte. Vor allem aber hatte ich auf keiner anderen Position als der des Linksverteidigers gespielt. Ich war kein zentraler Mittelfeldspieler mehr und kein Linksaußen. Ich hatte gelernt, zu verteidigen. Ich konnte die Linie rauf und runter rennen und ab und zu auch vor dem gegnerischen Tor gefährlich werden. Ich war nun definitiv ein Linksverteidiger. Und das hatte ein anderer Verein bereits 25-mal ganz genau beobachtet.

Was mir wichtig ist
MENSCHLICHKEIT IM FUSSBALL

17. November 2020

Ich lag auf dem Sofa und sah wie viele andere Millionen Fans, was da gerade in Sevilla passierte. Es hätte nie so weit kommen dürfen, aber manchmal läuft eben alles gegen dich, und dann stehst du am Ende da wie der größte Vollidiot.

Die Wade hatte mir einen Strich durch die Rechnung gemacht, was eigentlich auch zu erwarten gewesen war. Es hatte mich schon überrascht, dass Joachim Löw mich trotz der Verletzung für die Nationalmannschaft nominiert hatte. In Crotone, gegen Inter und ausgerechnet gegen Liverpool musste ich passen, wobei das im Nachhinein vielleicht gar nicht so schlimm war angesichts dessen, was Diogo Jota, Mohamed Salah und Sadio Mané dort mit uns veranstalteten. Ich musste (oder durfte?) von der Tribüne aus ansehen, wie die mit ihrem wirklich irren Tempo an uns vorbeirauschten und uns eine Lehrstunde für lau gaben. Fünf Dinger schenkten sie uns ein, und vielleicht war es deshalb gar nicht so schlimm, ausnahmsweise mal nicht spielen zu können. Aber so was darf man als Fußballer ja nie sagen. Ups.

Jedenfalls, meine Wadenverletzung machte mir ganz schön zu schaffen. Vor allem, weil mir niemand sagen konnte, was eigentlich genau das Problem war. Alle Tests waren negativ ausgefallen, Risse oder Brüche waren ausgeschlossen worden. Trotzdem wurde es drei Wochen lang nicht besser. Sobald ich das Pensum im individuellen Training ein bisschen steigerte, spürte ich wieder einen stechenden Schmerz. Dennoch riefen die Ärzte und Trainer vom DFB mich vor der Länderspielphase im November 2020 an und erkundigten sich nach meinem Befinden. Ich sagte ihnen, dass es nicht so rosig aussehen würde und rechnete deshalb nicht mit einer Nominierung. Erst recht nicht, als alles noch mal schlimmer wurde, nachdem ich zu früh wieder hatte loslegen wollen. Es machte mich fertig, wegen so einer blöden Sache die Chance auf einen Einsatz zu verpassen. Das war mein Traum. Und genauso ist es jedes Mal, wenn ich in den DFB-Trainingsanzug schlüpfe: Dann bin ich ein kleiner Junge, der sein Glück gar nicht fassen kann. Jede Nominierung für die deutsche Nationalmannschaft ist für mich so, wie wenn ich als Kind ein neues Trikot geschenkt bekam. Ein unbeschreibliches Hochgefühl.

Der DFB lud mich trotz meiner Verletzung ein, man wollte sich vor Ort selbst ein Bild machen. Sollte es nicht besser werden, würde ich eben wieder abreisen. Atalanta gefiel das gar nicht. Man machte sich Sorgen, dass ich bei der Nationalmannschaft verheizt würde. Mir war das egal, solange ich nur dabei sein konnte. Zum dritten Mal.

Auf dem Programm standen ein Freundschaftsspiel gegen Tschechien und zwei Nations-League-Partien gegen die Ukraine und Spanien. Tolle Erfindung übrigens, diese Nations League. Als hätten wir nicht schon genug Spiele zu absolvieren. Aber gut. Mit etwas Glück würde ich vielleicht für die letzte Begegnung fit genug sein. Ich flog nach Leipzig, checkte im Hotel ein und begab mich direkt zu den ersten Untersuchungen, wieder ohne jeglichen Befund. Ich dachte: Läuft bei dir, Alter. Jetzt bist du schon so weit, dass du trotz Verletzung eingeladen wirst. Es war dann ein kalter, trister Abend im menschenleeren Stadion in Leipzig und ein kaltes, tristes 1:0 gegen Tschechien. Haken dran, weitermachen.

Mit meiner Wade wurde es aber einfach nicht besser, und so packte ich noch vor dem Spiel gegen die Ukraine meine Sachen und reiste wieder ab. So großartig es im Kreise der Nationalmannschaft auch war, die Saison mit Atalanta würde noch wichtiger werden. In der Liga lagen gerade mal 7 von 38 Spieltagen hinter uns. Also tschüss, macht's gut, ich fuhr zurück nach Bergamo. Percassi, Atalantas Präsident, hatte bereits mehrmals mit mir telefoniert und mich aufgefordert, mich unverzüglich auf den Rückweg zu begeben, wenn ich sowieso nicht spielen konnte. Schon rührend irgendwie, aber auch irgendwie nicht. Ziemlich schade, weil ich das Gefühl hatte, die Behandlung beim DFB würde gerade Früchte tragen. Er hätte mich ja mal fragen können, wie es mir ging und was ich am liebsten machen würde. Aber nein, wo kämen wir denn hin im Fußball, wenn wir jetzt auch noch miteinander reden würden? Klar, er war derjenige, der mich bezahlte. Aus seiner Sicht war es also verständlich, dass er meine Reise zur Nationalmannschaft als unnötiges Risiko ansah.

Das Spiel gegen die Ukraine gewannen die Jungs mit 3:1, drei Tage später ging es gegen Spanien, da war die Herausforderung eine ganz andere. Gegen Spanien hatte ich im Hinspiel mein Debüt gefeiert, und jetzt ärgerte ich mich, dass ich mich nicht für dieses völlig unnötige Gegentor in der Nachspielzeit damals revanchieren konnte. Wie so viele Menschen saß ich also vor dem Fernseher, und musste mitansehen, wie von Anfang an alles den Bach runterging. Morata, klatsch. Ferran Torres, klatsch. Rodrigo, klatsch. 0:3 zur Halbzeit, und ich verschwand erst mal auf den Balkon. Es wäre gelogen, wenn ich sagen würde, dass ich auch jetzt wieder nicht etwas froh darüber war, diese Schmach nicht hautnah miterleben zu müssen. Ich hätte ganz bestimmt auch nicht dafür gesorgt, dass unser Spiel vielleicht etwas weniger erbärmlich aussah. Aber es ging mir sehr auf den Keks, wie der Kommentator einen Spieler nach dem anderen zerrupfte. Er schoss von Anfang an völlig übers Ziel hinaus, bereits vor dem ersten Gegentor. Ich möchte ihm nicht unterstellen, er habe sich gefreut, dass wir eine Hütte nach der anderen hinnehmen mussten, aber irgendwie bekam ich genau das Gefühl. Als ob ein Kommentator nicht die Pflicht hätte, möglichst objektiv zu agieren. Ich finde, er gab den Zuschauern da draußen das Gefühl, dass keiner von uns Fußball spielen kann. Das sah an dem Abend vielleicht auch so aus, aber aus meiner Sicht, mit der rosaroten DFB-Spielerbrille auf, klang es hämisch, die Spieler dermaßen in Grund und Boden zu stampfen. Bitte versteht mich nicht falsch: jegliche Kritik nach so einem Auftritt ist berechtigt, aber es geht, finde ich, immer um die Art und Weise. Der Ton macht die Musik, mein lieber Sportsfreund, pflegte mein Opa immer zu sagen!

Es stimmt ja, dass wir, und da spreche ich jetzt einfach mal im Namen der Nationalmannschaft, uns im Jahr 2020 nicht mit Ruhm bekleckert haben. 2019 und 2018 leider auch nicht. Ganz klar: Die Grundstimmung in Deutschland war nicht die gleiche wie noch 2014. Das Problem ist nur, dass viele Menschen es offenbar nicht akzeptieren können, wenn es mal etwas schlechter läuft. Sie scheinen zu denken, dass man einfach immer so weitermachen kann. „Ihr seid doch Weltmeister, jetzt macht doch mal!" Okay, klar. Kein Problem. Hat man ja vier Jahre später in Russland gesehen, wie einfach so eine Titelverteidigung ist.

Wobei ich den Frust natürlich verstehen kann. Aber bei jeder sich bietenden Gelegenheit erzählen, wie scheiße doch alle geworden sind und dass „die da" endlich mal wegmüssen, ist auch keine Lösung. Ich hatte bisweilen das Gefühl, dass manche Fans und Journalisten sich förmlich daran aufgeilten, eine am Boden liegende Nationalmannschaft mit Füßen zu treten. In Sevilla entlud sich die aufgestaute Antipathie über den Köpfen der Jungs, die ohne Zweifel einen ganz fürchterlichen Tag erwischt hatten. Ich bin mir sicher, dass Toni Kroos und Manuel Neuer in der Kabine durchaus laut geworden sind, genau wie Joachim Löw. Nur wurde es auf dem Platz leider nicht besser, im Gegenteil. Ferran Torres, klatsch. Ferran Torres, klatsch. Oyarzabal, klatsch. Irgendwann zwischendurch schrie Manuel Neuer einfach mal den Pfosten an. Gut so, Manu. Der Dampf muss raus.

Rabea schaute mich mit großen Augen an: Wie kann so etwas passieren? Ich hätte gerne Andi Brehme zitiert: Haste Scheiße am Fuß, haste Scheiße am Fuß. Nur hätte Rabea das vermutlich nicht weitergebracht. Aber was sollte ich sagen? Was sollten die Jungs nach dem Spiel sagen? „Jeder hat mal einen schlechten Tag", wäre wohl zu einfach gewesen. Und trotzdem wahr. Ein paar Wochen zuvor hatte die Übermannschaft Liverpool 2:7 bei Aston Villa verloren. Was hatte sie sich nicht alles anhören müssen! Es gibt Tage im Leben, da läuft einfach alles gegen dich. Da schmeckt morgens das Müsli nicht, und abends wirst du von elf Spaniern vermöbelt. Ist nicht schön, ist aber so. Da braucht mir keiner mit Taktik zu kommen. Wenn du 0:6 verliert, hast du es schlichtweg vergeigt. Da will ich gar keine Analyse hören, ehrlich gesagt. Die Journalisten allerdings schon. Nach dem Schlusspfiff schaltete ich den Fernseher daher schnell ab. Toni Kroos, oder wer auch immer sich den Fragen stellen würde, konnte einem leidtun. Aber irgendwer musste es machen.

Am nächsten Morgen wurde mir bei WhatsApp eine Nachricht weitergeleitet, die auf der Facebook-Seite „Lügenpressing" ihren Ursprung hatte. Es war eine „Einzelkritik" für die deutschen Starter gegen Spanien. Ich muss aufpassen, was ich jetzt sage. Aber hoffentlich traut ihr euch auch mal vor die Kamera und lasst euch dann genauso bewerten. Da wurden Sachen geschrieben – wirklich unter aller Sau. Toni Kroos wurde für seinen Podcast kritisiert, selbst sein „nichtsnutziger Bruder" geriet in die Schusslinie. Ist das cool, die Familie zu beleidigen, und sich dabei feige hinter einem Facebook-Account zu verstecken? Aber hey, dafür gibt's ja ein paar Likes. Was macht man nicht alles für ein bisschen Anerkennung im Internet! Die Jungs sind ja Millionäre, denen wird's schon nicht so schlecht gehen! Da haue ich mal drauf, damit jemand seinen Kumpel markieren und lachen kann! Haha, geil!

Hört auf, die Fehler und Schwächen anderer für ein paar Lacher zu missbrauchen! Ja, die Jungs haben das Spiel in den Sand gesetzt. Sehr tief sogar. Aber deshalb darf man sie noch lange nicht als „Hurensohn" beleidigen oder Familienmitglieder in den Schmutz ziehen. Wo bleibt da die Menschlichkeit? Vielleicht sollte man mal eine Sekunde darüber nachdenken, dass die Betroffenen das möglicherweise lesen. Dass sich die Spieler auch so schon schlecht genug fühlen. Ist es abwegig, nach so einer Niederlage darüber nachzudenken, es vielleicht mal mit ein paar aufmunternden Worte zu probieren? Offenbar. Lieber noch mal nachtreten, vor allem, wenn man sich hinter der Anonymität verstecken kann. Großes Kino.

Ich will dieses 0:6 nicht schönreden und auch nicht behaupten, dass die Nationalmannschaft in den vergangenen Jahren alles richtig gemacht hat. Das liegt mir fern. Aber lasst uns bitte nicht vergessen, dass Fußballer auch nur Menschen sind. Beleidigungen prallen auch an uns nicht ab. Wenn ich mir vorstelle, ich wäre bei diesem Spiel dabei gewesen und jemand hätte meine Schwester nachher als nichtsnutzig beschrieben …

Dass es im Fußball nicht immer nett zugeht, ist ja keine neue Erkenntnis. Aber doch eine, für die es allzu viele Beispiele gibt. Zum Beispiel 2017, als über meinen Kopf hinweg beschlossen wurde, dass ich von Almelo nach Bergamo wechseln sollte. Niemand hat mich damals gefragt, ob ich Lust dazu hatte oder mir das zutrauen würde. Nein, da raschelten die Geldscheine, und der Mensch Robin wurde zum Transferobjekt Gosens.

Zwei Jahre später sagte Luca Percassi , als er mich nicht zu Schalke ziehen ließ, zu mir: „Ich führe ein Wirtschaftsunternehmen." Und in diesem Wirtschaftsunternehmen war ich nun mal eine Ware, die ihren Wert hatte. Nicht Robin, der sich gerne seinen Kindheitstraum erfüllt hätte. Das ist wohl so, aber das heißt nicht, dass ich mich daran gewöhnen möchte. Oder werde. Ich würde ohne mit der Wimper zu zucken auf die Hälfte meiner Einnahmen verzichten, wenn es im Fußball wieder menschlicher zugehen würde. Mit „menschlicher werden" meine ich nicht die Tatsache, dass wir im Prinzip Objekte mit einem Preisschild sind. Zu wissen, dass man in der Bilanz eines Vereins als immaterieller Vermögensgegenstand aufgeführt wird, der jedes Jahr an Wert gewinnt oder verliert, ist nicht schön, aber na ja, so läuft der Hase eben. Das wusste ich vorher. Letztlich profitiere ich ja auch durch einen mehr als ordentlichen Vertrag vom System, gar keine Frage. Ich schwimme auf dieser Welle mit und sage nicht: „Nein, ich unterschreibe diesen so hoch dotierten Vertrag nicht, weil ich nicht als Objekt gesehen werden möchte." Mit jedem Vertrag, den ich unterschreibe, akzeptiere ich, dass sich an diesem System wenig ändert. Aber darüber hinaus meine ich schon, dass zu oft vergessen wird, dass da eben doch ein Mensch hinter dem Spieler-Objekt steckt, siehe oben. Bleiben wir beim Beispiel Wadenverletzung: Denkt ihr, ich wurde während der ganzen Zeit einmal gefragt, was ich selbst am liebsten gemacht hätte, was mein Gefühl bei der Sache war? Ob ich lieber beim DFB bleiben oder zurück nach Bergamo wollte? Keiner hatte eine Ahnung, um was für eine Verletzung es sich eigentlich handelte, aber Atalanta wollte mich unbedingt in seiner Obhut haben, damit ich nicht auf die Idee komme, ein Spiel für die Nationalmannschaft zu bestreiten und wieder etwas zu riskieren. Verständlich? Ja, denn ich stehe bei Atalanta auf der Gehaltsliste. Nervt es mich? Ja, weil ich das Gefühl hatte, dass mir beim DFB besser geholfen worden wäre. Es geht mir um Kleinigkeiten, die einem Spieler zeigen, dass er als Person wichtig ist und wertgeschätzt wird. Dass nicht nur die Leistung auf dem Platz zählt, damit der Profit beim Weiterverkauf maximal hoch ausfällt. Die Frage ist doch: Warum muss denn das eine das andere ausschließen? Das Wertschätzen einer Person kann doch problemlos mit dem maximalen Ertrag beim Verkauf eines Spielers einhergehen.

Ein anderes Beispiel. Oma und Opa, Mama und Papa sind die besten Menschen, die ich kenne. Mit Abstand. Sie haben alles für mich getan, mir alles ermöglicht, mir alles beigebracht. Auch wenn das beim Fußball manchmal zu Tränen führte. (Ach, Papa, warum musstest du mich auswechseln?) Sie haben es verdient, auf ihren Sohn und Enkel stolz sein zu dürfen, der ja doch ein ganz passabler Kicker geworden ist. Aber das scheinen nicht alle so zu sehen. Ich bin von Mama und Papa so erzogen, anderen Menschen ihre Erfolge zu gönnen. Ich mag es nicht, wenn ich am Wochenende nicht spiele. Aber ich freue mich für meinen Ersatzmann, wenn er ein Tor macht und wir dadurch das Spiel gewinnen. Ich finde es nicht gut, wenn die Bayern zum 14. Mal hintereinander Deutscher Meister werden. Aber ich finde es großartig, wie sich gute Jungs wie Joshua Kimmich oder Leon Goretzka dafür den Hintern aufreißen. Gönnjamin, heißt das heute. Oder Sampdoria Gönnua.

Dass ich mich als Fußballprofi in einer privilegierten Lage befinde, weiß jeder. Deswegen habe ich überhaupt kein Problem damit, für meine Freunde mal ein Essen zu bezahlen, einen auszugeben oder jemandem mit einem Geschenk eine Freude zu machen, im Gegenteil – das bereitet *mir* große Freude. Mich ärgert aber, wenn ich das Gefühl habe, dass es von den Menschen eingefordert oder verlangt wird, weil ich doch im Geld schwimme.

Dass ich mich dafür rechtfertigen soll, das große Glück zu haben und viel Geld zu verdienen. Wenn man mir, direkt oder indirekt, vorwirft, dass ich meine privilegierte Lage nicht zu schätzen wisse und dass es im Vergleich zu anderen Berufen sehr leicht verdientes Geld sei. Vielleicht ist das so. Aber nur weil ich Fußballprofi bin, muss ich nicht zwangsläufig abgehoben sein. Wenn ich mir etwas gönne, möchte ich dafür nicht reflexartig kritische Blicke und abschätzige Worte kassieren, weil ich dafür nicht hart gearbeitet habe.

Dieser Neid frisst Menschen auf.

Kapitel 10
MALLORCA

21. Mai 2017

Irgendwer sagte mal zu mir: Was auf Mallorca passiert, bleibt auch auf Mallorca. Doch für euch mache ich eine Ausnahme, denn ihr sollt unbedingt erfahren, was mir auf dieser Teufelsinsel widerfahren ist.

Wir waren mit Heracles in der Saison 2016/17 nur Zehnter geworden und hatten damit die Europa-League-Play-offs verpasst. Die nun spielfreie Zeit wollten wir für einen Trip mit der Mannschaft nach Mallorca nutzen. Eine klassische Mannschaftsfahrt eben. Sorgen, dass es mit der Truppe langweilig werden würde, machte ich mir nicht. Dafür verstanden sich die meisten auch zu gut.

Zwischen dem letzten Spieltag am 14. Mai und der Abreise sieben Tage später genoss ich noch ein bisschen Zeit mit der Familie zu Hause. Wir rekapitulierten die vergangene Saison und wie unwirklich es anmutete, dass aus mir wirklich ein richtiger Fußballprofi geworden war. Ich spielte inzwischen drei Jahre in der Eredivisie und hatte meine Position gefunden, trotzdem war das alles für mich und meine Familie nach wie vor nicht selbstverständlich. Papa und ich erinnerten uns immer wieder gerne daran, wie wir fünf Jahre zuvor vom Dortmunder Trainingsgelände gefahren waren und ich kein Wort herausbrachte, weil die anderen Jungs so viel besser als ich gewesen waren. Der Großteil dieser Mannschaft hatte es dann aber nicht in den Profifußball geschafft – im Gegensatz zu mir. Schon verrückt, wie das Leben manchmal so spielt.

Mitten in der Vorbereitung auf den Mallorca-Trip erwischte mich mein Berater am Telefon, um mir mitzuteilen, dass Atalanta

Bergamo wieder Interesse an mir gezeigt habe. Und dieses Mal wohl so richtig. Ich sage „wieder", weil er mir bereits im Winter gesagt hatte, dass Atalanta mich beobachten würde. Aber davon hörte ich einmal und danach nicht wieder – bis eben kurz vor meinem Urlaub auf Mallorca.

Ich wusste gar nichts über Atalanta, weil ich mich nie groß mit der Serie A beschäftigt hatte. Ich kannte Juventus, Inter Mailand und AC Mailand, aber da endete mein Wissen über den italienischen Fußball auch fast schon wieder. In meiner Jugendzeit wurde die Serie A in Deutschland nicht im TV übertragen. Die einzige Chance, italienische Teams zu sehen, bot sich in der Champions League. Immerhin an das Milan der frühen Nullerjahre erinnere ich mich noch gut, vor allem an Kaká und Filippo Inzaghi. Von Atalanta Bergamo hatte ich allerdings noch nie ein Spiel gesehen und auch keine Ahnung, wer da überhaupt spielte. Ganz ehrlich: Ich wusste nicht mal, wo Bergamo lag!

„Die wollen dich wirklich haben", sagte mein Berater. Also schaute ich im Internet nach, was sich da so in Erfahrung bringen ließ. Wie sich herausstellte, war Atalanta drauf und dran, Vierter hinter Juventus, AS Rom und SSC Neapel zu werden und sich zum ersten Mal seit 17 Jahren wieder für den Europapokal zu qualifizieren, auch wenn die Saison in Italien noch nicht ganz beendet war. In Bergamo, so viel stand fest, würden mir kein FC Arouca oder blöde Chips die Europa League versauen. Atalanta war ganz sicher in der Gruppenphase dabei.

Das reichte mir fürs Erste. Natürlich klang das interessant, aber ich wollte auch nichts überstürzen. Bisher hatte ich mich noch gar nicht mit einem Wechsel beschäftigt, und wenn überhaupt, hoffte ich eher auf ein Angebot aus der Bundesliga. Das war immer mein großer Traum. Ob sich der noch erfüllen würde, wenn ich nach Bergamo ginge? Wer schaut sich in Deutschland schon Spiele von Atalanta an? Ich bat meinen Berater, mal nach Bergamo zu fliegen und mehr Informationen einzuholen als „die haben konkretes Interesse an dir". Er sollte sich schlaumachen und mir anschließend Bescheid geben. Unterdessen machte ich mich mit der

Mannschaft auf den Weg nach Palma de Mallorca, um dort für drei Tage und drei Nächte am Ballermann zu versacken.

Ich nehme an, dass einige, die dieses Buch lesen, ein bisschen an Fußball interessiert sind und vielleicht auch selbst spielen oder gespielt haben. Und einige, die Fußball im Verein spielen oder gespielt haben, waren vielleicht auch schon mal am Ballermann, oder? So eine Mannschaftsfahrt nach Malle nach der Saison gehört irgendwie dazu, finde ich. Ein paar Tage mit den Jungs oder Mädels alle Sorgen vergessen, möglichst viele bunte Trikots anziehen und die Badehose nur in Notfällen gegen eine Jeans eintauschen. Und natürlich im Bierkönig 13,90 Euro für einen Liter Wodka-Lemon ausgeben, in dem sich dann nur ein Daumenbreit Wodka befindet. Zu einem Sonnenbrand gehört schließlich auch eine gescheite Portion Sodbrennen.

Unser Aufenthalt war allerdings nicht ganz so kreisligamäßig, da muss ich euch enttäuschen. Unser Hotel lag zwar in unmittelbarer Nähe zum Mega-Park am Ballermann 5, dafür war es allerdings fast schon zu luxuriös. Joey Pelupessy, mit dem ich mir das Zimmer teilte, und ich schauten uns beim Betreten des Hotels überrascht an: „Sind wir wirklich auf Mallorca?"

Ich weiß durchaus, dass ein normales Mallorca-Hotel nicht viel mehr für seine Gäste bereitstellen muss als ein Bett, ein schimmeliges Laken als Decke und eine Dusche. Den Rest erledigen in der Regel Bierkönig und Mega-Park. Unser Hotel war trotz der Gegend etwas gehobener, und wir hatten sogar jeder drei Hemden für die Abende eingepackt. Nachdem wir am Sonntagmittag eingecheckt hatten, machten wir uns direkt auf den Weg zum Strand und zogen von dort aus weiter zum Mega-Park. Wir wollten uns für die vergangenen zwei Jahre abfeiern, ein paar Säulen Wodka-Lemon bestellen und es uns gut gehen lassen. Aber schon bald merkten wir, dass der Mega-Park nicht unbedingt unser Ding war. Dieser Schuppen war uns einfach zu dreckig und zu eklig. Überall stank es nach Kotze, in die Planschbecken hatten garantiert schon einige Besucher reingepinkelt, und der Rest war einfach nur nass und klebrig.

Am zweiten Tag blieben wir deshalb am Strand und spielten den ganzen Tag „Ankacken". Die Regeln sind denkbar einfach: Man stellt sich im Kreis auf, jeder Spieler hat zwei Ballkontakte, darf aber den Oberschenkel und den Kopf nicht benutzen. Dann spielt man sich den Ball hin und her, und wer einen Fehler macht, hat ein Leben weniger. Wer seine drei Leben zuerst verbraucht hat, bekommt einen Klaps auf den Kopf oder aufs Ohrläppchen. Je älter der Tag wurde, desto öfter schlichen sich lustige Fehler ein. Uns zog es zwar nicht mehr in den Mega-Park, trinken wollten wir aber trotzdem noch. Und nach zwei bis zwölf San Miguel geht die Ballkoordination nun mal ein bisschen flöten.

Zwischendurch schaute ich immer mal wieder auf mein Handy, um zu sehen, was sonst so los war. Ich las eine Nachricht meines Beraters: „Wir müssen kurz reden." Es war klar, worum es ging, aber da hatte ich jetzt gar keine Lust drauf. Er konnte warten.

Am späten Nachmittag gingen wir zurück zum Hotel, um uns für den Abend fertig zu machen. Während Joey unter der Dusche stand, rief ich meinen Berater an. Er redete viel und meinte, wie gut die Gespräche in Bergamo laufen würden. Im Prinzip, so verstand ich es, konnte ich meine Koffer packen und nach dem Urlaub direkt zu Atalanta wechseln.

Moment mal.

Er sollte doch nur ein paar Informationen einholen und die Bedingungen abchecken, aber nicht gleich einen Deal aushandeln und erst recht nicht mit Heracles über das Angebot sprechen! „Wie stellst du dir das jetzt vor?", fragte ich. Der Vertrag bei Atalanta wäre natürlich deutlich besser dotiert als der mit Almelo, meinte er. „Woher weißt du das denn? Hast du schon mit denen verhandelt?", fragte ich zurück. Seine frappierende Antwort: „Ich bin kurz davor, den Vertrag abzuschließen."

Das lief gar nicht nach meinem Geschmack, dazu war ich noch nicht bereit, erst recht nicht in dieser Situation. Und es kam mir sehr dubios vor, dass er bereits über konkrete Zahlen verhandelt und offensichtlich auch Almelo einbezogen hatte. Irgendwas passte da nicht zusammen.

„Nerv mich jetzt nicht", sagte ich, obwohl ich natürlich längst genervt war. Darüber konnten wir immer noch reden, wenn ich wieder zu Hause war und nicht zwei Promille intus hatte. Ich würde doch nicht hier und jetzt, am Ballermann, eine Lebensentscheidung treffen, ohne überhaupt mal mit irgendwem in Bergamo gesprochen zu haben!

Ich legte auf und hoffte, dass ich zumindest für die restlichen zwei Nächte im Urlaub Ruhe hätte. Ich konnte mich gar nicht richtig darüber freuen, dass der Tabellenvierte der Serie A mich offenbar wirklich verpflichten wollte. Dass die Chance bestand, nach Italien zu ziehen, die Sprache zu lernen, neue Erfahrungen zu sammeln und Europa League zu spielen. Stattdessen kam ich mir eher verarscht vor. Das ging mir definitiv alles zu schnell.

Joey hatte den Großteil des Gesprächs mit angehört und reagierte ähnlich verdutzt wie ich: „Wie merkwürdig ist das denn?" Sehr merkwürdig, aber es gelang uns, das schnell wieder auszublenden. Wir zogen mit der Mannschaft zum Ballermann 3, wo sich besonders viele Holländer und Belgier tummelten, und fanden dort eine nette Bar, in der wir uns warmtranken für den Abend. Am Ballermann 3 gab es im Gegensatz zum Mega-Park und Bierkönig ein paar Discos mit etwas mehr Stil. Und da ließen wir es krachen.

Am nächsten Morgen gingen wir erneut an den Strand und breiteten gerade die Handtücher aus, als Jan Smit, der Präsident von Heracles, auf mich zukam und fragte, ob wir mal kurz reden könnten. Smit war 70, aber ein cooler Typ und außerdem stinkreich. Was er sagte, wurde gemacht.

Wir entfernten uns ein paar Meter von den anderen. „Herzlichen Glückwunsch", sagte er. „Was ist los?" „Herzlichen Glückwunsch zum Transfer, hast du dir verdient!" „Wie bitte?" Ich war völlig verwirrt.

„Wir haben uns mit Atalanta Bergamo auf eine Ablösesumme für dich geeinigt, von unserer Seite steht dem Transfer nichts mehr im Weg. Wenn du deinen Vertrag ausgehandelt hast, kannst du wechseln."

Ich war stinksauer, ließ es mir vor dem Präsidenten aber nicht anmerken. Er sollte nicht glauben, dass ich ein undankbarer

22-Jähriger sei, der sich nicht über einen solchen Transfer freuen würde. Er hatte wahrscheinlich keine Ahnung, was hinter den Kulissen abging. Und ich offensichtlich auch nicht. Hier wurden gerade Sachen gedeichselt, die mein Leben ganz entscheidend verändern sollten. Und der Einzige, der dabei nicht mitreden durfte, war ich. Interessierte eigentlich irgendwen, was ich wollte? Immerhin war ich doch derjenige, der Fußball spielte und von heute auf morgen in ein anderes Land, eine andere Stadt, eine andere Liga wechseln sollte.

Ich war jetzt schon lange genug dabei, um zu verstehen, dass Fußball vorrangig ein Geschäft ist und Geld letztlich die meisten Probleme löst. Da ich im letzten Vertragsjahr war, war es die letzte Chance für Heracles Almelo, eine Ablösesumme für mich zu generieren. Im nächsten Sommer könnte ich mir, sofern ich nicht verlängerte, einen neuen Verein suchen, ohne dass Heracles auch nur einen Cent sehen würde. Und genau darum ging es hier.

Hinter meinem Rücken hatte mein Berater offensichtlich einen Vertrag für mich ausgehandelt, der ihm ganz nebenbei eine hübsche Prämie einbrachte. Und gleichzeitig hatte er dafür gesorgt, dass Atalanta eine entsprechende Summe an Heracles überweist. So einfach und doch so dreckig. Man dreht aber keinen Film ohne den Hauptdarsteller, oder? „Hallo!", hätte ich am liebsten mit dem Megafon über den Platz geschrien. „Hört auf zu verhandeln und lasst mich in Ruhe!"

Ich wusste gar nicht, was ich Jan antworten sollte. „Du kannst dich gerne über den Transfer freuen, aber den werde ich mit Sicherheit erst mal nicht machen, zumindest solange ich nicht weiß, was auf mich zukommt." Nach wie vor hatte sich noch niemand aus Bergamo bei mir gemeldet.

Immer noch stinksauer rief ich meinen Berater an: „Junge, was machst du?" „Freu dich doch", antwortete er. „Ich habe einen Riesenvertrag für dich ausgehandelt, wir sind uns sogar schon bei der Transfersumme einig. Du spielst nächstes Jahr Europa League!" 900 000 Euro war ich Atalanta wert. Ich flippte völlig aus. „Ich unterschreibe gar nichts! Und du kannst hingehen, wo der Pfeffer wächst. Mit dir mache ich gar nichts mehr." Das

Thema hatte sich für mich erledigt. Ich packte das Handy in meinen Rucksack und ignorierte die nächsten zwanzig Anrufe meines Beraters, der nun nicht mehr mein Berater war.

Er hatte mich damals in Arnheim angequatscht und mich auch fünf Jahre lang gut vertreten. Auch dank ihm konnte ich mit Dordrecht in die erste Liga aufsteigen und mit Almelo um die Europa League spielen. Deswegen werde ich seinen Namen nicht nennen, aus Respekt. Aber das Verhältnis zwischen Spieler und Berater sollte immer auf Vertrauen basieren, darum hatten wir auch keinen Vertrag zusammen abgeschlossen. Diesem Kerl konnte ich nun nicht mehr vertrauen. Ich war mir sicher, dass das alles deshalb so schnell ging, weil er sich nebenbei ein nettes Sümmchen in die Tasche stecken wollte. Hauptsache, es wurde alles möglichst zeitnah unterschrieben und er war fein raus aus der Sache. Nicht ein einziges Mal hatte er gefragt, ob ich mit den Zahlen, die in diesem angeblich schon fertigen Vertrag standen, auch einverstanden war. Ich vermutete sogar, dass es gar kein Angebot von Atalanta Bergamo gab, obwohl mich der Präsident von Heracles dann ja nicht mit Glückwünschen überfallen hätte …

Ich wusste nicht, wie es weitergehen sollte. War hier noch irgendjemand, der nicht in den Deal involviert war und nur Geldscheine vor Augen hatte?

Einer vielleicht. John Stegeman.

Ich ging zu unserem Trainer und bat ihn um Rat in dieser Situation, die mir über den Kopf zu wachsen drohte. Er meinte, dass es natürlich ein guter Deal für den Verein wäre und auch für mich der richtige Schritt sein könnte. „Du hast eine sehr gute Saison als Linksverteidiger gespielt, aber wir werden für die nächste Saison auf der Position ebenfalls nachlegen." Jan-Mark Fledderus, der Kapitän und mein ehemaliger Konkurrent, hatte seine Karriere in diesem Sommer beendet. Dementsprechend musste Heracles, unabhängig von mir, einen weiteren Linksverteidiger verpflichten. „Du würdest wahrscheinlich auch in der neuen Saison spielen", sagte John, „aber wer weiß. Der Schritt von Almelo in die Serie A hört sich doch gut an."

„Aber würdest du nicht auch an so einem Wechsel zweifeln, wenn du nicht vorher wenigstens mal mit dem Verein gesprochen hättest?", fragte ich ihn. Er gab mir recht. „Vielleicht kannst du das ja machen, wenn du zu Hause bist, einfach, um ein Gefühl für die Situation zu bekommen. Mach auf jeden Fall nichts Unüberlegtes."

Johns Worte hatten mich ein wenig beruhigt. Den restlichen Strandtag konnte ich allerdings nur bedingt genießen. Im Hotel brachte ich Joey auf den neuesten Stand und erzählte Rabea am Telefon, was in den vergangenen zwei Tagen passiert war. Sie konnte das nicht wirklich ernst nehmen, weil es sich so seltsam anhörte. Rabea steckte mitten in ihrem Physiotherapiestudium in Bochum, was bedeutete, dass ich, wenn das mit Atalanta tatsächlich stimmte, alleine nach Italien ziehen müsste. War ich dazu bereit? Keine Ahnung. So weit konnte und wollte ich noch gar nicht denken.

In der letzten Nacht auf Mallorca feierten wir noch ein bisschen und hatten Spaß, bevor der Flieger uns zurück nach Düsseldorf brachte. Ich hatte noch mindestens einen Monat Urlaub, obwohl es noch ein paar Dinge zu klären gab. In Düsseldorf verabschiedete ich mich von den Jungs, setzte mich ins Auto und fuhr nach Elten. Ich musste meine Gedanken sortieren. Was ein lustiger Kurztrip nach Mallorca hätten sein sollen, endete mit einer Migräne, weil mich auf solche Gespräche niemand vorbereitet hatte.

Noch einmal rief ich meinen bald ehemaligen Berater an. Er wollte mir seine Beweggründe erklären und wie alles gelaufen war, aber seine Erklärungen machten es nicht besser. Ich konnte ihm nicht mehr glauben. Immer wieder betonte er, dass der Sportdirektor in Bergamo noch auf eine Antwort warten würde. „Was soll ich ihm denn sagen?", fragte er mich.

Ich antwortete: „Du kannst ihm sagen, dass der Transfer geplatzt ist. Ich mache das nicht."

Kapitel 11
BERGAMO I

27. Mai 2017

Ich hatte gerade erst meinen Berater abgewimmelt, als mein Telefon erneut klingelte. Nico-Jan Hoogma, der Sportdirektor von Heracles, wollte wissen, ob ich zu Atalanta wechseln wollte oder nicht. Falls ich mich für einen Wechsel entscheiden würde, „müssen wir uns um einen Ersatz für dich kümmern." Ich antwortete: „Es tut mir sehr leid für die Million, die euch vielleicht durch die Lappen geht, aber so, wie das gerade läuft, kann ich es mir nicht vorstellen." Ich konnte diesem Transfer nicht zustimmen. Das war unmöglich. Nach der Rückkehr aus Mallorca hatte ich mich auf ein wenig Ruhe gefreut. Ganz ehrlich, über einen Wechsel hatte ich nach wie vor nicht nachgedacht. Meinen Berater war ich zwar losgeworden, doch das Thema erwies sich als hartnäckiger.

Ein paar Tage später stand ich mit Mike und Marco, meinen besten Freunden, bei Marco im Garten vor der Dartscheibe. Ich hatte die beiden in die Geschehnisse der vergangenen Tage eingeweiht und mal wieder hochgezogene Augenbrauen als Reaktion geerntet. Mein Handy vibrierte. +39-Vorwahl. Keine Ahnung, wer das war. Ich ignorierte den Anruf. Es musste schon ein zweites Mal klingeln, damit ich nachschaute, zu welchem Land diese Vorwahl gehörte. Überraschung: Italien.

Beim dritten Mal ging ich ran. „Ciao, ciao, ciao." Ich legte sofort wieder auf. Das musste irgendwer von Atalanta sein, aber ich war wie gelähmt und nicht bereit für ein Gespräch. Die Situation überforderte mich, das Ganze war zu viel für mich. Der Anrufer probierte es wieder und wieder. Schließlich schaltete ich mein

Handy in den Flugmodus. Mike, Marco und ich taten so, als wäre nichts passiert, und spielten weiter Darts.

Am Nachmittag fuhr ich nach Hause. Auf dem Parkplatz vor unserem Haus schaltete ich den Flugmodus aus. Genau in diesem Moment rief der Kerl wieder an. Ich gab mich geschlagen und nahm ab. Der Motor lief noch, mein Handy war auf Lautsprecher gestellt. Mama und Papa hatten im Garten gesessen und mitbekommen, dass ich wieder da war. Sie kamen zum Auto und wurden so Zeugen des Gesprächs. Wieder sagte der Mann mindestens 20-mal „Ciao". „Ciao, Robin, ciao, ciao, ciao. Ci sei?" Ich konnte kein Italienisch. Heute weiß ich, dass er fragte, ob da wirklich Robin Gosens am Telefon war.

„Hallo, was? Hier ist Robin Gosens", antwortete ich auf Deutsch. Am anderen Ende raschelte es kurz. „I give you wife."

Was war hier los? Vielleicht könnte sich der Mann, von dem ich annahm, dass er irgendwas mit Atalanta Bergamo zu tun hatte, ja auch mal vorstellen. Eine Frau meldete sich zögerlich. „My husband want to know: you come to Atalanta or not?" Der Anruf kam von Giovanni Sartori, dem technischen Direktor von Atalanta. Seine Frau war so freundlich, als Übersetzerin auszuhelfen, denn Giovanni sprach kein Wort Englisch.

Beide wussten natürlich nicht, was für eine Tortur die vergangenen Tage für mich gewesen waren. Offenbar hatte mein ehemaliger Berater meine letzte Nachricht, nämlich die, dass der Wechsel aus meiner Sicht geplatzt sei, gar nicht weitergeleitet. Giovanni dachte wahrscheinlich, dass ich mich in den vergangenen drei oder vier Tagen nur deshalb nicht gemeldet hatte, weil ich Zeit zum Nachdenken brauchte. Also versuchte er mich anzurufen. Exakt 34 Mal.

Ich versuchte, seiner Frau zu erklären, dass ich nicht zu einem Verein wechseln konnte, den ich gar nicht kannte, und über den ich keine Informationen hatte. Und ganz sicher würde ich keinen Vertrag unterschreiben, den ich noch nicht einmal gesehen hatte. Ich hörte Geflüster auf Italienisch. Wahrscheinlich wurde meine Nachricht gerade übersetzt. Dann war sie wieder dran: „Wenn nur das das Problem ist, kannst du doch dieses Wochenende vorbeikommen, unser Spiel anschauen und dir selbst ein Bild machen."

In der Serie A stand der letzte Spieltag an. Atalanta konnte noch Vierter werden, musste dafür aber im abschließenden Heimspiel gegen Chievo Verona gewinnen und gleichzeitig auf eine Niederlage von Lazio Rom in Crotone hoffen. So ein Besuch klang für mich nach einem sehr guten Plan. „Sollen wir dir einen Flug von Freitag bis Sonntag buchen?", fragte Frau Sartori alias Herr Sartori. „Du nimmst deinen Vater mit, lernst erst mal die Stadt kennen, und am Samstag schaut ihr euch ganz in Ruhe das Spiel in der Loge an. Danach arrangieren wir für dich einen Termin beim Präsidenten und beim Trainer."

Ja, verdammt noch mal! Genau das wollte ich doch die ganze Zeit. Meine ganze Stimmungslage änderte sich während dieses Telefonats komplett. Auf einmal wirkte Atalanta so nahbar, so realistisch. Auf einmal hatte ich wirklich Lust auf diesen Verein. Nur weil endlich auch mal jemand von diesem Verein mit mir sprach. Ich schaute zu Papa rüber, der genau wie Mama alles mitgehört hatte. Er hob den Daumen. Passt. Ich sendete dem Ehepaar Sartori über WhatsApp unsere Daten, ein paar Stunden später schickten sie uns schon unsere Flugtickets und die Hotelreservierung. Mama war ein bisschen sprachlos ob der Tatsache, dass ihr Sohn womöglich in ein fremdes Land ziehen könnte. Papa dagegen hatte sowieso meistens das Sportliche vor Augen und war dementsprechend begeistert über das Angebot. Ich erzählte Rabea von der überraschenden Wendung, mit der auch sie nicht gerechnet hatte. In dem Moment, glaube ich, fiel bei ihr langsam der Groschen. „Mist, der zieht jetzt vielleicht wirklich nach Italien."

Meinen Berater wollte ich nicht mehr in die Sache involvieren. Papa wiederum war es wichtig, noch eine dritte Person dabei zu haben, die verhandeln konnte und sich mit Zahlen besser auskannte, als wir das taten. Der Freund eines Freundes meines Vaters hatte sich offenbar schon öfter um Spielerverträge gekümmert. Angeblich, das sagte mir dieser Kerl, den ich aus Gründen einfach Gustav nennen werde, hatte er Ahnung vom Geschäft und kannte sich aus. Das klang doch vielversprechend. Er würde von

München aus nach Bergamo fahren und uns am zweiten Tag dort antreffen. Von da bräuchte man mit dem Auto knapp fünf Stunden.

Als schließlich das Wochenende vor uns lag und wir am Flughafen Düsseldorf angekommen waren, war von Papa nur noch ein Häufchen Elend übrig geblieben. Erst nachdem er den Daumen gehoben und der Reise zugestimmt hatte, hatte er realisiert, dass er noch nie zuvor in seinem Leben geflogen war. Er war panisch, schweißgebadet und völlig fertig. Während er sich zwei Beruhigungstabletten einpfiff, hatte ich den Spaß meines Lebens und filmte ihn nonstop. „Ey Papa, erster Flug! Freust du dich?"

Ich wollte das Wochenende möglichst gelassen angehen, ohne in allzu große Euphorie zu verfallen. Inzwischen ergab das Ganze immerhin einen Sinn, deshalb sollte es in aller Ruhe besprochen werden. In drei Tagen wäre ich schon sehr viel schlauer. Am Flughafen Milan-Bergamo wartete Gabriele Zamagna auf uns. Als Chefscout war er die treibende Kraft hinter meiner Verpflichtung gewesen, wie er uns auf der Fahrt vom Flughafen zum Vereinsgelände erzählte. 25-mal war er im vergangenen Jahr nach Almelo geflogen, um mich zu beobachten. Und ganz oft hatte ihn sogar Giovanni Sartori dabei begleitet. Er wusste alles über mich, konnte mir sagen, was ich wann wo falsch oder richtig gemacht hatte oder was ich noch verbessern müsste. „Was ich bei dir besonders cool finde, Robin: Dass du deine Mitspieler immer antreibst, dass du immer positiv bleibst, selbst bei einem Fehlpass." Ich war total beeindruckt. Dieser Mann hatte seine Hausaufgaben gemacht. Aber ich wollte ja nicht zu schnell zu euphorisch werden. Der erste Eindruck stimmte auf jeden Fall. Und mir wurde klar, dass dieser Verein tatsächlich sehr an meinen Fähigkeiten interessiert war.

Gabriele fuhr uns kurz zum Hotel, um die Koffer abzugeben, und dann zum Büro des Präsidenten in die Innenstadt. Ich hatte Luca Percassi vorher gegoogelt, damit ich wenigstens ein Bild von ihm vor Augen hatte. Er war Ende 30, 1,80 Meter groß und kahl. Er hatte das Hauptgeschäft gerade von seinem Vater Antonio übernommen, der im Grunde aber immer noch das letzte Wort hatte. Mehr wusste ich nicht, und Gabriele verriet mir leider auch nicht, auf was ich mich einstellen musste. Die Sekretärin brachte Papa und mich mit dem Fahrstuhl in den dritten Stock zu Lucas Büro und führte uns direkt nach draußen auf eine kleine Terrasse. Ob wir einen Kaffee wollten, fragte sie. Nein, danke. Ich war sowieso schon aufgeregt, da wollte ich nicht noch zusätzlich ins Schwitzen geraten.

Nach wenigen Minuten in der Sonne kam Luca Percassi und stellte sich vor. Freundlich, aber bestimmend. Ein italienischer Geschäftsmann, wie er im Buch steht. „Robin, wir haben schon gedacht, das klappt nicht mehr", sagte er zur Begrüßung in perfektem Englisch, „schön, dass du hier bist." Wir tauschten ein paar Nettigkeiten aus und lernten uns ein wenig kennen, doch Luca kam ziemlich schnell zur Sache. „Durch Gabriele weiß ich, dass du die richtige Mentalität mitbringst. Aber was mir ganz wichtig ist: Du musst sofort Italienisch lernen." Für ihn war es eine Frage des Respekts, die Landessprache zu beherrschen. Das sah ich ganz genauso.

Luca erklärte weiter, was er von mir erwarten würde, was auf mich zukäme und wie der Verein funktioniert. Atalantas Geschäftsmodell – wir nennen es mal so – sah vor, in der Regel junge und talentierte Spieler aus weniger bekannten Ligen auszugraben, zu fördern und mit Gewinn ein paar Jahre später zu verkaufen. Oder sie gleich aus der eigenen, landesweit berühmten Jugendakademie hochzuziehen. Wie zum Beispiel Mattia Caldara, der bei Atalanta groß geworden war und im Januar 2017 für fast 20 Millionen Euro an Juventus verkauft wurde. Diese Strategie hatte sich über die Jahre hinweg so gut bewährt, dass Atalanta inzwischen auch genug Geld auf der hohen Kante hatte, um selbst großzügig zu investieren.

Luca meinte, dass mir ein ähnlicher Weg bevorstand wie Mattia Caldara, wenn ich denn zu Atalanta wechseln und mich so weiterentwickeln würde, wie er sich das versprach. Er sagte das so locker nebenbei, als wäre es ganz normal, dass ich irgendwann mal 20 Millionen Euro kosten würde. Um ehrlich zu sein: So was Lächerliches hatte ich in meinen wenigen Jahren im Profifußball noch nicht gehört. Nichts gegen Luca, aber zu hören, dass ich, der mit Heracles Almelo sicherlich keine Sterne vom Himmel gespielt hatte, irgendwann mal solche Summen einbringen sollte, klang abenteuerlich. Fast schon absurd.

Nach rund 20 Minuten musste Luca schon zum nächsten Termin und verabschiedete sich. Am Wochenende würden wir uns wiedersehen. Vor dem Hotel sammelte Gabriele uns wieder ein und erkundigte sich, wie es gelaufen war. Gut, gut, sagte ich, immer noch ein bisschen beeindruckt. Im Auto schaute ich Papa an und sagte: „Das Erste, was ich mache, wenn ich hierherkomme, ist einen Italienischkurs zu belegen."

Gabriele brachte uns zum Sportzentrum von Atalanta, einige Minuten außerhalb der Stadt in Zingonia. Während der Fahrt erzählte er uns von der Geschichte der Stadt. Ich nickte durchgehend, aber mit meinen Gedanken war ich ganz woanders. Am Sportzentrum von Atalanta stand neben einem großen Trainingskomplex und Sportplätzen auch ein Hotel, in dem die Profis immer die Nacht vor einem Heimspiel verbrachten. Da wir am Freitagnachmittag dort ankamen und das Spiel gegen Chievo Verona am Samstag stattfand, waren die meisten Spieler schon auf ihren Zimmern. Gabriele führte uns über das Gelände und durch die Kabinen, wo Andrea Masiello und Papu Gomez Tischtennis spielten. Ich gab den beiden die Hand und brachte mein bestes Italienisch hervor: „Ciao, Robin." Für den Anfang nicht schlecht, wie ich fand. Auf der ersten Etage lag das Gym, in dem uns Athletiktrainer Gabriele Boccolini begrüßte. Gabriele tippte mir auf die Schulter. „Schau mal, draußen ist der Trainer. Leider keine Chance, dass der sich jetzt Zeit für uns nimmt."

Ich schaute Gabriele überrascht an. Man sollte ja davon ausgehen, dass gerade der Trainer alles dafür tut, um einen potenziellen Neuzugang von seinem Team zu überzeugen. Dass er ihm Honig um den Mund schmiert, ihm sein Verständnis von Fußball erklärt und wie der Spieler in das System passt. Aber so war und ist Gian Piero Gasperini nicht. Gabriele versuchte es darauf zu schieben, dass sich der Trainer in seiner Spielvorbereitung im Tunnel befand und besser nicht gestört wurde.

Wenige Wochen später erfuhr ich den wahren Grund.

Die Tour ging weiter in den zweiten Stock, vorbei an den Büros der Marketing- und Ticketing- und Presseabteilung, hin zu einem großen Konferenzraum, in dem Giovanni Sartori auf uns wartete. Jetzt lernte ich also den Mann kennen, der mich am Telefon ein paar Tage zuvor nicht in Ruhe lassen wollte. Er hatte eine Taktiktafel unterm Arm und seinen Sekretär als Übersetzer an seiner Seite. Er empfing uns sehr herzlich und fing gleich an zu strahlen. „Ich hatte nicht mehr damit gerechnet, dass du zu uns kommst, Robin. Ich habe unserem Präsidenten schon gesagt, dass wir einen Plan B benötigen." Dann begann er, mir auf der Taktiktafel zu zeigen, welches System Atalanta spielte und wie ich da reinpassen würde. Unter Gasperini spielte Atalanta stets in einem 3-5-2 oder 3-4-1-2. Was bedeutete, dass die Position, die ich nun ein Jahr lang gespielt und endlich gelernt hatte, hier gar nicht vorgesehen war. In Almelo hatte ich als Linksverteidiger in einer Viererkette gespielt. Bei Atalanta sollte ich als linker „offensiver" Verteidiger im Mittelfeld auflaufen.

Vielleicht dazu eine kurze Erklärung. Im Tor steht – Überraschung – der Torwart. Vor drei Innenverteidigern, die sich auf einer Linie verteilen, laufen meistens drei zentrale Mittelfeldspieler auf, von denen zwei den defensiven Part und einer den offensiven übernimmt. Bei Atalanta gehörte das offensive Mittelfeld zum Beispiel Papu Gomez. In der Grundordnung dieses Systems bewegen sich auf Höhe dieser Mittelfeldspieler der linke – also ich – und der rechte Außenverteidiger, die im Gegensatz zu einem System mit einer Viererabwehrkette die ganze Seite übernehmen müssen. Vorne bilden zwei Stürmer eine Doppelspitze. So viel zur kurzen Taktikschulung. Anfragen für weitere Kurse bitte an robingosens@esreichtjetzt.de.

Ich unterbrach Sartori nur ungern. „Müsste mir nicht der Trainer die Taktik erklären?" Mit dieser Frage hatte offensichtlich niemand gerechnet. Sartori und Gabriele schauten mich jedenfalls sehr überrascht an. „Ich würde gerne mit dem Trainer sprechen", sagte ich. „Damit ich ein Gefühl dafür bekomme, wie er mit mir plant und wie ich ihn einschätzen kann." Sartori zögerte.

„Eigentlich ist das bei uns nicht üblich, aber ich rufe ihn mal eben an." Gasperini kam tatsächlich. Ein mittelgroßer, eigentlich immer ernst guckender Mister, der mit seinem weißen und vollen Haar der ideale Coverstar für eine Pastawerbung wäre.

Er gab mir die Hand und meinte, dass er nur fünf Minuten Zeit hätte. Er redete los und das viel zu schnell. Ich verstand natürlich nichts, nickte nur und wartete auf die Übersetzung. Was Gasperini mir zu sagen versuchte: „Ich sehe dich für die linke Seite oder eine Position in der Dreierkette." Ohne eine Stammplatzgarantie. „Tutto a posto?" Alles klar? Und weg war er.

Ein kleiner Vorgeschmack, aber die volle Dröhnung Gasperini kam noch. Keine Sorge.

So kurz und spontan sein Auftritt auch war, mir bedeutete er sehr viel. Ich wollte eigentlich nur wissen, ob der Trainer wenigstens eine Ahnung hatte, wer ich bin, und dass er auch mit an Bord war, was meine Verpflichtung betraf. Natürlich stand ich auf seiner Prioritätenliste vermutlich irgendwo an Position vierzehn, aber immerhin: er kannte mich.

Damit war das Meeting beendet. Gabriele fuhr Papa und mich zurück zum Hotel. Großzügig, wie Atalanta war, bekam jeder sein eigenes Zimmer. Den Abend verbrachten wir in der Citta Alta. Bergamo ist ganz einfach in Alt- und Neustadt geteilt. Die Neustadt unten und den Berg hoch die malerische Altstadt mit ihren typisch italienischen Gassen und schmalen Häusern mit den Rechteckfenstern und den dunkelgrünen Fensterläden. Wir aßen Pizza und tranken Aperol. Als es etwas später und die Stimmung etwas gelöster wurde, fingen Papa und ich an zu reden. Also wirklich zu reden.

Wir hatten einiges aufzuholen. Über die Jahre hatte ich mich mit Papa immer gestritten, im Prinzip seit meinen Anfängen als Fußballer, als er mein Trainer war. Irgendwie hatten wir es immer wieder geschafft, andere Standpunkte zu vertreten und dabei viel zu emotional zu reagieren. Wir sind beide sehr impulsiv und rasselten wahrscheinlich deshalb so oft aneinander. Aber jetzt saßen da nur Vater und Sohn und redeten bis tief in die Nacht. Dieses Gespräch war mir noch wichtiger als all die anderen, die an diesem Tag schon geführt worden waren. Es tat gut, sich auszusprechen. Nicht dass wir sonst ein schlechtes Verhältnis gehabt hätten. Aber immer hatte es irgendetwas gegeben, das uns davon abgehalten hatte, offen miteinander zu reden. An diesem Abend war es anders. Wir schafften es, auszuräumen, was zwischen uns stand. Allein deswegen bin ich Atalanta schon unendlich dankbar.

Am nächsten Morgen traf Gustav aus München ein und frühstückte im Hotel mit uns. Wir kannten uns noch nicht wirklich, also wurden erst mal ein paar Standpunkte ausgetauscht und ein „Matchplan" entworfen. Sollte es zu Verhandlungen kommen, musste der Mann ja wenigstens wissen, was wir uns ungefähr vorstellten. Doch das ließ ich Papa und ihn machen, ich wollte mich raushalten und nicht über Zahlen reden. Ich wusste, dass mein Vertrag im Gegensatz zu dem in Almelo etwas besser ausfallen würde. Und das reichte mir. Ich war nicht nach Bergamo geflogen, um finanzielle Forderungen zu stellen. Ich wollte, und so schließt sich der Kreis zu meinem ehemaligen Berater, nur einen Eindruck vom Verein und den Menschen hier gewinnen. Das, was mein ehemaliger Berater eigentlich hätte machen sollen, als ich ihn eine Woche zuvor losgeschickt hatte. Und so kompliziert war dieser Auftrag ja eigentlich nicht.

Gabriele rief an und unterbrach unseren Frühstücksplausch. Ob ich nicht schon mal die medizinische Untersuchung bei Atalanta absolvieren wolle. „Falls du dich entscheidest, zu uns zu wechseln, müsstest du dann nicht noch mal hierhin fliegen für diesen Check und nur noch die Verträge unterschreiben." Gute Idee. Ich nahm mir ein Taxi nach Zingonia. Der Test war keine große Sache und nicht so spannend, als dass ich ihn jetzt hier groß erklären müsste. Die Kurzfassung: viel laufen, viel messen, viele Schläuche und Drähte und Herzschläge und ein bisschen Blut abnehmen. Bis auf meine leichte Asthmaerkrankung war ich kerngesund und bestand den Medizincheck, durch den in der Regel auch nur Fußballer fallen, die chronische Verletzungen haben. Von Verletzungen war ich bis dato sowieso fast verschont geblieben. Auch das würde sich in Bergamo noch ändern.

Gegen 13 Uhr sammelte uns ein Taxi vor dem Hotel ein und brachte uns zum Stadion von Atalanta. Um 15 Uhr war Anpfiff gegen Chievo. Die Verantwortlichen hatten sich wieder nicht lumpen lassen und uns schöne VIP-Plätze in einer Loge reserviert. Das Stadion in Bergamo war zu dem Zeitpunkt noch sehr alt und sanierungsbedürftig und vor allem klein, aber ein Logenplatz hat irgendwie immer einen besonderen Charme.

Atalanta war von Anfang an die bessere Mannschaft, brauchte aber ein wenig Anlauf. Kurz nach der Pause schoss Papu Gomez das spielentscheidende 1:0. Damit stand Atalanta auf Platz vier, musste aber noch abwarten, wie sich Lazio am nächsten Tag schlagen würde. Zumindest der fünfte Platz und damit die Qualifikation für die Europa League war schon garantiert. Die Mannschaft wurde von den 20 000 Fans im Stadion ausgiebig gefeiert und ich spürte, dass diese Anhänger etwas Besonderes waren. Sehr laut und leidenschaftlich, aber vor allem dankbar. Atalanta war über Jahrzehnte ein Abstiegskandidat gewesen und hatte zwischendurch auch immer mal wieder in der zweiten Liga gespielt, eine klassische Fahrstuhlmannschaft eigentlich. Der kleine Klub stand stets im Schatten von Mailand und Turin. Dass dieser Verein jetzt die Chance auf den vierten Platz hatte, war vor der Saison fast unvorstellbar gewesen. Und wäre außerdem das beste Ergebnis in der Klubgeschichte.

Viel besser konnte ein Bewerbungsschreiben an mich also gar nicht aussehen. Papa und Gustav blieben nach dem Spiel noch für die Vertragshandlung im Stadion, ich ließ mich zum Hotel bringen. Für den Abend hatten uns die Klubbosse einen Tisch im besten Restaurant der Citta Alta reserviert – allerdings tatsächlich nur für uns allein. Ich war davon ausgegangen, dass sie auch dabei sein würden, stattdessen saßen Papa, Gustav und ich zu dritt am Tisch und sollten den letzten Abend mit einem Gruß des Hauses genießen. Falls sich ein Sportdirektor oder Manager unter den Lesern befinden sollte: Wenn ihr einen Spieler verpflichten wollt, macht es genauso wie Mister Sartori und Mister Percassi. Liebe geht eben immer noch durch den Magen.

Am Sonntagmorgen begaben sich Papa und Gustav für weitere Verhandlungen ins Büro des Sportdirektors am Vereinszentrum, ich schaute mich noch ein wenig in der Innenstadt um. Schließlich standen die Chancen gut, dass das hier mein Zuhause wurde. Als die beiden wiederkamen, waren fast alle Detailfragen geklärt. Ich hielt Nico-Jan Hoogma, den Sportdirektor von Heracles Almelo, auf dem Laufenden und sagte ihm, dass sich das Blatt im Vergleich zur Vorwoche gewendet hatte. Die Zahlen, die auf dem neu verhandelten Vertrag standen, würden bedeuten, dass ich mir für die nächsten Jahre finanziell auf jeden Fall keine Sorgen zu machen brauchte. Mehr will ich nicht verraten, außer vielleicht so viel: Diesmal hätte ich nicht drei Monatsgehälter für einen VW Scirocco gebraucht.

Gustav setzte sich ins Auto und fuhr zurück nach München, Papa und ich flogen nach Düsseldorf. Und ich war mir ziemlich sicher, dass ich meinen neuen Verein gefunden hatte. Der Vertrag sah sehr gut aus, das Stadion war cool, die Fans und der Verein sowieso, und auch die Stadt gefiel mir. Es gab eigentlich keinen Haken mehr. Bis ich mit Rabea sprach.

Das ganze Wochenende hatte ich so viel über das Sportliche und das Leben in Italien nachgedacht, dass ich für einen Moment vergessen hatte, was ein Wechsel nach Bergamo für Rabea und mich und unsere Beziehung bedeuten würde. Wir hatten uns immer gesagt, dass wir nicht für eine Fernbeziehung gemacht waren. Also eine richtige Fernbeziehung, bei der man sich nicht wie in Almelo jedes Wochenende sieht. Sollte ich nach Italien ziehen, könnte ich unmöglich sagen, wann und wie oft ich mal nach Hause kommen würde. Vielleicht alle vier Wochen, vielleicht auch nur alle zwölf, vielleicht auch nur einmal pro Halbjahr. Uns war das Risiko bewusst, dass die Beziehung einen Umzug nach Italien vielleicht nicht überstehen würde. Wir redeten und diskutierten viel, stritten nie, waren aber manchmal echt am Ende, weil keiner wirklich wusste, wie es weitergehen würde. Wir hatten einfach Angst, dass es schiefging.

Rabea musste, wollte und sollte ihr Studium in Bochum fortsetzen, aber ich musste, wollte und sollte eigentlich auch an meine

Karriere denken. Ich bekam die womöglich einmalige Chance, in die Serie A zu wechseln, Europa League zu spielen und Italienisch zu lernen. Natürlich wäre das ein Riesenschritt. Ich könnte nicht mehr eben über die Autobahn in anderthalb Stunden nach Hause fahren. Jetzt bräuchte ich für die Anreise einen halben Tag oder ein Flugzeug. Die freien Tage würde ich wahrscheinlich mit einem Italienischlehrer verbringen und nicht mit meinen Jungs in Elten. Doch irgendwann musste man für so was als Fußballprofi wohl einfach bereit sein. Und ich fühlte mich bereit. Die Saison war in den meisten Ligen zwar gerade erst vorbei, aber ich hatte nicht das Gefühl, dass ich noch ein besseres Angebot als das von Atalanta erhalten würde. Ich musste das machen. Ich musste an mich denken.

Ich rief Gustav an und teilte ihm meine Entscheidung mit. Er sollte die Nachricht weiterleiten und letzte Details klären. Wenige Tage später trudelte mein Vertrag per Mail ein. In Papas Büro druckte ich ihn aus, unterschrieb ihn, scannte ihn ein und schickte ihn zurück. Robin Gosens war ab dem 1. Juli 2017 offiziell ein Spieler von Atalanta Bergamo.

Rabea konnte meine Entscheidung verstehen. Sie gab mir sofort das Gefühl, dass wir es schaffen würden. Keiner dachte auch nur eine Sekunde darüber nach, die Beziehung zu beenden. Ja, es würde schwierig werden, aber auf keinen Fall wollten wir von vornherein aufgeben. Jetzt war erst mal Urlaub angesagt. Gemeinsam flogen wir nach Miami, um von dort eine zweiwöchige Florida-Rundreise zu starten. Niemand sprach es laut aus, aber wir wussten natürlich, dass die Zeit der Zweisamkeit danach vorerst vorbei war. In sechs Wochen musste ich meine Koffer packen und die Saisonvorbereitung mit Atalanta beginnen.

Zurück in der Heimat, fuhr ich mit meinen Eltern und meiner Schwester Chantal für vier Tage mit dem Wohnwagen nach Sankt Peter-Ording. Zu der Zeit hatte ich längst angefangen, an Bergamo zu denken und mir aus dem Internet italienische Grammatiktabellen heruntergeladen. Im Urlaub setzte ich mich oft allein an den Strand und fing an, eine neue Sprache zu lernen. Mir blieben nur noch zwei Wochen, und ich wurde zunehmend nervöser.

Der große Tag rückte immer näher. Kurz vor meiner Abreise lud ich meine Familie und die engsten Freunde zu einer großen Abschiedsparty ein. Ich wollte noch einmal richtig einen draufmachen. Wer weiß, wann ich die Jungs und Mädchen das nächste Mal sehen würde.

Und dann war es soweit. Am Freitag, den 30. Juni 2017, ging der Flieger nach Milan-Bergamo. Am Montag stand das erste Training auf dem Programm. Bis dahin wollte Papa, der von Amsterdam aus anreiste, mir bei der Eingewöhnung und vor allem der Wohnungssuche helfen.

Mama und Rabea begleiteten mich zum Flughafen nach Düsseldorf, womit auch klar war, dass kein Auge trocken bleiben würde. Zum ersten Mal verschwand ich für eine längere Zeit, ohne dass jemand wusste, wann wir uns das nächste Mal wiedersehen. Wir versuchten uns zusammenzureißen und nicht zu emotional zu werden. Das klappte natürlich überhaupt nicht. Ich hatte mir vorher geschworen, mich nicht umzudrehen, sobald ich die Sicherheitskontrolle passiert hatte. Wir drückten uns und schluchzten, ich überstand den Sicherheitscheck, setzte meinen Rucksack auf und wollte gerade um die Ecke biegen. Aber es ging nicht anders. Ich drehte mich noch einmal um und sah, wie sich Rabea und Mama weinend in den Armen lagen. Mit diesem Bild im Kopf stieg ich in den Flieger und startete ein neues Kapitel in meinem Leben.

Papa empfing mich in Bergamo. Wir hatten uns für das Wochenende ein Hotel in der Stadt gebucht und wollten keine Zeit verschwenden – die Wohnungssuche ging sofort los. Atalanta hatte mir einen Immobilienmakler vermittelt, der den meistern Spielern die Unterkünfte in der Stadt besorgte. Er zeigte uns am Wochenende ein paar Wohnungen, aber die meisten gefielen mir nicht. Da wir mit dem Start der Vorbereitung am Montag direkt ins Trainingslager in die Berge nach Rovetta aufbrachen, musste die Wohnungssuche unterbrochen werden. Und Papa auch schon wieder los. Wieder ein Abschied. Das waren definitiv genug emotionale Momente für ein Wochenende.

Sechs Tage würden wir in Rovetta verbringen, am Sonntag zurückkehren und dann noch mal eine Woche wegfahren. Die ersten zwei Wochen brauchte ich also nicht mal zwingend eine Bleibe, für diese eine Nacht konnte ich gut im Hotel übernachten. Und vielleicht auch danach noch ein paar Tage, aber es würde natürlich bei der Eingewöhnung helfen, wenn ich möglichst zeitnah eine Wohnung fand.

Der Trainingsstart verlief übel. Und ich meine wirklich übel. Das war das härteste Training, das ich bisher erlebt hatte, nicht annähernd vergleichbar mit den Streicheleinheiten in Holland. Es blieb gar keine Zeit, sich den neuen Kollegen vorzustellen oder über die Familie und Rabea nachzudenken. Wenn nicht gerade ein Waldlauf anstand oder eine der anderen quälenden Einheiten bei 40 Grad in der prallen Sonne, musste ich mich irgendwie darum kümmern, dass mein Körper nicht in drei Teile zerbrach. Zusätzlich durften die Neuzugänge nach dem Abendessen noch schön Italienisch pauken. Andreas Cornelius, ein zwei Meter großer, blonder Stürmer aus Kopenhagen. Hans Hateboer, ein niederländischer Rechtsverteidiger, der im Winter zuvor aus Groningen gekommen war. Nicolas Haas, ein quirliger Mittelfeldspieler aus der Schweiz. Joao Schmidt, ein Brasilianer mit dem deutschesten Nachnamen aller Zeiten. Und Robin Gosens, ein Kerl mit viel zu engen Jeans, der seinen 23. Geburtstag im Trainingslager verbrachte und zu kaputt war, auf Glückwunschnachrichten zu antworten. Ich konnte froh sein, wenn die Augenlider noch bis 21 Uhr standhaft blieben. Rien ne va plus, nichts ging mehr.

Am letzten Tag des Trainingslagers stellte ich mich darauf ein, die morgige Nacht wieder im Hotel zu verbringen, als Rafael Toloi, unsere brasilianische Abwehrkante, mir anbot, bei ihm und seiner Familie zu wohnen, bis ich eine eigene Bleibe gefunden hatte. Der Mann kannte mich gar nicht, wir konnten uns nicht mal richtig verständigen. Und trotzdem fragte er einfach so, ob ich nicht bei ihm einziehen wollte. Das musste diese südamerikanische Offenheit sein, von der ich schon mal gehört hatte. Anders konnte ich mir das nicht erklären. Ich lehnte sein Angebot höflich ab, schließlich bin ich ein Deutscher, und wir dürfen nun mal nicht zu fremden Leuten ins Auto steigen, richtig? Mit so viel Menschlichkeit konnte ich nicht umgehen und schlich zurück ins Hotel.

Das ist übrigens so eine andere Geschichte am Fußball: Man kann so viele unterschiedliche Kulturen kennenlernen und von jeder etwas mitnehmen. Angesichts der Gelassenheit und Offenheit der Südamerikaner komme ich mir vor wie der spießigste Mensch auf dem Planeten, obwohl ich von mir selbst immer dachte, ich wäre offen und gelassen.

Nach der zweiten Woche trainierten wir zwar weiterhin zweimal am Tag, dafür aber nur am Vereinszentrum, sodass ich abends noch ein bisschen herumfahren und Wohnungen anschauen konnte. Inzwischen hatte sich mein Körper etwas dem neuen Pensum angepasst, sodass ich auch nach der zweiten Einheit des Tages noch ansprechbar war. Drei Wochen nach meiner Ankunft fand ich endlich eine Wohnung, die mir einigermaßen gefiel. Um die 70 Quadratmeter, mitten in der Neustadt. Die monatliche Miete, sagte der Makler, lag bei 1800 Euro. Da ich inzwischen wirklich gutes Geld verdiente, bereitete mir die Summe keinen echten Schrecken. Ich war von zu Hause natürlich Mieten um die 300 Euro gewöhnt, aber das hier war ja Italien und eine Stadt mit mehr als 100 000 Einwohnern. Das passte schon. Die notwendigen Möbel, eine Couch und ein Bett, waren zum Glück schon vorhanden, eine Küche ebenso. Ich hätte wenig Lust gehabt, in der neuen Stadt ohne Sprachkenntnisse auch noch ein Umzugsunternehmen fürs Möbelschleppen zu engagieren.

Ein paar Wochen später unterhielt ich mich nach dem Training mit Leonardo Spinazzola, der bis dato etatmäßige Linksverteidiger und somit mein natürlicher Konkurrent. Wie sich herausstellte, hatte ich die Wohnung bezogen, in der er vorher gelebt hatte. „Ist ja ziemlich teuer", sagte ich ihm, „1800 Euro, ganz schön happig." „Wieso 1800 Euro?", fragte er, „ich habe 1300 bezahlt!" Der Makler hatte sich allen Ernstes die Differenz in die eigene Tasche gesteckt, ohne dass der Vermieter irgendwas davon mitbekam. „Sorry", sagte der Makler, als ich ihn drauf ansprach. „Keine Ahnung, wie mir das passieren konnte. Die Miete liegt natürlich bei 1300 Euro." Keine Ahnung, wie mir das passieren konnte. Klar.

Die ersten Wochen in Bergamo zogen ins Land und verliefen erwartungsgemäß nicht ganz einfach. Ich konnte kein Italienisch, doch der Trainer sprach mit uns im Training durchweg auf Italienisch, sodass ich natürlich kaum eine taktische Anweisung verstand. Hin und wieder half der Physiotherapeut als Übersetzer aus, aber für Nachfragen blieb keine Zeit. Ich konnte kaum meine Stärken zeigen, weil ich in jedem Training so fertig war, dass ich mich darauf konzentrieren musste zu atmen. Die Italiener und der Großteil der etatmäßigen Stammspieler von Atalanta bemühten sich nicht wirklich, die Neuzugänge zu integrieren, das fand ich sehr schade. Wir, also die neuen Jungs, gingen ab und an zusammen essen, um anzukommen, aber der Rest beachtete uns so gut wie gar nicht.

Ich hatte das große Glück, Nicolas Haas an meiner Seite zu wissen. Er war noch anderthalb Jahre jünger als ich, aber in der exakt gleichen Situation: Neu bei Atalanta, allein umgezogen und die Freundin am Studieren in der Heimat. Nicolas kam gebürtig aus der Nähe von Luzern und brauchte nur um die drei Stunden nach Bergamo. Trotzdem war er, genau wie ich, eher als Spieler für die Zukunft gekommen, der es am Anfang durchaus schwer haben würde. An vielen Tagen halfen wir uns gegenseitig aus der Patsche.

Der Trainer behandelte mich wie ein Ersatzspieler, ich durfte im Abschlussspiel eigentlich nie mit der ersten Elf auflaufen. Leonardo Spinazzola war die klare Nummer eins auf der linken Seite, an ihm würde ich mir wohl erst mal die Zähne ausbeißen. Der Trainer mochte ihn deutlich lieber, mit ihm konnte er sich ja auch verständigen. Eines Tages fiel Leonardo allerdings ein, dass er nicht mehr in Bergamo spielen wollte. Atalanta hatte ihn im Sommer 2016 eigentlich für zwei Jahre von Juventus ausgeliehen, nun bestand Leonardo darauf, die Leihe vorzeitig zu beenden und nach Turin zurückzukehren. Und wenn ich „bestehen" sage, meine ich „rumzicken". Er weigerte sich, am Training teilzunehmen, wollte keine weitere Minute das Atalanta-Vereinsemblem auf seiner Brust sehen. Er stellte sich krank, machte richtig Ärger und öffnete mir damit die Tür. Ich hätte in dieser Saison, das war zumindest der Plan, von Leonardo lernen, mich langsam herantasten und bereitstehen sollen, wenn er im Jahr darauf zurück zu Juve ging. Nun war der Trainer plötzlich gezwungen, mich in den Vorbereitungsspielen ins kalte Wasser zu werfen, obwohl er das nicht vorgehabt hatte. Doch es gab schlichtweg keine andere Alternative. Der Saisonstart am 20. August rückte immer näher, und Leonardo tauchte nicht auf. Beim abschließenden Testspiel gegen Valencia, der Generalprobe vor dem Auftakt gegen Rom, begann ich wieder auf der linken Seite im 3-5-2, und mir wurde auf einmal bewusst, dass ich als Stammspieler in die Saison gehen würde.

Es kümmerte mich nicht, ob dem Trainer das so gefiel oder nicht. Ich musste seine Nummer eins sein und freute mich wie der Junge auf dem Schulhof, der unentdeckt den Ball geklaut hat.

Die Tatsache, dass ich würde spielen können, änderte leider nichts daran, dass ich mich auf dem Platz kaum mit den Jungs verständigen und die meisten Laufwege einfach noch nicht richtig deuten konnte. Woher sollte ich wissen, ob Papu Gomez sich lieber fallen ließ oder in die tiefen Räume sprintete? War Josip Ilicic jemand, der aus der Distanz abschloss oder gerne den Doppelpass sucht? Und wie sah es mit den Innenverteidigern aus? Rückte da schon mal jemand vor, dass ich seinen Platz einnehmen und absichern musste? Viele Fragen, wenige Antworten. Und schon stand Spieltag eins vor der Tür, ein Heimspiel gegen die große AS Rom vor 20 000 leidenschaftlichen Fans, die in der Vorsaison mit dem vierten Platz verwöhnt worden waren. Man erwartete jetzt mehr von uns und erst recht vom deutschen Neuzugang.

Ich stelle mal eine steile These auf: Von diesen 20 000 Fans im Stadion hatte nicht ein Einziger in den vergangenen zwei Jahren ein Spiel von Heracles Almelo gesehen. Zehn hatten vielleicht mal einen kleinen Highlight-Schnipsel auf Youtube angeklickt, aber was sollten sie da schon sehen? Meine drei Tore oder eher die 300 Grätschen? Und würde ihnen auffallen, dass ich eher ein Linksverteidiger war, der primär verteidigte und nicht bei jedem

Angriff mit nach vorne sprintete? Noch mehr Fragen und wieder keine Zeit für Antworten, die Roma wartete schon.

Ich hoffte vergeblich darauf, dass Gasperini vor dem Spiel das Vieraugengespräch mit mir suchte, um mir Mut zuzusprechen und mich auf die neuen Umstände vorzubereiten. Aus den Jahren in Dordrecht und Almelo war ich es gewohnt, ein Vertrauensverhältnis zum Trainer zu pflegen, ihn zu duzen und vielleicht sogar mal einen Gag auf seine Kosten zu machen. Das ging mit Gasperini nicht. Er machte auf mich den Eindruck eines Menschen, dem man im falschen Moment besser nicht ansprach. Also schwieg ich und hörte zu, wie er in der Kabine anfing zu reden. Ich sah Armbewegungen nach links und rechts und Blickkontakte mit Papu Gomez oder Rafael Toloi. Aber was brachte mir das schon? Ich verstand sowieso kein Wort und konzentrierte mich daher lieber darauf, meinen Puls runterzufahren.

Wir betraten den Platz zum Aufwärmen, die meisten Fans hatten bei strahlend blauem Himmel schon Platz genommen im Stadion. Es wurde geklatscht und gesungen, wir klatschten zurück und liefen ein paar Bahnen. Der unverhoffte Moment rückte näher und näher. Zurück in der Kabine, tauschte ich das blaue Aufwärmshirt gegen das blau und schwarz gestreifte Trikot mit dem ovalen Vereinswappen auf der Brust. Ein Trikot wiegt normalerweise vielleicht 200 Gramm, doch in diesem Moment fühlte es sich für mich wie 20 Kilo an. Nur war jetzt nicht die Zeit, um Schwäche zu zeigen.

Ich hatte das schließlich schon mal gemacht. Ein Debüt gegeben und vor 20 000 Zuschauern gespielt. Einen Ball am Fuß gehabt. Darum ging es doch hier, oder? Um Fußball. Also warum machte ich mir so einen Kopf? Vielleicht weil ich ein Mensch wie jeder andere bin und gelegentlich nervös werde.

Der Trainer gab die letzten Anweisungen, ich nickte. „Certamente, Mister. Si, si, si." Natürlich, Trainer. Was immer du sagst. Ich verstehe dich zwar nicht, aber ich gehe da jetzt raus und versuche zu zeigen, warum dein Sportdirektor mich unbedingt beim Dartsspielen nerven musste. Warum ich meine Beziehung aufs Spiel gesetzt habe, um hier zu sein.

Der Schiedsrichter pfiff an, und das Spiel lief. Ich konzentrierte mich auf die Abwehrarbeit, weil ich mich dort wohler fühlte. Hin und wieder vernahm ich einen Aufruf von der Tribüne. Vermutlich versuchte mir ein Fan zu sagen, dass in der gegnerischen Hälfte kein schwarzes Loch wartet und ich mich durchaus dorthin trauen könnte. Aber gemach.

Gasperini, solltet ihr wissen, legte seinen Fokus nicht wirklich auf die Abwehrarbeit. Seine Spielidee sah vor, den Gegner zu überfallen, ihn früh unter Druck zu setzen und mit Vollgas nach vorne zu preschen. Vielleicht fand er deshalb noch nicht den größten Gefallen an mir. Ich konnte zwar Laufen bis zum Umfallen, erst recht nach dieser Vorbereitung, aber in der Hälfte des Gegners fehlten mir zumeist die Ideen. Irgendeinen Grund wird es gegeben haben, dass ich letztlich Linksverteidiger wurde und nicht zentraler Mittelfeldspieler.

Nach einer halben Stunde gerieten wir in Rückstand. Aleksandar Kolarov hatte einen Freistoß aus 25 Metern kackfrech unter unserer Mauer durch ins Tor geschossen. Wir liefen an und bemühten uns, doch vergeblich. Bis auf einen Pfostenschuss von Josip Ilicic war kaum ein Durchkommen gegen die Roma. Und notfalls stand da noch Alisson im Tor, der genau ein Jahr später für über 60 Millionen Euro zum FC Liverpool wechseln sollte.

Ich war ans Limit gegangen und nicht unzufrieden mit meiner Leistung. Natürlich hätte ich lieber nicht verloren, aber für einen ersten Auftritt fand ich mein Spiel in Ordnung. Ob der Trainer das genauso sah? Ich weiß es bis heute nicht, er hat es mir nie verraten. Am Wochenende darauf flogen wir nach Neapel und verloren erneut. Wieder hatte ich durchspielen dürfen. Vier Tage später schloss das Transferfenster. Und hielt noch eine unschöne Überraschung für mich parat. Denn Leonardo Spinazzola hatte seinen Willen nicht bekommen. Er musste bei Atalanta bleiben und kam kleinlaut wieder angestiefelt. Den Trainer interessierte das vergangene Theater nicht. Er hatte seinen etatmäßigen Linksverteidiger zurück, der im Gegensatz zu mir schon Erfahrung in diesem System hatte und die Philosophie kannte. Ich ahnte, dass jetzt vermutlich schwere Monate auf mich zukommen würden, auch wenn ich im Prinzip nichts gegen einen gesunden Konkurrenzkampf habe – im Gegenteil, er macht dich sogar besser.

Weil Leonardo seinen Fitnessrückstand erst mal aufholen musste, stand ich auch am 3. Spieltag gegen Sassuolo in der Startelf. Beim Stand von 1:1 wechselte Gasperini mich nach 69 Minuten aus und brachte mit Hans Hateboer einen gelernten Rechtsverteidiger. Durch ein spätes Tor von Andrea Petagna holten wir unseren ersten Sieg. Ich wusste, was mir nun bevorstand. In Verona stellte Gasperini mit Timothy Castagne wieder einen Rechtsverteidiger auf „meine" Position. Für ihn hatte Atalanta ein paar Wochen zuvor immerhin fast sieben Millionen Euro nach Genk überwiesen, aber vermutlich nicht dafür, dass er auf links spielte.

Zu meiner Überraschung durfte ich gegen Crotone wieder ran. Wir gewannen klar mit 5:1, und der Trainer hatte eigentlich keinen Grund, für das kommende Spiel in Florenz etwas zu ändern. Eigentlich. Denn tatsächlich kehrte Leonardo zurück in die Startelf. Und war von diesem Moment an wieder gesetzt. Ich sah keine Chance mehr auf einen Stammplatz. Natürlich war ich im Sommer nicht mit dieser Erwartungshaltung nach Bergamo gewechselt, aber es war doch nur logisch, dass ich nach den ersten soliden Wochen weiterspielen wollte. Dafür lief inzwischen aber zu viel gegen mich. Im Training hackte der Trainer nur auf mir rum und gab mir das Gefühl, der schlechteste Spieler im Kader zu sein. Sobald ich einen Fehlpass spielte, griff er wütend zur Pfeife und rastete aus. Man glaubt es kaum, aber das stärkte mein Selbstvertrauen nur bedingt. In diese triste Zeit passte das Auswärtsspiel beim CFC Genua am 12. Dezember. Ich saß wie üblich auf der Bank und machte mir keine Hoffnungen, eingewechselt zu werden. In Genua sind die Ersatzbänke in den Rasen eingelassen. Man sitzt auf Rasenhöhe. Es war ein trüber Dienstagabend, und nach nicht einmal vier Minuten lagen wir zurück, was Gasperini völlig auf die Palme brachte. Er trat in den Boden und versaute sich dabei seinen Schuh. Um ihn abzuwischen, griff er sich, ob bewusst oder unbewusst, ausgerechnet mein Trikot. Natürlich spielten wir an diesem Abend im weißen Auswärtsgewand, müßig zu erwähnen. Meines war jetzt braun gestreift. Ich wäre am liebsten im Boden versunken. Also noch tiefer, quasi unter den Rasen. Immerhin: Die Jungs drehten das Spiel noch und gewannen mit 2:1.

Abends lag ich auf der Couch und fragte mich, ob ich einen großen Fehler gemacht hatte. Ob ich besser nicht nach Bergamo gewechselt wäre. Ob ich so schlecht war, wie der Trainer das offensichtlich dachte.

Gemeinsan mit Nico hatte ich mir zwar einen Italienischlehrer besorgt, aber das Verständnis für die neue Sprache kam ja nicht von heute auf morgen. Es gab nur Nico, ansonsten war niemand da, mit dem ich mal reden konnte. Die fast täglichen Facetime-Gespräche mit Rabea lenkten mich vorübergehend ab, doch sobald wir aufgelegt hatten, merkte ich leider auch, dass ich allein in meiner Wohnung saß. Einsam, unsicher und unwichtig für die Mannschaft.

Immer, wenn Rabea mich besuchte, gingen wir fast daran kaputt, weil wir uns nach drei oder vier Tagen schon wieder verabschieden mussten und für wer weiß wie viele Wochen nicht wiedersehen würden. Einmal meinte sie, dass sie besser nicht mehr vorbeikäme, damit sie dann nicht wieder fahren musste. Bei manchen meiner angeblichen Freunde merkte ich, dass sie sich leider nur für den Fußballprofi Robin Gosens interessierten. Die echten Freunde kamen einfach mal so vorbei, um sich ein Spiel anzuschauen und mich aus der Einöde zu befreien. Und sonst blieb nur Nico, ohne den ich vermutlich frühzeitig das Handtuch geworfen hätte. Ich drohte an der Gesamtsituation zu zerbrechen.

Nach meinen vier Startelfeinsätzen zu Beginn der Saison durfte ich bis zum Jahreswechsel nur noch ein einziges Mal über 90 Minuten ran. In der Europa League dagegen gar nicht. Wir spielten eine überragende Gruppenphase gegen Everton, Lyon und Limassol, nur leider ohne mich. In der Europa League durfte man im Gegensatz zur Liga nur sieben Leute auf die Bank setzen, meistens lag also irgendwo auf der Tribüne ein Schild: „Reserviert für Robin Gosens".

Beim Auswärtsspiel in Everton Ende November, einem typisch verregneten, englischen Abend, wurde ich nach 70 Minuten eingewechselt und schoss ein überragendes Tor per Volleyschuss aus 20 Metern zum zwischenzeitlichen 3:1, mein allererstes für Atalanta. Meine Aktien stiegen deshalb trotzdem nicht. Wann immer möglich, suchte Gasperini einen Sündenbock und fand ihn in mir.

Die Serie A hatte sich natürlich genau für dieses Jahr überlegt, auf eine Winterpause zu verzichten und einfach durchzuspielen. Ich konnte also nicht mal an Weihnachten nach Hause fliegen, weil ich am 23. Dezember in Mailand und am 30. Dezember gegen Cagliari 90 Minuten auf der Bank sitzen musste. Meine Eltern hatten offenbar gemerkt, dass ich langsam, aber sicher die Nerven verlor und daher die ganze Familie zusammengetrommelt, damit wir Weihnachten in meiner Wohnung in Bergamo feiern konnten. Wir hatten Heiligabend bis dato immer mit Oma, Opa und der Familie von Mamas Schwester gefeiert, jetzt flogen alle gemeinsam nach Italien. Ich hätte weinen können vor Freude. Und vor Traurigkeit. Denn natürlich mussten alle wieder zurück nach Deutschland – und ich auf die Bank. Erst Ende Januar war mal wieder rund eine halbe Stunde für mich drin. Gegen Neapel, den damaligen Tabellenführer. Wir kassierten unmittelbar nach meiner Einwechslung das entscheidende 0:1. Natürlich.

Ich wollte mich unbedingt zeigen, damit ich vielleicht wenigstens ein paar Minuten in der Europa League spielen durfte. Wir hatten es als Tabellenerster in die K.-o.-Phase geschafft und mit Borussia Dortmund das große Los gezogen. Zumindest aus meiner Sicht. Wie cool wäre das, wenn ich ausgerechnet gegen Dortmund reinkäme und das entscheidende Tor schießen würde? Gegen den Verein, der mich nicht wollte, den ich als Schalke-Fan sowieso nicht leiden konnte? Und dann auch noch vor über 60 000 Zuschauern, darunter Freunde und Familie? Größer ging es nicht. Doch mir war schon klar, dass ich ein mittelgroßes Wunder brauchte, um dabei zu sein. Gasperini war nicht der Trainer, den solche emotionalen Randnotizen interessierten. Er hatte vermutlich auch keine Ahnung, dass ich eine Vorgeschichte mit dem BVB hatte.

Am Abflugtag nach Dortmund durfte ich einen Koffer mitbringen, ich war also immerhin dabei und sicher auf der Bank.

Ich sagte meinen Eltern und Freunden Bescheid, dass sie sich Tickets kaufen sollten. Wer weiß, vielleicht würden sie mich ja sogar spielen sehen. Ein paar Tausend Fans begleiten uns nach Dortmund in ein Stadion, das es in Italien so nicht gab. Die Atmosphäre erschlug mich fast, obwohl ich wie erwartet nur auf der Bank saß. Über diese „Gelbe Wand", also die Dortmunder Südtribüne mit über 25 000 Stehplätzen, hatte ich natürlich schon viel gehört. So einen Vulkan hatte ich dann aber doch nicht erwartet.

Wir alle schienen uns am Anfang ein wenig von der Kulisse und vielleicht auch vom Gegner beeindrucken zu lassen. Bei Dortmund spielten schließlich Marco Reus oder André Schürrle, der 2014 zuvor im WM-Finale die entscheidende Vorlage auf Mario Götze gegeben hatte. Dieser Schürrle brachte Dortmund vor der Pause in Führung. Der Trainer änderte nichts, ich musste warten. Wir kamen zurück, Josip Ilicic drehte das Spiel mit einem Doppelpack binnen sechs Minuten. Der Atalanta-Block veranstaltete eine große Party, die restlichen 60 000 Zuschauer verstummten. Wir schnupperten an der Überraschung, und sie roch vorzüglich.

Michy Batshuayi glich das Spiel wieder aus, und nach etwas mehr als 70 Minuten sah ich vom Seitenrand, wo ich mich die letzten 20 Minuten warmgelaufen hatte, wie unser Co-Trainer das Trikot mit der Nummer 8 hochhielt. Tatsächlich, ich wurde eingewechselt. Das könnte mein ganz großer Abend werden. Gasperini nahm Papu Gomez für mich raus, die Anordnung wurde also etwas defensiver. Es war ja erst das Hinspiel, da wäre ein 2:2 in Dortmund eine gute Basis für das Rückspiel. Durch die im Europapokal geltende Auswärtstorregel würden wir uns im Rückspiel mit einem 0:0 oder 1:1 für die nächste Runde qualifizieren. So weit, so gut. Ich musste nur dafür sorgen, dass wir in der letzten Viertelstunde kein Gegentor mehr kassieren würden. Kurz vor mir war Mario Götze eingewechselt worden und spielte auf meiner Seite. Und tat das sehr, sehr gut. Meine Güte, konnte der Junge kicken! Sehr schade, dass viele Menschen das im Laufe der Jahre vergessen haben oder vergessen wollten.

Ich konnte die Anweisungen des Trainers nicht verstehen, weil er von der gegenüberliegenden Seite aus schrie. Wir bekamen

Probleme auf unserer linken Seite mit der Zuteilung. In der Nachspielzeit grätschte Batshuayi den Ball zum 3:2-Siegtreffer für Dortmund über die Linie. Das Gegentor tat weh, trotzdem boten uns die beiden Auswärtstore immer noch eine gute Grundlage für das Rückspiel. Ich hatte keinen sonderlich guten Eindruck hinterlassen, war aber ganz sicher nicht der Hauptverantwortliche für die Niederlage. Dachte ich zumindest.

Die Kabine in Dortmund ist ein großes Rechteck. Dort saß bereits jeder an seinem Platz, als Gasperini reinkam. Er lief einmal an jedem vorbei, drehte noch eine Runde und blieb schließlich direkt vor mir stehen. Er beugte sich runter – und fing an zu schreien. Ließ seinen kompletten Frust raus und machte mich quasi alleine dafür verantwortlich, dass wir das Spiel verloren hatten. Mit jedem seiner Worte rutschte mein Herz ein Stück tiefer und landete am Ende irgendwo im Wäschekeller des Westfalenstadions. Gasperini hatte mich in zwei Teile gebrochen. Als er seine Tirade beendet hatte, konnte ich mich 20 Minuten lang nicht bewegen und bekam kein Wort raus. Ich war wie paralysiert. Die meisten Teamkollegen unterbrachen ihren Gang zur Dusche, um mir einen Kopf-hoch-Junge-Klaps zu geben oder mich mit diesem Das-wird-schon-wieder-Blick anzuschauen. Als wäre das nicht alles schon schlimm genug gewesen.

Das hatte mein Tag werden sollen mit einem Einsatz gegen Borussia Dortmund, vor den Augen meiner Familie und Freunde. Stattdessen drehte mich der Trainer durch den Reißwolf und klebte sich die übrig gebliebenen Papierfetzen wahrscheinlich zum Spaß an die Stoßstange seines Autos. Ich war fertig mit Gasperini, fertig mit Atalanta, fertig mit der Welt. Ich hatte den absoluten Tiefpunkt erreicht. Im Bus schrieb ich Papa: „Im Sommer will ich weg, ich kann nicht mehr."

Der hat vielleicht Probleme, mag man jetzt vielleicht denken. Lebt in Italien la dolce vita und jammert rum, weil er mal vom Trainer angeschrien wurde. Aber, Freunde, ich sage euch, es war eine echt schwierige Phase. Ich spielte keine große Rolle in der Mannschaft, hatte das Gefühl, für alles und jedes als Sündenbock herhalten zu müssen, und fand privat keinen Ausgleich. Aus psychologischer Sicht würde ich mir heute raten: Suche dir jemanden, mit dem du über deine Probleme sprechen kannst, fasse in Worte, was dich beschäftigt. Damals fraß ich den Frust in mich hinein, machte dicht, war nicht mehr frei im Kopf und spielte in der Folge eine noch größere Sülze zusammen. Ihr kennt das sicherlich: Wenn man erst mal zu der Überzeugung gelangt ist, dass die Welt sich gegen einen verschworen hat und die Dinge gegen einen laufen, beginnt man an sich selbst zu zweifeln, auch wenn es dafür objektiv gar keinen Grund gibt.

Mein Vater musste mittlerweile auch als mein Berater herhalten, weil ich Gustav in hohem Bogen gefeuert hatte. Der hatte es tatsächlich geschafft, meinen vorherigen Berater wie einen Engel aussehen zu lassen. Bei meiner Unterschrift in Bergamo hatte sich Gustav eine Klausel in den Vertrag schreiben lassen, die ihm jährlich einen Teil meines Bruttogehalts einbrachte. Papa und ich waren damals zu naiv, um zu erkennen, dass wir ihn eigentlich gar nicht gebraucht hätten. Jedenfalls kam der Mann so an mein Geld. Außerdem präsentierte er mir eine „Idee": Es sei wichtig, sich für die Zukunft abzusichern, ich solle Geld in ein „Projekt" anlegen, mit der Aussicht auf Zinsen. Das hörte sich gut an, ich überwies ihm den Betrag auf sein Privatkonto, damit er es weiterleite. Einige Zeit später, ich hatte noch keinen Cent gesehen, fragte ich, was denn los sei. Es gebe Schwierigkeiten mit der Bank, vertröstete er mich. Blabla. Einmal bekam ich einen kleineren Betrag, der mich wohl beruhigen sollte. Gustav brauchte das Geld wohl, um irgendwelche Schulden zu begleichen. Ich glaubte ihm nicht mehr, dass er jemals vorhatte, mir etwas zurückzuzahlen, geschweige denn mit Zinsen.

Ich schmiss ihn sofort raus, war wütend auf ihn, aber mehr noch auf mich selbst. Ich war in die Falle getappt wie ein Depp, zahlte sehr viel Lehrgeld und bekam vor Augen geführt, dass man auch in unserem Geschäft nur den Allerwenigsten trauen kann. Ich will keinesfalls alle Berater über einen Kamm scheren, aber frage mich, warum fast jeder Mannschaftskollege eine Story darüber zu erzählen hat, wie er von einem Berater über den Tisch gezogen worden ist? Warum ist das so? Wieso kann man nicht vertrauensvoll zusammenarbeiten? Berater verdienen doch dann viel Geld, wenn wir Spieler gut spielen und somit das Interesse anderer Vereine wecken. Zocke ich mir Grütze zusammen, nütze ich meinem Berater nichts. Ich sollte doch annehmen, dass mir ein Berater den Rücken stärkt, wenn ich Probleme habe, dafür sorgt, dass ich wieder frei im Kopf bin. Aber nein, dauernd hört man von Beratern, die krumme Dinger drehen und Spieler hinter das Licht führen. Kein Wunder, dass dieser Beruf ein so schlechtes Image hat. Das tut mir für diejenigen leid, die wirklich gute Arbeit leisten – denn auch die gibt es, definitiv. Ich finde, dass Berater mehr als gut entlohnt werden für ihre Arbeit. Als Spieler erwarte ich daher eine offene, ehrliche und vertrauensvolle Zusammenarbeit, bei der zu jeder Zeit mit offenen Karten gespielt wird.

Wir schalteten Atalanta ein, um Gustavs Provision zurückzuhalten, aber es war nichts zu machen, der Vertrag war in diesem Punkt eindeutig. Weil ich auf die Schnelle keinen neuen Berater fand, musste Papa einspringen. Ich brauchte jemanden, der sich um mich und meine Belange kümmerte. Damals wusste ich ja noch nicht, wie ernst meine sportliche Situation wirklich wurde. Und damit zurück nach Dortmund.

Beim Namen Winston Churchill klingelt es, oder? Englischer Premierminister im Zweiten Weltkrieg, bedeutender Staatsmann und Zigarrenfreund. Dieser Churchill hat mal gesagt: „If you're going through hell, keep going." Wenn du durch die Hölle gehst, geh einfach weiter. Zwar dachte ich nach dem Abend in Dortmund nicht an Winston Churchill, aber sein Spruch gefiel mir. Irgendwie musste es ja weitergehen.

Im Rückspiel schieden wir aus, ich wurde erneut ignoriert. In der Serie A lief es nicht viel besser. Die Form des Vorjahres war schwer zu halten, vor allem gegen die großen Namen der Liga ließen wir immer wieder Punkte liegen und kämpften um jeden Punkt, um wenigstens noch die Europa-League-Qualifikation zu erreichen. Wie es das Schicksal so wollte, erlitt Leonardo Spinazzola Ende März eine Knieverletzung und fiel für die letzten zehn

Saisonspiele aus. Man wünscht ja niemandem etwas Schlechtes, erst recht nicht einem Teamkollegen, aber ich würde lügen, wenn ich in der Zwangspause meines Mitspielers nicht eine Chance für mich selbst sah, einen Ausweg, der mich zurück in die Startelf führte.

In neun der abschließenden zehn Saisonspiele stand ich dort und schoss im Heimspiel gegen den FC Turin am 34. Spieltag sogar das Siegtor zum 2:1. Ich konnte wieder hoffen und träumen. Die Presse beurteilte mich zwar hart und schrieb, ich sei kein gleichwertiger Ersatz für Spinazzola. Aber das war mir egal, solange ich einfach wieder Fußball spielen durfte. Am letzten Spieltag waren wir so gut wie sicher Siebter und damit in der Europa-League-Qualifikation dabei. Mit einem Punkt zum Abschluss in Cagliari wäre der Platz zementiert gewesen, mit einem Sieg und einem Ausrutscher von Milan gegen Florenz würden wir sogar Sechster werden und damit in der kommenden Saison eine Qualifikationsrunde weniger spielen müssen. Nun, mein Arbeitstag dauerte 25 Minuten, dann blieb ich im Rasen hängen und verdrehte mir das Knie. Irgendwas, das spürte ich sofort, war hier gerade ganz, ganz schiefgelaufen. Während wir das Spiel verloren und damit als Siebter über die Ziellinie gingen, wurde ich ins Krankenhaus gebracht. Die Diagnose folgte ziemlich schnell: Meniskusriss. Das war nicht nur schmerzhaft und bitter, da ich nicht wusste, wie lange ich nun ausfallen würde. Es verzögerte auch meine Rückkehr nach Hause. Eigentlich hatte ich unmittelbar nach dem Spiel in Cagliari meine Sachen packen und abfahren wollen, zu Rabea, zu Mama und Papa. Jetzt musste ich das Krankenhausbett hüten und Schmerztabletten schlucken.

Ich wusste nicht, wie es weitergehen sollte. Spinazzola musste nach der Saison zurück nach Turin. Aber hatte ich damit einen Stammplatz? Oder würde Gasperini einen neuen Mann verpflichten? Sollte ich bleiben oder wechseln? Aber eigentlich war klar, dass niemand einen Spieler verpflichten würde, der keine sonderlich gute Saison gespielt und sich darüber hinaus den Meniskus gerissen hat.

Papa, der mit Mama zum letzten Saisonspiel angereist war, blieb in Bergamo, um mich in der Woche darauf mit nach Hause zu nehmen. Auf dem Weg nach Deutschland leuchtete auf meinem Handy-Display eine unbekannte italienische Nummer auf. Ich nahm den Anruf entgegen.

„Ciao, Robin."

Es war Gian Piero Gasperini.

Kapitel 12
BERGAMO II

21. Oktober 2018

Papa und ich waren erst anderthalb Stunden unterwegs auf dem Weg von Mailand nach Elten, als mich der Anruf meines Trainers erreichte. Die Ärzte hätten es lieber gesehen, wenn ich mich nach der Knieoperation direkt in die Reha in Italien begeben hätte, aber das kam für mich überhaupt nicht infrage. Ich hatte das schwierigste Jahr meiner Karriere hinter mir, Rabea wochenlang nicht gesehen und außerdem Heimweh. Ich wollte dringend nach Hause, die eine Woche im Krankenhaus hatte mir definitiv gereicht.

Also überredete ich die Ärzte, das Programm im Rehazentrum bei mir in Kleve zu absolvieren. Dort hatte Rabea ihre Ausbildung zur Sport- und Fitnesskauffrau gemacht. Ich wusste also, dass ich hier in guten Händen wäre. Dass ich keine Bedenken hatte, hieß nicht, dass Atalanta meine Ansichten teilte. Sie schickten tatsächlich einen Physiotherapeuten von Bergamo nach Kleve, damit der sich vor Ort ein Bild machen konnte. Er gab grünes Licht, und ich durfte nach Hause.

Vor Papa und mir lagen zwölf Stunden Autofahrt über die Schweiz nach Deutschland, mit einem Zwischenstopp in Pfaffenhofen in der Nähe von München. Dort wollte ich meinen treuen Scirocco gegen einen neuen Audi S5 eintauschen. Ich war Fußballprofi in der Serie A, da durfte ich mich auch wie einer benehmen.

Wir hatten Italien noch nicht verlassen, als Gasperini anrief. Ich hatte seine Nummer nicht gespeichert, weil ich nie damit gerechnet hätte, jemals ein Telefonat mit ihm zu führen. Seit ich bei

Atalanta angeheuert hatte, war es nicht zu einem einzigen Vieraugengespräch gekommen. Warum also jetzt? Auch wenn es nur ein Vierohrengespräch werden würde. Wobei: Sechs Ohren, Papa hörte über Lautsprecher mit. Was hatte ich nun schon wieder verbrochen, dass er mich auch noch im Urlaub triezen musste?

„Wie ist die Operation verlaufen?", fragte er mich. „Hast du alles gut überstanden?"

Damit hatte ich nun wirklich nicht gerechnet.

„Ich habe von den Ärzten erfahren, dass du heute schon nach Hause darfst. Halt dich bitte an den Rehaplan, aber versuch auf jeden Fall, deinen Urlaub zu genießen. Wir brauchen dich in der nächsten Saison."

Ich schaute rüber zu Papa, der nur die Augenbrauen hochzog.

Was war nur mit Gasperini passiert? Er sprach mit einer Ruhe und Freundlichkeit, die ich ihm gar nicht zugetraut hatte. Er machte sich wirklich Sorgen um mich, obwohl ich mir vorher gar nicht sicher gewesen war, ob er für die kommende Spielzeit überhaupt mit mir plante. Anscheinend schon. Ich erzählte ihm in meinem holprigen Italienisch, dass die Operation sogar sehr gut verlaufen war und ich es nicht erwarten könne, wieder loszulegen. Und wie bitter es doch war, dass ich mich ausgerechnet zum Saisonabschluss verletzt hatte.

„Das kann man so sehen", entgegnete Gasperini. „Man kann es aber auch so sehen, dass du Glück im Unglück hattest. Jetzt verpasst du wenigstens nicht so viele Spiele."

Das Gespräch dauerte drei Minuten. Als ich aufgelegt hatte, schaute ich zu Papa. „Reden wir von dem Gasperini, der dich das ganze Jahr fertiggemacht hat?", fragte er. „Weil: Der Mann am Telefon hat sich gerade ganz anders angehört." Dieses Telefonat passte ganz und gar nicht ins Drehbuch, das ich meinem Vater in den vergangenen zehn Monaten vorgestellt hatte. Vielleicht, so sagten wir uns, war Gasperini ja doch ein cooler Typ, der einfach nicht so gut mit Neuzugängen umgehen konnte, die seine Sprache nicht sprachen. Mittlerweile konnte ich ihn verstehen und sogar antworten, vielleicht war dieses Telefonat der Eisbrecher. Und vielleicht würde im kommenden Jahr ein anderer Neuzugang der Sündenbock sein. Nebenbei fragte ich mich, ob der Mister einfach generell zu Spielern so war, in denen er etwas sah. Vielleicht war es wie eine Art Schule, in der er testete, ob du mental stark genug warst, um auf absoluten Topniveau zu funktionieren. Wenn es so war – und nach vierjähriger Zusammenarbeit kommt es mir immer mehr so vor –, fand ich seine Methoden immer noch grenzwertig, aber auf mentaler Ebene hat mich das Jahr unerschütterlich gemacht. Hoffentlich konnte ich in der nächsten Saison auch die Früchte ernten.

Wir fuhren mit einem sehr guten Gefühl – und ab München mit meinem neuen Audi – nach Elten. Zu Hause begann ich umgehend mit der Reha. Die ersten Tage war ich noch auf Krücken angewiesen, konnte aber relativ schnell mit der Krankengymnastik und dem Aufbautraining beginnen. Das Bein hatte durch die Operation und die Bewegungseinschränkung ein wenig Muskelmasse verloren, die galt es, wieder draufzupacken. Um 8 Uhr morgens musste ich in Kleve sein, dort warteten Physiotherapeuten, ein Personal Trainer und sogar ein Orthopäde auf mich. Auf der einen Seite dieser riesengroßen Anlage befand sich ein gehobeneres Fitnessstudio mit zusätzlichen Kursräumen, auf der anderen Seite der Rehabereich, in dem vor allem ältere Menschen trainierten. Und ich.

Atalanta hatte mir ein Programm zusammengestellt, das ich meistens bis 12 Uhr oder 12.30 Uhr erledigt hatte, sodass ich die Nachmittage und Abende mit Rabea oder meinen Freunden verbringen konnte. Ich hätte zu gerne mit den Jungs Tennis oder Fußballtennis oder einfach nur Fußball gespielt, aber leider ging das nicht. Ansonsten wäre der nächste Flieger aus Bergamo eingetroffen, und man hätte mich vermutlich zurück nach Italien geschleift.

Die Reha lief besser als erwartet, zwischendurch schickte ich immer wieder Bilder meines Knies nach Bergamo. Eine Meniskusoperation ist normalerweise kein kleiner Eingriff, doch ich fühlte mich schon nach wenigen Wochen wieder so gut, dass ich langsam aufs Laufband stieg und fast ohne Einschränkungen gehen konnte. Der Urlaub mit meinen Freunden, den ich aufgrund der

Operation eigentlich schon abgesagt hatte, war nun doch wieder möglich. Wir hatten eine Finca an der Costa Brava gemietet. Die verordnete Wassergymnastik konnte ich auch dort absolvieren und wenigstens noch ein bisschen Zeit mit meinen Jungs verbringen. Der Arzt hatte nichts einzuwenden, also flog ich mit.

Der Urlaub verging schnell. Auch die Tage danach. Weil wir mit Atalanta Siebter geworden waren, mussten wir schon Ende Juli in der dritten Runde der Europa-League-Qualifikation starten, also fast vier Wochen vor dem Start der Serie A. Dementsprechend kurz war für uns alle die Sommerpause ausgefallen. Nach meiner Operation hatte ich mit den Ärzten von Atalanta geplant, rechtzeitig zum Ligaauftakt am 20. August wieder fit zu sein. Das wäre drei Monate nach dem Eingriff gewesen und durchaus machbar. Weil die Reha aber so reibungslos und viel besser als erwartet lief, sollte ich schon am ersten Europa-League-Qualifikationsspiel gegen FK Sarajevo teilnehmen. Also hieß es Anfang Juli schon wieder Abschied nehmen.

Meine Eltern wollten nicht, dass ich allein mit dem Auto nach Italien fuhr. Ich konnte sie verstehen. 1000 Kilometer bringt man nicht eben so hinter sich, da helfen auch Deutschrap, Lea oder Gemischtes Hack nicht. Also nahm ich Filip mit, einen guten Freund, der gerade frei hatte. Ich verabschiedete mich zunächst von meinen Eltern und fuhr dann zu Rabea und ihrer Familie, die sich vollzählig vorm Haus versammelt hatte. Ich packte noch die letzten Sachen ins Auto, die ich bei Rabea liegen hatte, und langsam staute sich wieder Pipi in diversen Augen an. Ich würde erneut auf unbestimmte Zeit abwesend sein, auch wenn ich dieses Mal wenigstens nicht ins Ungewisse fuhr. Mir blieb keine Wahl, ich musste los. Und weil sowieso klar war, dass ich mich noch mal umdrehen würde, hatte ich mir gar nicht erst wieder vorgenommen, es nicht zu tun. Vorsichtig blickte ich in den Rückspiegel und sah, wie Rabea in den Armen ihrer Mutter lag und weinte. Was mich natürlich auch zum Heulen brachte. Ich sammelte Filip ein, und los ging die Fahrt zurück nach Bergamo.

Die zweite Saison begann für mich mit einem völlig neuen Grundgefühl. Ich verstand die Sprache immer besser, kannte den Großteil der Mannschaft, brauchte mich (noch) nicht um eine Wohnung kümmern und hatte sogar noch aufmunternde Worte vom Trainer erhalten. Wie immer begann der erste Tag mit der Leistungsdiagnostik, um zu sehen, ob sich jeder Spieler im Urlaub an den Trainingsplan gehalten oder doch etwas zu viel Pizza gegessen hatte. Meine Werte waren ausgezeichnet, viel besser, als wir das nach der Operation vermutet hatten. Für meinen erstaunlich guten Fitnesszustand heimste ich ein paar Lorbeeren ein. Sogar von Gasperini: „Freut mich, dass es dir schon wieder so gut geht." Vorsichtshalber sollte ich in der ersten Woche mit unserem Athletiktrainer arbeiten, während die anderen Jungs den Wald hoch und runter rennen durften. Mir war klar, dass mir ein ähnliches Schicksal noch bevorstand, aber für den Moment tat es ganz gut, abends noch reden und ohne vierzehn Kilogramm schwere Augenlider Italienisch lernen zu können.

Mit der zweiten Woche begann auch für mich der unangenehme Teil, auch wenn ich mich natürlich freute, wieder ohne Einschränkungen am Mannschaftstraining teilnehmen zu können. Wir waren erneut nach Rovetta gefahren, dieses Mal blieb uns aufgrund der Europa-League-Qualifikation nicht viel Zeit für die Vorbereitung auf die äußerst lange Saison. Wir trainierten viel und intensiv. Gasperini machte mir recht früh deutlich, dass er auf mich zählte. Was an sich eine tolle Sache war, doch trotzdem konnte ich dem Braten noch nicht recht trauen. Nach dem Abgang von Spinazzola hatte Atalanta keinen großen Namen für die linke Seite verpflichtet, lediglich Arkadiusz Reca für „nur" vier Millionen Euro eingekauft. Er kam aus Polen und kostete viermal so viel wie ich seinerzeit, doch der Transfer wirkte trotzdem eher wie ein Plan B. Der Plan B für mich.

Giovanni Sartori bestätigte mein Gefühl. Er, der Sportdirektor, bat mich kurz vor dem ersten Pflichtspiel gegen Sarajevo in sein Büro und sagte mir, dass Reca als Back-up für mich geholt worden war. „Wir glauben, dass du in diesem Jahr den Sprung zum

Stammspieler schaffen wirst." Der Trainer stellte mich in jedem Abschlussspiel in der ersten Elf auf, in den Testspielen begann ich von Anfang an. Mir wurde klar, dass ich auch für die Europa-League-Qualifikation eingeplant war. Die Europapokalspiele durften wir wegen der Kapazität unseres Stadions nicht in Bergamo austragen, deshalb fand das Hinspiel gegen Sarajevo wie auch schon die Partien der Vorsaison gegen Everton oder Dortmund in Sassuolo statt. Keine Ahnung, wer auf die Idee gekommen war, ausgerechnet das 200 Kilometer entfernte Sassuolo zu wählen. Richtige Heimspiele waren es also nicht.

Gegen Sarajevo hätten wir gut und gerne 10:0 oder 11:0 gewinnen können, spielten aber nur 2:2, weil wir nach zwei Abstimmungsfehlern zwei Gegentore kassiert hatten. Nervös wurde deshalb niemand, weil wir wussten, dass wir die mit Abstand bessere Mannschaft waren und in die nächste Runde einziehen würden. In Bosnien kamen über 20 000 Zuschauer, um ihre Mannschaft gegen uns nach vorne zu peitschen. Ihre Mannschaft verlor mit sage und schreibe 0:8. Wir holten all das nach, was im Hinspiel nicht gelungen war. Ich durfte wieder von Beginn an ran und war durchgehend in der Offensive beschäftigt. Unsere Abwehr hätte sich in den 90 Minuten auch einen Kakao machen oder Zeitung lesen können.

Nach dem Spiel in Sarajevo blieben wir ausnahmsweise über Nacht vor Ort und gingen mit ein paar Teamkollegen noch in die Stadt in eine Bar. Papu Gomez war dabei, auch Marten de Roon und Remo Freuler. Jungs, über deren Stammplatz nicht diskutiert werden musste. Der Abend tat mir persönlich sehr gut, weil er mir das Gefühl gab, jetzt auch zum inneren Zirkel dazuzugehören. Es waren eigentlich nur ein paar Drinks, aber ich fühlte mich zum ersten Mal wertgeschätzt und richtig angekommen. Ich verstand zwar immer noch nicht, warum ein paar der Jungs mir im ersten Jahr nicht hatten helfen wollen, als ich jede Hilfe hätte gebrauchen können. Warum sie lieber den Macho und den Platzhirsch geben mussten, statt einem jungen, unsicheren Spieler die Hand zu reichen. Aber man muss ja auch nicht alles verstehen. Vielleicht hatten sie als Neuzugänge irgendwann mal ähnliche

Erfahrungen gesammelt und kein Interesse daran, etwas an der Hierarchie zu ändern.

Das Ticket für die nächste Runde führte uns nach Israel. Auch Hapoel Haifa war keine große Herausforderung, nach einem 4:1-Sieg im Hinspiel verschaffte mir Gasperini im Rückspiel eine Verschnaufpause und ließ Reca ran. In vier Tagen begann bereits die Serie-A-Saison.

Der Ligaauftakt lief ebenfalls nach Maß. Frosinone Calcio, gerade erst zum zweiten Mal überhaupt in die erste Liga aufgestiegen, wurde mit vier Gegentoren wieder nach Hause geschickt. Und wir erhöhten den Druck – auf uns selbst. Zweimal in Folge hatten wir uns nun für einen europäischen Wettbewerb qualifiziert oder zumindest die Qualifikation erreicht, und dementsprechend hatten wir eingekauft. Mit Duvan Zapata war für 30 Millionen Euro ein neuer Stürmer gekommen. Ein Kolumbianer, mit seinen fast 1,90 Meter und der kräftigen Statur ein richtiger Schrank. Wenn der im Training auf dich zulief, hattest du zwei Möglichkeiten: Entweder du warst schnell genug und hast ihm den Ball geklaut, oder er rannte dich einfach über den Haufen. Neben Duvan kam auch Mario Pasalic. Er war einer der unzähligen Spieler, die Chelsea als aufkeimendes Talent verpflichtet und dann 20-mal verliehen hatte. So wie einige der Jungs, die mir damals bei Vitesse Arnheim den Weg blockiert hatten. Mario wurde für zwei Jahre in Atalanta geparkt und konnte dann fest verpflichtet werden. Ihm merkte man an, dass er aufgrund der vielen vorherigen Leihstationen etwas verunsichert war, an sich war er aber ein begnadeter Mittelfeldspieler. Der Verein hatte Qualität und Quantität eingekauft, weil er davon ausging, dass wir die Qualifikation überstehen und wieder in der Europa League dabei sein würden. Für so eine intensive und krafttraubende Saison brauchte man einen breiten Kader, um den Stammspielern hin und wieder auch mal eine Pause zu gönnen.

Gegen Kopenhagen brachten wir es im Hinspiel wieder nicht fertig, das verdammte Tor zu treffen. Trotz bester Chancen. Wie schon nach dem ersten Duell mit Sarajevo zweifelte aber niemand daran, dass wir uns durchsetzen würden. Kopenhagen ist in Europa keine unbekannte Adresse. Also der Fußballverein, die Stadt sowieso nicht. Übrigens: Sehr geile Stadt, kann ich nur empfehlen. Aber der FC spielte nun mal in Dänemark. Und die Qualität der dänischen Liga glich dann doch eher der in Holland, vielleicht sogar noch ein Viertelprozent darunter. Allerdings konnten auch wir nicht behaupten, in Europa Angst und Schrecken zu verbreiten. Trotzdem hatten wir den Anspruch, gegen Kopenhagen zu bestehen. In Dänemark erwartete uns strömender Regen und eine coole Atmosphäre in einem schönen Stadion. Der Parken ist im Grunde ein Abbild der Ivy Lane in FIFA-Spielen. Eine enge, quadratische Schüssel mit sehr steilen Rängen. Wir waren wieder die bessere Mannschaft und hätten wieder zwei oder drei Tore schießen müssen, doch das Spiel ging erst in die Verlängerung und dann ins Elfmeterschießen. Also: Wer bleibt cool? Wer verliert die Nerven? Wer darf mindestens das nächste halbe Jahr Europa League spielen?

Die Antwort auf Frage drei: nicht wir. Frage zwei: wir. Frage eins: ausgerechnet nicht Andreas Cornelius. Der gebürtige Kopenhagener war im Vorjahr vom FC Kopenhagen zu uns gewechselt, wo er seine komplette Jugend verbracht hatte. Ausgerechnet er vergab den entscheidenden Elfmeter. Ich will gar nicht wissen, was in diesem Moment in ihm vorging.

Aus der Traum von Europa, nichts war es mit einem weiteren Jahr gegen Dortmund oder Lyon. Wir hatten felsenfest damit gerechnet, wieder dabei zu sein. Stattdessen standen wir jetzt mit einem riesigen Kader und leeren Händen da. Der Rückflug verlief schweigend, der Trainer wollte uns in Ruhe lassen und gab uns einen Tag Pause, um den Kopf frei zu bekommen. Viel Zeit zum Durchatmen blieb sowieso nicht, drei Tage nach dem Ausscheiden in Kopenhagen ging es in der Liga gegen Cagliari weiter.

Am Samstag, einen Tag vor dem Spiel, fuhr ich zum Trainingszentrum und sah überall diese Poster mit Michael Jordan. In der Kabine, im Gym, in der Kantine. Überall Michael Jordan. Dazu dieser Spruch: „Ich habe in meiner Karriere mehr als 9000 Würfe verfehlt. Ich habe beinahe 300 Spiele verloren. 26 Mal wurde mir der entscheidende Wurf anvertraut, und ich habe nicht getroffen. Ich bin immer und immer wieder in meinem Leben gescheitert. Und das ist der Grund, warum ich gewinne." Statement made, wie das Internet sagen würde. Es war nicht Gasperinis Art, nach dem Aus in Kopenhagen emotionale Reden zu schwingen. Also ließ er Michael Jordan die Arbeit machen. „Ich mache euch keinen Vorwurf", sagte der Trainer. Niemand sollte sich schlecht fühlen. Er hatte recht. Mund abputzen, weitermachen. Doch das klappte nur bedingt.

Gegen Cagliari verloren wir, ebenso gegen SPAL Ferrara, Florenz und Sampdoria. Gegen Milan und den FC Turin reichte es nur zu einem Unentschieden. Nach dem Auftaktsieg gegen Frosinone gelang uns siebenmal hintereinander kein Sieg, monatelang lang nicht. In der Tabelle wären wir fast auf einen Abstiegsplatz gerutscht. Aus acht Spielen hatten wir nur sechs Punkte geholt. Krisenmodus! Die Presse zerriss sich das Maul über uns. Sie spekulierten, ob wir nur eine Eintragsfliege seien und ob man uns jemals wieder im Europapokal sehen würde. Ob wir im unteren Mittelfeld der Tabelle nicht besser aufgehoben wären. Ob wir nicht lieber andere Spieler verpflichtet hätten. Und so weiter. Natürlich bekamen wir das mit. Natürlich war es normal, dass es nach so einem verheerenden Saisonstart Kritik hagelte. Natürlich verstand ich, dass es der Job mancher Journalisten war, unseren Stil oder auch unsere Qualität zu hinterfragen. Wenn mir die Brötchen beim Bäcker nicht mehr schmecken, würde ich auch mal nachfragen, ob in der Backstube alles in Ordnung ist. Die verpasste Europa-League-Teilnahme hatte uns offenbar etwas härter getroffen, als wir das zugeben wollten. Da konnte Michael Jordan noch so oft daneben werfen. Wenn einer von uns die Qualität eines Michael Jordan gehabt hätte, hätte er sowieso eher bei Real Madrid und nicht bei Atalanta Bergamo gespielt.

Duvan Zapata zum Beispiel traf das Tor nicht und fing an, an sich zu zweifeln. Mario Pasalic hatte Probleme, seinen Platz im System zu finden. Und Robin Gosens gehörte nicht immer zur Startformation. Doch im Gegensatz zum Vorjahr brachten mich Spiele, in denen ich nicht beginnen durfte oder gar nicht zum Zug kam, nicht mehr aus der Balance. Es war natürlich nicht schön, noch immer nicht wirklich zu wissen, ob ich nun *der* Mann für die linke Seite war oder nicht. Natürlich hätte ich am liebsten jede einzelne Minute gespielt, gerade in den wichtigen Duellen am Ende der Saison. Aber allein die Umstände halfen mir, Rückschläge besser zu verarbeiten. Mein Italienisch wurde immer besser, Rabea und ich kamen mit der Fernbeziehung besser klar, und ich fand neue Freunde. Alessandro Bastoni, fünf Jahre jünger als ich, war bei Atalanta groß geworden und schon im Sommer 2017 für 30 Millionen Euro an Inter Mailand verkauft worden, hatte die Saison 2017/18 aber auf Leihbasis noch bei uns gekickt. Als er mich im April 2018 zu seinem Geburtstag einlud, hatte ich mich auf Anhieb mit vielen seiner Freunde aus Bergamo gut verstanden. Seine Freunde wurden meine Freunde, und mit denen unternahm ich nun immer mehr. Wenn sie zum Lago di Garda oder Lago d'Iseo fuhren, riefen sie vorher an und fragten, ob ich mitkommen wolle.

Ich lernte neue Leute kennen, denen es egal war, dass ich mein Geld als Fußballer verdiente, und freute mich einfach, akzeptiert zu werden. Ich wollte auch mal durch Bergamo spazieren, ohne dabei an Atalanta und damit meine Arbeit zu denken. Ich wollte auf Tourist machen und Italien entdecken. Nicolas Haas hatte sich nach Palermo verleihen lassen und konnte mir den Halt aus dem Vorjahr nicht mehr geben. Glücklicherweise brauchte ich diesen Halt nun nicht mehr. Einer meiner neuen Bekannten half mir, Kontakt zu einem seriösen Immobilienmakler herzustellen. Die Vollpfeife vom ersten Mal, die eigentlich ins Gefängnis gehörte, hätte ich für zwölf Gratismieten nicht mehr angerufen. Ich fand eine wunderschöne Dachgeschosswohnung in der Neustadt mit einem offenen Wohnbereich, zwei Schlafzimmern, einer Abstell- oder Wäsche- oder Beer-Pong-Kammer und einem kleinen Extrabereich oberhalb des Wohnzimmers. Rabea half mir beim Einzug und besonders bei den Dekoentscheidungen. Sie würde hier hoffentlich sehr viel Zeit verbringen und außerdem sowieso mehr darauf achten, ob Blume X besser zu Vorhang Y passte. So langsam passte jedenfalls alles zusammen.

Parallel zu meinem Einzug mussten wir am neunten Spieltag nach Verona und gegen Chievo dafür sorgen, die enttäuschende Serie von sieben Spielen ohne Sieg zu beenden. Wir gehörten nicht in den unteren Tabellenbereich, auch wenn manche Journalisten das vielleicht so sahen. Vor der Saison hatte Gasperini in einer Teambesprechung jeden einzelnen Spieler gefragt, welches Ziel er für diese Spielzeit habe. Dabei wurde ganz deutlich: Wir wollten wieder nach Europa und ganz sicher nicht nach Livorno oder Venedig in die zweite Liga. Das kam überhaupt nicht infrage. Da konnte unser Präsident Luca Percassi gerne wie in jedem Jahr öffentlich erklären, dass es für einen Klub wie Atalanta einzig um den Klassenerhalt ging. Unser Anspruch war das nicht. Wir wollten mehr. Viel mehr.

Gegen Verona lief endlich mal wieder alles nach Plan. In diesem lieblosen Stadion vor einer Handvoll Zuschauer boten wir unseren mitgereisten Fans ein wahres Feuerwerk. Marten de Roon traf nach 25 Minuten zum 1:0, Josip Ilicic kurz darauf zum 2:0. Nach der Halbzeit besorgte Ilicic das 3:0 und wiederum nur ein paar Minuten später das 4:0, auf Vorlage von mir. Wie es der Trainer von mir verlangte, war ich mit nach vorne gepresscht, bekam das Zuspiel in die Tiefe und legte den Ball quer zum zweiten Pfosten, wo Josip das Ding nur noch über die Linie drücken musste. Endlich mal wieder eine Torbeteiligung! Und es wurde noch besser. Wieder bewegte ich mich rund um den Strafraum von Chievo, weil es in der Abwehr nicht viel zu tun gab. Mario Pasalic wollte mich anspielen, hatte aber den Gegenspieler übersehen, der dazwischen ging. Ich setzte nach und holte mir das Spielgerät zurück, drehte mich auf Höhe der linken Strafraumkante in Richtung Tor, lief zur Grundlinie und donnerte den Ball aus spitzem Winkel einfach mal aufs Tor. Vom Innenpfosten sprang der Ball ins Netz. Kurz suchte ich nach meinem Gleichgewicht, bevor ich begriff, was für ein geiles Tor ich gerade geschossen hatte. Wen kümmerte es schon, ob es das fünfte oder das erste war. Ich breitete die Arme zur typischen Habt-ihr-das-gerade-gesehen-Geste aus und ließ mich feiern.

Kurz vor Schluss kassierten wir noch das 1:5, doch das war natürlich zu diesem Zeitpunkt völlig egal. Zu Hause ließ ich es mir nicht nehmen, noch mal die Highlights anzuschauen, bevor wir am nächsten Tag in der Videobesprechung jede Sequenz ausführlich diskutierten. Die Worte des Kommentators hallen immer noch in meinem Schädel nach: „Robin Goseeeeens! A thunderbolt from Gosens! He was fantastic in this game!" Ja, verdammt. Das war ich wirklich. Zum ersten Mal hatte ich wirklich zeigen können, wo meine Qualitäten auch außerhalb der Abwehrarbeit lagen. Nicht nur Gasperini hatte sehen können, dass ich eine gute Übersicht besaß, mich mittlerweile sogar im Eins-gegen-eins durchzusetzen wusste und mich mit meiner Power sowieso vor niemandem verstecken musste. Endlich hatte ich dem Trainer mal zeigen können, wie wichtig ich für die Mannschaft sein konnte.

Und das hatte noch jemand ganz genau beobachtet. Nachdem wir eine Woche später auch gegen Parma mit 3:0 gewannen, bekam ich eine Nachricht von einem gewissen Gianluca, der sich als Spielerberater vorstellte. „Wieder so einer", dachte ich. Er schrieb, dass ihm meine Mentalität und Energie gefallen würden und fragte, ob wir uns mal über eine mögliche Zusammenarbeit unterhalten wollten. Ich hatte bis dahin zwei sehr schlechte Erfahrungen mit Beratern gesammelt und blieb deshalb skeptisch. Auf der anderen Seite brauchte ich jemanden, der sich um meine Belange kümmerte. Papa hatte Wichtigeres zu tun. Gianluca arbeitete für die Agentur, die unter anderem auch Marten de Roon vertrat. Also fragte ich Marten, ob ich ihm vertrauen konnte, was er mir bestätigte, und so verabredeten wir uns zwei Tage später.

Gianluca erklärte mir, was er alles für mich machen konnte, dass er zum Beispiel sofort dafür sorgen würde, dass ich in Deutschland bekannter werde. „Ich weiß doch, dass es dein Traum ist, in der Bundesliga zu spielen. Also müssen wir dafür sorgen, dass du in Deutschland auch mehr wahrgenommen wirst." Er hinterließ einen guten ersten Eindruck, sodass ich einwilligte, ihn noch mal zu treffen und konkreter zu werden. Zur gleichen Zeit fing Simon Cziommer, der wie ich einst bei Heracles Almelo gespielt hatte, bei einer Agentur in Deutschland an. Auch er versuchte, mich davon zu überzeugen, bei ihm zu unterschreiben, und ich tendierte, aufgrund unserer gemeinsamen Vergangenheit, erstmal zu ihm. Per Sprachnachricht teilte ich dies Gianluca mit. Daraufhin rief er mich sofort zurück und redete eine halbe Stunde auf mich ein. Ich sollte lieber nicht mit einem Freund zusammenarbeiten, das wäre doch schon mal schiefgegangen. Was ich jetzt brauchte, sei ein Berater, der für mich arbeite und nicht mit mir chille. Da hatte er natürlich recht. Und so entschied ich mich wieder um und unterschrieb schließlich bei Gianluca.

Auch sportlich lief es weiterhin gut. Beim 4:1 gegen das große Inter Mailand gab ich meine nächste Torvorlage. Langsam, aber sicher machte es Klick in der Mannschaft. Das „System Gasperini" kam auch bei den Neuzugängen an. Gegen Bologna am elften Spieltag durfte auch Duvan Zapata endlich sein erstes Saisontor feiern. Die Laufwege, die taktischen Anweisungen, die Intensität. Allmählich griff ein Rädchen ins andere. Und selbst wenn ich doch hin und wieder meinen Platz räumen musste, hatte ich die komplexen Anforderungen des Trainers an meine Position endlich begriffen.

Ich will hier nicht jammern oder strunzen, aber meine Position und die des Rechtsverteidigers sind vermutlich die komplexesten in unserem System. Defensiv, das gilt ja heute auch noch, bin ich ein ganz normaler Verteidiger. Normalerweise formiert sich unser 3-5-2 in der Rückwärtsbewegung zu einer Fünferkette in der Abwehr um. Da aber meistens einer der Innenverteidiger rausrückt oder gelegentlich auch ich, bleibt es bei vier Leuten in der letzten Reihe. In der Vorwärtsbewegung wird die Rolle etwas anspruchsvoller. Wenn ich vorne gerade eine Flanke geschlagen habe, habe ich die Verantwortung, den Ball beim gegnerischen Angriff auch direkt wieder abzufangen. Ich habe keinen Spieler vor oder hinter mir, ich muss also die ganze linke Seite beackern, muss Flanken schlagen und soll vor allem fast immer als Unterstützung für die Stürmer in den Strafraum mitgehen.

Der Dezember brach an und verlieh Duvan Zapata offenbar weihnachtsmannartige Kräfte. Er traf in acht Spielen hintereinander, darunter ein Dreier- und ein Viererpack. Niemand sprach mehr von einem Fehleinkauf. Vielleicht hätte Duvan ihn dann auch einfach in den Boden gestampft.

Der Jahreswechsel verlief für mich etwas holprig. Wir hatten uns zwar im oberen Drittel der Tabelle festgesetzt und klopften lautstark an die Tür nach Europa, nur musste ich mich dabei wieder in Geduld üben. Der Trainer schien auf meiner Position seinen Gefallen an Timothy Castagne gefunden zu haben, der eigentlich als Rechtsverteidiger zu uns gekommen war.

In der Coppa Italia trafen wir im Viertelfinale auf Juventus Turin und Cristiano Ronaldo. Für diesen Ronaldo hatte Juve im Sommer 100 Millionen Euro auf den Tisch gelegt, um auch den siebten Meistertitel in Folge einzutüten. Wir konnten von einer Champions-League-Teilnahme träumen, Juventus wollte und musste die Champions League gewinnen. Nur dafür war Ronaldo nach Turin gewechselt. Und ganz nebenbei würden sie sich sicher auch über einen Pokalsieg freuen. Vielleicht konnten wir dagegen ja etwas unternehmen.

Im Abschlusstraining erfuhr ich, dass erneut Castagne spielen durfte. Ein kleiner Tiefschlag, das schon, aber dieses Mal ging es ums große Ganze. Um den Einzug ins Pokalhalbfinale. Und Juventus war *die* Hürde schlechthin. Da brauchten wir einen perfekten Tag und Juve einen ganz schlechten. Beides traf ein. In einer elektrisierenden Atmosphäre leistete sich der Meister Fehler, vor allem im Aufbau. Den ersten größeren nutzte, richtig geraten, Castagne zur Führung. Keine zwei Minuten später bekam Juventus den Ball nicht aus dem eigenen Strafraum, Duvan Zapata ging dazwischen, drehte sich mit dem Rücken zum Tor um die eigene Achse und traf wuchtig ins kurze Eck zum 2:0. Das Stadion stand Kopf, damit hatte wirklich niemand gerechnet. Juve fand zu keinem Zeitpunkt ins Spiel. Cristiano Ronaldo erst recht nicht. Den nächsten haarsträubenden Fehler bestrafte Zapata erneut zum 3:0. Und spätestens jetzt war die Sensation mit Händen greifbar. Die Zeit verstrich, Juve blieb harmlos. Ich wurde kurz vor Schluss eingewechselt und ausnahmsweise nicht damit beauftragt, vorne Alarm zu machen. Verteidigen, mehr nicht!

Als der Schiedsrichter abpfiff, explodierte das Stadion. Die Sensation war perfekt. Das große Juventus schlich mit gesenkten Köpfen in die Kabine, während das kleine Atalanta den größten Erfolg der jüngeren Vereinsgeschichte feierte. Im Halbfinale würden wir in einem Hin- und Rückspiel auf Florenz treffen. Die lagen in der Tabelle sogar hinter uns. Vielleicht, ganz vielleicht... Finale?

Natürlich hätte ich lieber 90 Minuten lang meinen Beitrag geleistet und Cristiano Ronaldo auf den Füßen gestanden, doch ich wollte auch nicht mehr jammern, nicht mehr ständig fragen, ob es wieder nur an mir lag oder ob Gasperini mich einfach nicht mochte. Jetzt ging es darum, Leistung zu zeigen. Im Training Gas zu geben. Zurückzuschlagen. Übrigens: Nach dem Spiel gegen Juve versuchte ich, mir einen weiteren Traum zu erfüllen und das Trikot von CR7 abzugreifen. Das wäre ein absolutes Highlight in meiner Sammlung gewesen. Nach dem Abpfiff machte ich mich sofort auf die Socken zu ihm und versäumte dadurch, der Jubeltraube beizuwohnen, die sich völlig zu Recht bildete – es müssen nun mal Prioritäten gesetzt werden, Freunde. CR7 hatte allerdings gar keinen Bock auf mich. Als ich bei ihm angelangt war und fragte: „Cristiano, can I maybe have your Jersey?", schaute er nicht mal auf, sondern sagte beim Weiterlaufen nur „No!". Aua! Ich lief, glaube ich zumindest, komplett rot an und schämte mich sogar für einen kurzen Augenblick. Ich war mal eben von der Platte rasiert worden, fühlte mich winzig klein mit Hut. Kennt ihr diesen Moment, wenn etwas unglaublich Peinliches passiert und ihr euch umschaut, ob es möglicherweise jemand mitbekommen hat? So fühlte ich mich und versuchte, die Situation geschmeidig zu überspielen. Machte ja nichts, immerhin hatten wir gerade Juve aus dem Pokal geworfen. Wobei, eigentlich machte es mir schon was, verdammt noch mal. Ich wollte dieses Leibchen haben (Leibchen sagen Remo und Djimi zu Trikot – ganz wild, dieses Schweizerdeutsch!). Vielleicht war er einfach nur angepisst, weil er kein Tor geschossen hatte. So habe ich es mir zumindest danach erklärt. Vielleicht ging ich ihm aber tatsächlich einfach nur auf die Eier. Deswegen Cristiano: Wenn du einen jungen Mann nachträglich noch glücklich machen willst, die Adresse vom Verein lautet: Corso Europa 46, 24040 Ciserano. Liebe Grüße.

Am 27. Februar, einen Monat nach dem Spiel gegen Juventus, stand das Hinspiel in Florenz auf dem Programm. Schon vier Tage später würden wir uns in der Liga wiedersehen, allerdings in Bergamo. Die Partie fand wieder ohne mich statt und endete 3:3, obwohl wir erst 2:0 und dann 3:2 geführt hatten. Florenz durfte froh sein, nicht mit einem schlechteren Ergebnis zum Rückspiel zu fahren, auch wenn das erst in zwei Monaten bevorstand. In der Liga war ich wieder von Anfang an dabei. Mein erster Startelfeinsatz seit dem 22. Dezember. Castagne, muss man dazu sagen, hatte seine Sache auch einfach gut gemacht, obwohl ich der Meinung war, dass ich keinen unwesentlichen Teil zu unserem Turnaround in der Saison beigetragen hatte.

Egal, jetzt konnte ich Gasperini mal wieder zeigen, was er verpasst hatte. Als Tabellensechster hatten wir zu diesem Zeitpunkt 38 Punkte auf dem Konto, Florenz als Zehnter 36. Vor uns lag die Roma mit 44 Zählern auf Platz fünf. Rund um den letzten Europa-League-Platz wurde es also eng, nach oben brauchten wir erst mal nicht schauen. Schon nach drei Minuten lagen wir hinten und mussten Florenz vorübergehend an uns vorbeiziehen lassen. Dann, in der 13. Minute, wurde das Spiel unterbrochen, auf der Tribüne und auf dem Platz geklatscht und auf den Anzeigetafeln das Gesicht von Davide Astori eingeblendet. Fast auf den Tag genau vor einem Jahr war Astori, Kapitän der AC Florenz, vor einem Auswärtsspiel gegen Udine abends ins Bett gegangen – und nicht wieder aufgewacht. Sein Herz hatte einfach aufgehört zu schlagen. Der Mann war 31 Jahre alt und hinterließ eine zweijährige Tochter. Das Leben kann so verdammt kurz sein.

Bevor er 2017 zu uns wechselte, hatte Josip Ilicic zwei Jahre mit Davide Astori in Florenz zusammengespielt. Als die Partie in der 13. Minute wegen Astoris Rückennummer 13 unterbrochen wurde, fing er an zu weinen. Er tat mir wahnsinnig leid. Leider muss es auch nach solchen Momenten weitergehen, mit einem Einwurf wurde die Partie fortgesetzt. Muss ich überhaupt sagen, wer nach einer halben Stunde das 1:1 erzielte? Natürlich Josip, der natürlich nicht jubelte, sondern einfach an seinen verstorbenen Freund dachte. Wir versammelten uns um Josip und klopften ihm auf die Schulter.

Papu Gomez drehte das Spiel noch vor der Pause, und danach war ich wieder an der Reihe. Nach einer Flanke von Castagne hatte ich am zweiten Pfosten richtig spekuliert und zum 3:1 eingeköpft. „Siehst du das, Trainer!", wollte ich brüllen. „Das bekommst du, wenn du mich aufstellst!" Wir hielten Florenz also auf Distanz und fuhren besonders motiviert nach Genua. Sowohl die Roma als auch Inter, beide vor uns in der Tabelle, hatten verloren und uns damit die Tür geöffnet. Noch sprach niemand die magischen Wörter aus, aber natürlich hatte sich die Champions League längst in meinen Kopf geschlichen.

Gegen Sampdoria durfte ich wieder ran und traf erneut, dieses Mal aus fast unmöglichem Winkel zum 2:1-Endstand. Zwei wichtige Tore in zwei wichtigen Spielen, jetzt konnte Gasperini nicht anders, als mich weiterhin aufzustellen, oder? Falsch. Gegen Parma und Inter saß ich wieder auf der Bank, gegen Bologna und Empoli erneut in der Startelf. Immerhin waren wir als Team kaum noch zu stoppen und vor allem nicht zu schlagen. In Italien wurde unser mutig-aggressiver Spielstil gefeiert. Viele Fans von anderen Klubs fingen an, sich Spiele von Atalanta Bergamo anzuschauen. Gegnerische Mannschaften begannen, sich gegen uns aufs Verteidigen zu konzentrieren. Das war zwei Jahre zuvor noch undenkbar gewesen.

Am 22. April, drei Tage vor dem so wichtigen Halbfinalrückspiel gegen Florenz, gewannen wir überraschend auch beim Tabellenzweiten Neapel und lagen plötzlich punktgleich mit Milan auf Platz vier. Platz vier, kein unwichtiges Detail an dieser Geschichte, bedeutete: Champions League. Wir würden doch nicht …?

Beim Pokalrückspiel gegen Florenz begann Castagne, so wie sich das gehörte, auf der rechten Seite, ich links. Das Stadion bebte. Dass wir tatsächlich ernsthafte Chancen auf die Champions

League und das Pokalfinale in Rom hatten, überraschte selbst unsere treuesten Fans. Genau wie im Ligaspiel zwei Monate zuvor traf Luis Muriel wieder in der 3. Minute zum 1:0 für Florenz. Die kalte Dusche für uns und die 20 000 Zuschauer, die wahrscheinlich schon nach Hotels in Rom geschaut hatten. Wir waren nervös, noch nicht bereit für den Moment. Florenz half uns, in der 14. Minute glich Josip Ilicic per Elfmeter aus. Dieses Ergebnis würde uns zum Finaleinzug reichen, zufrieden gaben wir uns damit trotzdem nicht. Wir wussten ja, wie schnell es gehen konnte.

Die Minuten vergingen, die Spannung stieg. Und dann kam der Moment, der die ganze Stadt in ein Tollhaus verwandelte. Ein eigentlich harmloser Schuss von Papu Gomez rutschte dem Torwart von Florenz über die Handschuhe und von dort ins Tor – 2:1, game over. Der Jubel war unbeschreiblich. Wir hatten es geschafft. Finale. Wahnsinn.

Wie im Rausch gewannen wir auch die folgenden drei Ligaspiele gegen Udinese, Lazio und Genua. Von dieser Wolke sieben hätte uns keine Mannschaft der Welt vertreiben können. Höchstens ein Schiedsrichter.

Es regnete in Rom, als wir in der Hauptstadt ankamen. Auch für das Endspiel gegen Lazio am nächsten Tag war schlechtes Wetter angekündigt. Ich hatte Mama, Papa, Mike und Rabea Tickets besorgt, damit sie dabei sein konnten. Atalanta hatte den einzigen Titel seiner Klubgeschichte in der Coppa Italia geholt, 1963 war das. Wir konnten hier also etwas ganz Besonderes erreichen. 25 000 Fans aus Bergamo begleiteten uns in die ewige Stadt, das halbe Stadion verwandelte sich in ein Meer aus blau und schwarz. Vor dem Umziehen gingen wir wie üblich noch einmal auf den Platz. Das ganze Stadion war voll, unsere Fans brachen in lautstarken Jubel aus.

In der Kabine brauchte niemand mehr motiviert werden. Der Trainer sprach uns Mut zu, sagte, dass wir uns diesen Titel verdient hätten: „Unsere ganze Stadt ist hier. Das ist unser Moment!" Ich musste zwar erst mal auf der Bank Platz nehmen, aber das war mir an diesem Abend völlig egal. Das hier war das Finale, ich wollte einfach nur diesen Pokal gewinnen. Egal, wie. Egal, wer. Hauptsache Atalanta.

Bei den Ligaspielen der römischen Vereine kommt ganz selten eine besondere Atmosphäre auf, weil erstens die Tartanbahn zwischen Platz und Tribüne liegt und das Stadion zweitens nur sehr selten ausverkauft ist. An diesem Abend, müßig zu erwähnen, sah das ganz anders aus. Die Stimmung war unbeschreiblich elektrisierend. Man konnte förmlich spüren, wie sehr beide diesen Titel gewinnen wollten.

Das Spiel ging für uns denkbar unglücklich los, weil der Schiedsrichter nach 25 Minuten bei einem Schuss von Marten de Roon ein klares Handspiel eines Lazio-Spielers übersah. Und der verdammte Video Assistant Referee hielt es nicht für angebracht, die Szene noch mal überprüfen zu lassen. Meine Meinung zum VAR übrigens: abschaffen, und zwar sofort! So wie er aktuell verwendet wird, hat er für mich absolut keinen Mehrwert. Er verlangsamt das Spiel, nimmt jegliche Emotionen heraus, und wirklich helfen tut er nur in den wenigsten Fällen (siehe Pokalfinale in Rom). Was ist das denn für ein Fußball, wenn ich mich nach einem Tor erst mal nicht freue, weil ich Angst habe, dass mir die Butze wieder aberkannt wird? Und wenn ich diese komische skalierte Linie im Fernseher sehe, anhand derer entschieden wird, ob der große Zeh eines Spielers im Abseits steht, muss ich auch so was von los. Da geht es teilweise um einen Nanometer. Warum sagt man bei so was nicht einfach: „Gleiche Höhe"? Weil, ganz ehrlich: Selbst mit dieser Linie kann ich manchmal nicht sehen, wo genau der Spieler jetzt im Abseits stehen soll, auch wenn es angeblich eine „faktische Entscheidung" ist. Fehler sind menschlich. Wir Spieler machen sie, und genauso macht sie der Schiri. Ist nicht schön in dem Moment, wenn man offensichtlich benachteiligt wird, aber manchmal gewinnen halt die anderen.

Bastos, besagter Lazio-Spieler, hatte vorher schon die Gelbe Karte gesehen. Es hätte also Elfmeter und Gelb-Rot geben müssen. Wir hätten mit einer mutmaßlichen Führung über 60 Minuten in Überzahl spielen können. Wir hätten den Pokal gewonnen.

Konjunktiv, du Mistkerl.

In Italien gibt es ein Sprichwort, angelehnt an die Glanzzeiten der Mafiosi. Es besagt, dass eine Mannschaft, die nicht gewinnen soll, auch nicht gewinnen wird. Soll heißen: Wenn der Schiedsrichter dich nicht mag, hast du ein Problem.

Keine Mannschaft traute sich, beide wirkten ängstlich. Keiner wollte verlieren. Also musste es so kommen, wie es in der 82. Minute kam: Nach einer Ecke stand 1,91-Meter-Mann Sergej Milinkovic-Savic frei vor unserem Tor und köpfte zum 1:0 ein. Während er über die Werbebande hüpfte und in Richtung Fanblock stürmte, sah ich, dass Gasperini mich von meinem gefühlt stundenlangen Aufwärmen erlöste. Endlich durfte ich mitmischen. Viel Zeit blieb nicht mehr. Ich streifte mir das Trikot über und stand bereit. Der Trainer brauchte nicht viele Worte: „Mach Dampf, Robin!" Kein „Zeig der Welt, dass du besser bist als Messi", wie es Joachim Löw im WM-Finale 2014 zu Mario Götze gesagt haben soll. Vielleicht hätte mir „Zeig der Welt, dass du besser bist als Timothy Castagne" noch zusätzliche Motivation verschafft. Aber der Konjunktiv wieder.

In den letzten Minuten warfen wir alles nach vorne, um irgendwie noch den Ausgleich zu erzielen und die Verlängerung zu erzwingen. Da würden die Karten neu gemischt werden. Und wie das so ist im Fußball, wenn man alles nach vorne wirft: Es bleiben nicht mehr viele Verteidiger übrig, um einen Konter zu verhindern. So wie in der 90. Minute. Nach einem Befreiungsschlag lief Joaquin Correa aus der eigenen Hälfte verfolgt von Remo Freuler auf unser Tor zu. Ich, der wie alle anderen nach vorne gelaufen war, rannte hinterher, und um unseren Torwart herum, um auf der Linie noch zu klären. Doch Correa schoss den Ball einfach an mir vorbei, und das Ding war gegessen. Ende, aus, Micky Maus.

Was soll man die Stimmung nach so einem Spiel beschreiben? Nach einem verlorenen Pokalfinale? Natürlich total beschissen. Katastrophal, fürchterlich, traurig. Alle regten sich auf, über die Niederlage – und besonders über den Schiedsrichter. Hätte er nur diesen Elfmeter gepfiffen … Aber diese Wut machte etwas mit uns, sie half uns zunächst bei der Verarbeitung dieser Niederlage.

Unsere Enttäuschung konnten wir auf den Schiedsrichter projizieren und so den Schmerz ausblenden. Der Abend von Rom setzte aber auch die letzten Kräfte in uns frei, die wir für die Liga brauchten. Wir wollten uns nicht noch mal so fühlen, nicht auch noch die Champions League verpassen. Zwei Spieltage standen noch aus, gegen Juventus und zum Abschluss in Sassuolo.

Zwei Spieltage, die heute in keiner Vereinschronik von Atalanta Bergamo fehlen dürfen. Also anschnallen, bitte schön!

Kapitel 13
SCHALKE

28. Mai 2019

Ich dachte nur: „Wenn dieser Transfer jetzt noch platzt …" Aber genau das passierte dann.

Mein Wechsel nach Atalanta 2017 war ein unverhoffter Glücksfall gewesen und letztendlich ein Karrieresprung, keine Frage. 900 000 Euro hatte Bergamo damals für mich an Heracles Almelo überwiesen. Natürlich, ich war ein Nobody. Aber dennoch: Was sind heutzutage schon 900 000 Euro auf dem Transfermarkt? Die erste Saison, ich habe es bereits erwähnt, war dann sehr schwierig für mich. Ich beherrschte die Sprache nicht, bekam zunächst nur wenige Einsätze, und als ich mich im letzten Saisondrittel endlich in der Stammelf festgebissen hatte, bremste mich ein Meniskusriss aus.

Am Ende waren wir immerhin Siebter geworden und durften damit zum zweiten Mal in Folge in der Europa League antreten, ein großer Erfolg, auch wenn ich nicht sonderlich viel dazu beigetragen hatte, abgesehen von ein paar Einsätzen und zwei Scorerpunkten, darunter ein Tor gegen den FC Turin, den kleinen Nachbarn von Juventus.

Eben dieser FC Turin hätte mich nach der Spielzeit, meiner ersten in Italien, gerne verpflichtet. Die Turiner hatten die Saison mit nur sechs Punkten weniger als wir beendet, die Europa-League-Plätze damit knapp verpasst. Das Angebot schmeichelte mir, war aber keine Option. Die Schwierigkeiten mit der italienischen Sprache hätten weiter bestanden, und in Bergamo durfte ich mir langfristig eine Verbesserung meiner Position ausrechnen. Mein Konkurrent auf meiner Position Leandro Spinazzola wechselte nach einer Ausleihe wieder zurück zu Juventus, sodass ich von nun an wohl die Nummer eins auf der linken Seite sein würde.

Ich nahm mir vor, mich in Bergamo durchzubeißen, Italienisch zu lernen, auf die Leute zuzugehen, Freundschaften zu schließen. Italiener sind sehr nette Leute. Zumindest die meisten, die ich bis dato kennengelernt hatte. Und erst recht in dieser wunderschönen Gegend im Norden des Landes. Ich war hier noch nicht fertig.

Die zweite Saison begann – ihr erinnert euch – recht holprig, um es mal vorsichtig auszudrücken. Doch nach und nach kam der Stein ins Rollen, und der 5:1-Erfolg bei Chievo Verona am 9. Spieltag war so was wie die Initialzündung, für die Mannschaft und für mich. Ich steuerte ein Tor und eine Vorlage bei und war fortan im 3-5-2-System auf der linken Seite gesetzt. Wir gewannen sechs der nächsten acht Spiele und verloren in der gesamten Saison insgesamt nur noch fünfmal.

Am letzten Spieltag ging es in Sassuolo um alles. Wir waren Dritter mit 66 Punkten, Inter mit der gleichen Punktzahl Vierter, Milan mit nur einem Zähler weniger Fünfter und die Roma mit 63 Punkten Sechster. Mit einem Sieg würden wir in der kommenden Saison in der Champions League spielen. Das hatte es in der 112-jährigen Geschichte Atalantas noch nie gegeben. Nie zuvor war eine Mannschaft dieses Vereins so gut wie unsere Truppe in dieser Saison. Wir hatten Spieler aus Kroatien, Schweden, Gambia, Brasilien, Uruguay, Argentinien, Belgien, den Niederlanden und Deutschland und sprachen doch alle die gleiche Sprache. Unser Zusammenhalt war einer der entscheidenden Faktoren für unseren Erfolg.

Wie in Deutschland finden in Italien am letzten Spieltag alle Partien parallel statt. Kurioserweise wurde unser Heimspiel gegen Sassuolo ausgerechnet ins zweieinhalb Stunden entfernte Sassuolo verlegt, denn unser Stadion befand sich im Umbau. Und offenbar hatten wir etwas zu oft über die Champions League nachgedacht. Jedenfalls gingen wir die Partie ziemlich nervös an. Sassuolo führte nach einem überragenden Angriff bereits nach 19 Minuten mit 1:0. Torschütze war Domenico Berardi, vor dem unser

Trainer vor dem Spiel ausdrücklich gewarnt hatte. Im Grunde lief bei Sassuolo jeder Angriff über Berardi. Er war eigentlich viel zu gut für so ein Mittelfeldteam wie Sassuolo, aber trotz angeblicher Angebote aus Mailand und Turin immer dort geblieben. Eigentlich ganz romantisch.

Während wir also zurücklagen, stand es bei Inter gegen Empoli und Rom gegen Parma noch 0:0, dafür führte Milan durch ein Tor von Hakan Calhanoglu mit 1:0. Zum jetzigen Zeitpunkt waren wir nur Fünfter. War der Traum von der Königsklasse ausgeträumt?

Die kalte Dusche hatten wir offenbar gebraucht, denn so langsam kam unsere Offensive ins Rollen. In der 35. Minute erlöste uns Duván Zapata nach einer Ecke mit seinem 23. Saisontor und legte damit den Grundstein für ein unvergessliches Spiel. Wir fuhren einen Angriff nach dem anderen und belohnten uns direkt nach der Pause. Papu Gomez hatte bei einem Abschluss von Josip Ilicic den richtigen Riecher und staubte zum 2:1 ab. Jetzt konnten Milan und wie sie alle heißen so toll spielen, wie sie wollten. Uns reichte dieses Ergebnis, auch wenn wir uns nicht auf dem knappen Vorsprung ausruhen wollten. Das war nicht unser Stil.

Die Fans, die die 200 Kilometer lange Reise mit uns angetreten hatten, waren völlig aus dem Häuschen und schrien sich die Kehlen heiser. Mit so einem Saisonende hatten sie niemals rechnen können, und jetzt war der Wahnsinn greifbar.

Nur zwölf Minuten nach dem 2:1 dribbelte sich Papu an der linken Strafraumecke frei, chippte eine Flanke auf den zweiten Pfosten, und dort köpfte Mario Pasalic den Ball mit aller Wucht ins Tor. 3:1, aus! Das war's! Und das war's wirklich, Sassuolo hatte dem nichts mehr entgegenzusetzen. Die letzten Minuten spielten wir die Zeit runter und konnten aus einer weit entfernten Ecke schon die Champions-League-Hymne hören (*„Sie sind die Beeeesten"*).

Dass unsere Verfolger ebenfalls ihre Spiele für sich entscheiden konnten? Geschenkt, die drei Punkte sicherten uns Platz drei in der Abschlusstabelle. Champions League! Ich sage es gerne noch einmal: Champions League! Atalanta Bergamo in der Champions

League. Das war in etwa so, als hätte der VfL Rhede in der ersten Pokalrunde Borussia Dortmund rausgeschmissen, eigentlich unfassbar.

Nach dem Abpfiff gab es kein Halten mehr. Es wurde gefeiert, auf dem Platz, in den Katakomben, in der Kabine, im Bus, überall. Und es wurde ausgiebig gefeiert, so wie man das beim größten Erfolg der Klubgeschichte eben macht. Als wir uns irgendwann auf den Heimweg begaben, waren die meisten im Bus, ich inklusive, ordentlich angetrunken. Die Musik ballerte aus den Boxen, die Party war noch immer in vollem Gange. Deshalb war ich auch nicht auf die Nachricht eingestellt, die auf meinem Handy auftauchte. „Hi Robin, wäre das Thema S04 für dich interessant? David Wagner würde sich am Montag bei deinem Berater melden. Frohes Feiern heute Abend! Glückauf, Michael Reschke."

Moment mal. „Das Thema S04?" Schalke, mein Lieblingsverein seit Kindertagen? Der Klub, in dessen Bettwäsche ich von einer glorreichen Zukunft auf den Fußballplätzen dieser Welt geträumt hatte? Was war denn hier los? Michael Reschke war gerade technischer Direktor auf Schalke geworden und als solcher mitverantwortlich für Transfers. Sowieso tat sich in Gelsenkirchen in diesem Sommer nach einer schlimmen Saison einiges, Schalke wäre als Tabellenvierzehnter beinahe abgestiegen und hatte mit David Wagner einen neuen Trainer in die Arena geholt.

Der Krise zum Trotz: Schalke ist Schalke, einer der größten Traditionsvereine in Deutschland. Siebenfacher Meister, mit einem traumhaften Stadion und einer unglaublichen Fankultur. Völlig egal, was da gerade bei denen abging, für mich besaß Schalke noch immer eine immense Anziehungskraft. Diese Nachricht musste ich erst einmal sacken lassen. Im Bus war die Hölle los, aber ich nahm um mich herum nichts mehr wahr. Es war fast wie auf dem Platz: Ich befand mich im Tunnel.

Nach kurzem Nachdenken schrieb ich meinem Berater Gianluca eine WhatsApp, vielleicht konnte er mir erklären, was da abging: „Ich habe eine Nachricht bekommen, die ich nicht wirklich glauben kann." Er schrieb umgehend zurück: „Die war bestimmt von dem Kerl, mit dem ich heute beim Spiel war, oder?" Dazu ein Lachsmiley. „Das sind die Neuigkeiten, von denen ich dir noch berichten wollte." Was, verdammt noch mal, war hier los? Ich fragte ihn, ob er mich ganz sicher nicht auf den Arm nehme? „Nein, mein Freund", schrieb Gianluca. Wie sich herausstellte, wusste Gianluca bereits länger vom Interesse der Schalker. „Die beobachten dich intensiv", schrieb er. „Der neue Trainer ist der von Huddersfield. Er rief sogar an, als wir im Auto auf dem Weg zum Spiel waren." Wagner hatte sich in den vergangenen Jahren einen Namen in der Szene gemacht. Über die zweite Mannschaft von Borussia Dortmund war er 2015 zu Huddersfield Town gekommen und hatte dort 2017 das Unmögliche geschafft: Den Aufstieg in die Premier League nach 45 Jahren. Im darauffolgenden Jahr gelang dem krassen Außenseiter der Klassenerhalt. Erst als es in der Folgesaison nicht mehr so gut lief, musste Wagner den Klub verlassen. Jetzt sollte er Schalke zurück in die Erfolgsspur führen.

„Wenn das stimmt", schrieb ich zurück, „ist das der beste Tag meines Lebens." Selbst Gianluca hatte keine Ahnung, was dieses Angebot für mich bedeutete.

Als kleiner Junge hatte ich, ehrlich gesagt, gar nicht so viel mit Fußball am Hut gehabt. Viele Kinder fangen ja heute schon mit drei oder vier Jahren an, im Verein zu kicken, aber in dieser Richtung hatte ich in dem Alter, so sagen es zumindest meine Eltern, keinerlei Ambitionen. Das kam erst später, und zwar so: Als ich sieben Jahre alt war, nahm mich mein Patenonkel mit zu einem Schalke-Spiel in die nagelneue Arena, und da erwischte es mich. Als ich die Treppen hochkraxelte und in das Stadion blickte, all die Menschen und unten den leuchtend grünen Rasen sah, war es um mich geschehen. Fußballfans wissen, was ich meine. Pure Magie.

Ich weiß nicht mehr, gegen wen Schalke damals spielte und wie die Partie endete, aber das Gefühl werde ich mein Lebtag nicht vergessen. Was die Fans da abgerissen haben, irre! Am nächsten Tag sagte ich zu meinem Vater, ein glühender Fan des VfL Bochum, dass ich jetzt bitte auch Fußball spielen möchte. Papa fand das toll, musste aber erst mal damit klarkommen, dass ich plötzlich Schalker war und nicht Anhänger seines VfL. Wie es sich für einen guten Fußball-Vater gehört, machte er sich schwere Vorwürfe ob meiner Vereinswahl.

Schalke, muss man wissen, war in meiner Kindheit und Jugend einer der Top-Drei-Vereine in Deutschland. Da spielten Granaten wie Ebbe Sand oder Emile Mpenza, Kevin Kuranyi oder Manuel Neuer, Benedikt Höwedes oder, und das kann ich bis heute eigentlich nicht fassen: Raul! Ich weiß noch genau, wie ich an dem Tag, als Schalke 04 es im Juli 2010 tatsächlich schaffte, Raul, eine der größten Legenden von Real Madrid, nach Gelsenkirchen zu holen, im Autoradio davon erfuhr und erst mal lachen musste. Das konnte unmöglich wahr sein! War es aber. Was Raul in den zwei Jahren zeigte, bestätigte das, was auch ich immer gedacht hatte: Schalke war schon ziemlich geil.

Zurück in den Mannschaftsbus, zurück in die Nacht nach unserer Champions-League-Qualifikation. Ich war wie aufgedreht, dazu etwas angetrunken und höchst emotional. Fast hätte ich angefangen zu weinen. Das war in dieser Situation irgendwie alles zu viel für mich. Die Nacht verflog wie im Rausch, wir feierten bis sieben Uhr morgens. Dummerweise hatte ich am nächsten Vormittag einen Interviewtermin. Nach nicht mal drei Stunden Schlaf musste ich Rede und Antwort stehen. Nennen wir das Kind beim Namen: Ich war noch längst nicht wieder nüchtern.

Und mein Berater Gianluca wollte mit Michael Reschke am Mittag telefonieren. Ich sage das jetzt so cool, aber auch deswegen war ich total aufgeregt. Wenn Schalke, Verein meines Herzens, ein Angebot für mich abgeben würde! Scheiße, dachte ich, geht das jetzt echt so schnell? Champions League mit Atalanta war das eine, für Schalke spielen etwas ganz anderes. Diese Oldschool-Vereinsliebe gibt es ja heute nicht mehr so oft, glaube ich, aber für Schalke hätte ich tatsächlich alles stehen und liegen lassen. Zumal ich ja auch wieder nach Deutschland hätte ziehen können, ganz in die Nähe meiner Familie!

Bevor wir unseren Urlaub antraten, traf sich die komplette Mannschaft am Sonntagabend zu einem gemeinsamen Abschlussessen. Ich hatte mir vorgenommen, niemandem etwas zu erzählen, auch meinen engeren Kollegen nicht. Stattdessen versuchte ich, die Sache möglichst auszublenden und den Abend einfach zu genießen.

Aber Schalke meinte es ernst. Und was ich wollte, wusste ich genau. Mit einem Wechsel nach Schalke hätte sich nicht nur mein Traum von der Bundesliga erfüllt, ich hätte auch für meinen Herzensverein spielen und vor allem wieder in Deutschland leben können. Heißt: Keine Fernbeziehung mehr, nicht mehr nur sporadische Familienbesuche. Und wieder eine gescheite Mantaplatte! Seit dem größten Spiel meiner bisherigen Laufbahn waren erst zwei Tage vergangen. Alles lief ab wie in einer Traumsequenz, total surreal.

Ich fuhr also in Urlaub in der Hoffnung, bald Schalker zu sein.

Die nächsten Tage verbrachte ich bei meiner Familie in Elten, um anschließend mit Rabea nach Mauritius zu fliegen. Am Tag der Abreise, als wir gerade am Sicherheitscheck standen, rief mich mein Berater an. Der Vertrag mit Schalke sei ausgehandelt und alle Details seien geklärt. Zitat: „Ich habe das Beste für dich rausgeholt." Ich war unfassbar glücklich. Die Konditionen waren perfekt. Rabea und ich flogen in den Urlaub und direkt in den siebten Himmel. Wir waren überzeugt, dass sich jetzt alles ändern würde.

Leider änderte sich überhaupt nichts.

Während wir uns in der Sonne aalten, liefen die Verhandlungen nicht so, wie sich das die Beteiligten vorgestellt hatten. Atalanta wollte mich nämlich auf keinen Fall ziehen lassen.

Sportlich gesehen, da musste ich ihnen sogar recht geben, war ein Wechsel nach Schalke eigentlich auch kein logischer Schritt. Auf Schalke stand wieder mal ein mittelgroßer Umbruch bevor, in Bergamo würde ich mit der Champions League das Beste bekommen, was der Vereinsfußball zu bieten hat. Und dennoch wäre es mein Traum gewesen, für Schalke zu spielen – zu schön, um wahr zu sein!

Am Ende musste ich wohl das Beste aus der Situation machen. Ich ging mit einem ganz simplen Motto in die neue Saison: „Scheiß drauf. Ich habe mir zwei Jahre den Arsch aufgerissen, das soll jetzt nicht alles umsonst gewesen sein."

Rückblickend, und darüber werde ich noch ausführlich berichten, war der geplatzte Wechsel natürlich das Beste, was mir passieren konnte. Aber so was kannst du im Vorfeld ja nicht wissen! Es hat mir wieder einmal bewusst gemacht, dass im Fußball eine falsche Entscheidung dazu führen kann, dass deine ganze Karriere auf die schiefe Bahn gerät.

Was lernen wir aus dieser Geschichte? Niemals durchdrehen! Besonders im Fußball geht es manchmal so furchtbar schnell, da kannst du dir nie sicher sein. Ich wähnte mich als Spieler von Schalke 04, um am Ende doch in Bergamo zu bleiben. Deshalb, liebe Nachwuchsspieler: Freut euch erst, wenn der Vertrag in trockenen Tüchern ist. Und bis dahin: Gebt immer Vollgas. Denn wenn ich etwas gelernt habe, dann dass alles einen Grund hat und dass harte Arbeit immer belohnt wird.

An diese Lektion musste ich mich tatsächlich bereits ein Jahr später wieder erinnern.

Kapitel 14
BERGAMO III

22. Dezember 2019

Stell dir vor, du bist auf Mauritius, stehst bis zu den Knien im lagunenblauen, fast lauwarmen Wasser und siehst um dich herum nur den Strand, das Meer und deine Freundin. In der Hand hältst du dein Handy, auf dem du eine Mail deines Beraters öffnest. Er hat dir den Vertrag geschickt, auf den du immer gewartet hast. Der dein Leben für immer verändern wird.

Einen Monat später wachst du auf und läufst schweißgebadet durch die Wälder Norditaliens. Du kriegst kaum Luft und denkst, dass das vielleicht doch nur ein Traum war. Dass es diesen Vertrag, der dich zu einem Spieler des FC Schalke 04 gemacht hätte, nie gegeben hat. Wie konnte eine so schöne Sache nur so schlimm enden?

Dieser Flirt zwischen Schalke und mir war vermutlich schon etwas mehr als das. Eher das zweite Date. Nach dem dritten Date ging es allerdings nicht weiter. Bisher war alles so harmonisch verlaufen, inklusive Schmetterlingen im Bauch. Nur gab es jetzt jemanden, der nicht bereit war, den letzten Schritt zu gehen. Atalanta. Schalke konnte das nötige Geld nicht aufbringen, und Atalanta ließ mich nicht wechseln. Der fertige Vertrag zwischen Schalke und mir, den ich auf Mauritius eigentlich schon unterschrieben hatte, war hinfällig. Bereit für den Reißwolf.

Ich ging zurück nach Bergamo und war wahnsinnig enttäuscht und wütend, dass ich überhaupt an der Vorbereitung teilnehmen musste. Ich hätte gerade in Gelsenkirchen sein, mir in Düsseldorf oder wo auch immer eine Wohnung anschauen sollen. Stattdessen musste ich wieder mal nach Rovetta, den Wald rauf und runter. Dieses ungute und unvollendete Gefühl zog sich durch die gesamte Vorbereitung. Marten de Roon, Remo Freuler, Berat Djimsiti und Hans Hateboer, also meine engsten Freunde im Team, zogen mich nur zu gerne auf. Wenn wir morgens am Trainingszentrum zusammen frühstückten, fragten sie regelmäßig: „Robin, was machst du denn noch hier? Wolltest du nicht wechseln?"

Ich lachte mit, aber ganz ehrlich: Diese Sprüche taten weh. Ich ließ mir durchaus anmerken, dass ich nicht zufrieden war, dass ich keine Lust aufs Training hatte, dass mir die Situation einfach gegen den Strich ging. Das entging natürlich auch dem Trainer nicht. Wir waren aus dem Trainingslager in Rovetta zurückgekehrt und mitten in der Vorbereitung auf die neue Saison, als Gasperini mich in sein Büro rief. Er fackelte nicht lange: „Was ist los mit dir?" Ich antwortete: „Ich denke, es ist relativ offensichtlich, was mit mir los ist. Ich will zu Schalke." Es war kein wütendes Gespräch, keine stickige Atmosphäre. Ganz sachlich, aber sehr ernst. Gasperini sagte: „Ich kann das verstehen, aber wenn die Vereine sich nicht einigen können, bist du Spieler von Atalanta. Und nächste Saison Stammspieler, ich plane mit dir und brauche dich bei 100 Prozent."

Er hatte das so auch dem Präsidenten gesagt. Luca Percassi wiederholte immer wieder, dass ich einen gewissen Wert hätte und nicht für weniger Geld verkauft werden würde. Rückblickend kann ich ihn schon verstehen, er führt ein Wirtschaftsunternehmen und muss es am Laufen halten. In den Gesprächen damals war ich allerdings zu emotional, zu aufgeladen, um ihn verstehen zu können. Oder verstehen zu wollen. Dass ich Gasperini die Wahrheit sagte und meine Gefühle offenlegte, änderte leider nichts an meiner Stimmung. Er war ja auch nicht derjenige, der die finale Entscheidung fällte. Er hätte Percassi oder Giovanni Sartori zwar seinen Segen geben können. Nach dem Motto: „Kommt, das hat so keinen Sinn. Nehmt das Angebot an und verkauft Robin." Aber das hätte er niemals gemacht. Genauso wenig, wie ich jemals in den Streik getreten wäre. So einer bin ich nicht. Ich war sauer, ja. Enttäuscht und wütend. Aber ich hatte einen gültigen Vertrag, der noch eine Saison lief, und deshalb nicht das Recht, Atalanta an der Nase herumzuführen. So wie das zum Beispiel Ousmane Dembelé oder Pierre-Emerick Aubameyang mit Borussia Dortmund gemacht haben. Zwei ausgezeichnete Fußballer, mit wesentlich mehr Talent gesegnet als ich. Aber vielleicht auch mit etwas weniger Integrität. Leider brachten sie dem BVB in Summe fast 200 Millionen Euro ein, weshalb man dem Verein eigentlich keinen Vorwurf machen konnte. Wenn solche Typen sich weigern, am Training teilzunehmen und für die Mannschaft aufzulaufen, du auf der Gegenseite aber so viel Geld bekommst, dass du fast ein neues Stadion bauen kannst, dann musst du es wahrscheinlich machen.

Nur ging es bei mir nicht um hundert, sondern um zehn Millionen Euro. Und wenn ich mich geweigert hätte zu trainieren, hätten Marten und die Jungs mich wahrscheinlich noch mehr ausgelacht. Recht hätten sie gehabt, denn Atalanta war der Verein, dem ich alles zu verdanken hatte und der mir überhaupt erst die Chance gab, mich auf dieser Plattform zu präsentieren. Wenn das gerade jemand liest, der auf der Suche nach einem Job ist und sich fragt, was ich für ein Mensch bin, der es nicht ertragen konnte, Fußballprofi für Atalanta Bergamo zu sein und in Italien zu leben und Champions League zu spielen, dem möchte ich sagen: Ich war damals immer noch ein kleiner Junge mit einem großen Traum.

Ich kann nicht oft genug betonen, dass das nicht irgendein Angebot war. Das war mein Verein. Auf Schalke war ich als Siebenjähriger zum ersten Mal ins Stadion gegangen. Für Schalke bin ich vom Sofa gesprungen, als Manuel Neuer im März 2008 in Porto zwei Elfmeter hielt. Auf Schalke wollte ich mir meinen Kindheitstraum erfüllen und Bundesligaprofi werden. Es hätte alles gepasst. Alles. Konjunktiv, da sind wir wieder.

Selbst der Großteil der Atalanta-Fans wünschte mir den Wechsel. Viele sagten mir während der Vorbereitung auf Fanveranstaltungen oder via Instagram, dass sie mir die Daumen drückten und es verstehen würden, wenn ich wieder nach Deutschland ging. „Es wäre so schade, aber wir gönnen es dir von Herzen", schrieb einer. Sie hatten mich, das vermute ich zumindest, wegen meiner

Spielweise und meiner Einstellung früh ins Herz geschlossen. Denn wer sein Herz für Atalanta auf dem Platz lässt, hat 20 000 Herzen auf der Tribüne sicher. Alles, was diese Fans sehen wollen, sind Spieler, die bis zum Ende kämpfen. Selbst eine Niederlage können sie durchaus anerkennen, wenn man alles gegeben hat. Und so ein Spieler war ich von Anfang an, so eine Mannschaft waren wir.

Schalke meldete sich ab Mitte August nicht mehr, sodass vor dem ersten Saisonspiel in Ferrara ziemlich klar war, dass ich nicht mehr wechseln würde. Aus der Traum von der Bundesliga, aus der Traum von Schalke 04. Fürs Erste auf jeden Fall. Ich startete mit einer riesigen Wut im Bauch in die Saison, mir war alles egal. Die vergangen zwei Jahre hatte ich es dem Trainer recht machen wollen, der Mannschaft, den Fans. Ich hatte mich selbst so sehr unter Druck gesetzt, dass meine Leistungen oft darunter gelitten hatten. Jetzt nicht mehr. Jetzt musste ich niemandem mehr etwas beweisen. Ich wollte für niemanden spielen außer für mich. Ich war frei im Kopf und spielte so Fußball, wie ich es eigentlich auch konnte. Das begann am 25. August in Ferrara und hörte nicht mehr auf.

Atalanta hatte mich zwar nicht abgegeben, dafür aber kräftig eingekauft. Luis Muriel kam für 20 Millionen Euro aus Sevilla. Ein kolumbianischer Stürmer, der seinen wuchtigen Landsmann Duvan Zapata durch eine eher technische Komponente ergänzen sollte. Hinzu kam Ruslan Malinovskyi, den vorher keiner kannte, der aber einer unser besten Fußballer werden sollte. Der totale Gegensatz zu dem, was ich von einem ukrainischen Mittelfeldspieler erwartet hätte. Filigran, überragend am Ball und mit einer genialen Schusstechnik ausgestattet.

Wir hatten die Champions League erreicht und daher eine extrem aufreibende Saison vor uns. Da konnten wir jeden Neuzugang gebrauchen. Erst recht solche Kaliber. Der erste Spieltag führte uns an einem Sonntagabend in die Emilia-Romagna, zwischen Bologna und Venedig im Nordosten des Landes. Es war einer dieser typischen Spätsommertage in Italien. Sehr warm und sehr drückend. Das Spiel verlief dann auch sehr schleppend. Wir lagen schnell 0:2 zurück. Ich spielte von Anfang an, so wie es der Trainer in seinem Büro gesagt hatte, und ging davon aus, das auch im nächsten Spiel zu tun. Und im Spiel danach. Und danach. Und so weiter.

Die Karten waren neu gemischt worden. Mein drittes Jahr in Bergamo brach an, ich hatte mich längst bewiesen und keinen Konkurrenten mehr auf meiner linken Seite. Das war jetzt meine Seite, vollkommen egal, wer da geholt oder nicht geholt wurde. Mit diesem Selbstverständnis spielte es sich wesentlich leichter. Nach etwas mehr als 30 Minuten lief ich von der Mittellinie los, sprang mit voller Wucht in eine maßgenaue Flanke von Hans und köpfte den Ball mit ungefähr 400 Kilometern pro Stunde zum Anschlusstreffer ins Tor. Das Tor war erste Sahne, sage ich euch ganz ehrlich. Schaut es euch bei Gelegenheit auf Youtube an und achtet auf meinen Gesichtsausdruck und meine Gestik nach dem Tor. Das waren Zorn und Trotz wegen des geplatzten Wechsels. Luis Muriel traf in der zweiten Hälfte bei seinem Debüt doppelt und drehte das Spiel zu unseren Gunsten. Der Auftaktsieg war eingetütet und wie ein Startschuss für eine Saison, die unvergesslich werden sollte. In guter, wie in schlechter Hinsicht.

Am 31. August schloss das Transferfenster. Damit war der gescheiterte Wechsel dann auch offiziell. Ich teilte meiner Familie mit, was sie ohnehin schon längst wusste. Ja, ich bleibe erst mal in Italien. Nein, ihr könnt jetzt leider doch nicht jedes Spiel von mir im Stadion sehen. Ja, ich finde es auch scheiße. Nein, ich komme schon klar. Ja, wir sehen uns dann bald in Bergamo. Atalanta tröstete mich mit einem neuen Dreijahresvertrag. Die Klauseln, die es Atalanta ermöglicht hätten, mein altes Arbeitspapier automatisch um zwei Jahre zu verlängern, wurden gestrichen. Mein Gehalt stattdessen erhöht. Ich unterschrieb bis 2022 und war zumindest finanziell schon mal abgesichert.

Das hieß natürlich nicht, dass ich nun auch bis 2022 in Bergamo bleiben würde. Machen wir uns nichts vor: Kaum ein Fußballer unterschreibt einen Vertrag, um ihn dann auch bis zum Ende zu erfüllen. Ein längerer Vertrag ist für zwei von drei Seiten eigentlich immer eine Win-Win-Situation. Wenn Schalke sich zum Beispiel im Sommer 2020 wieder gemeldet hätte, hätte Atalanta auf meinen noch zwei Jahre gültigen Vertrag verweisen und eine höhere Ablöse fordern können. Ich wiederum hätte mehr Kohle als vorher bekommen.

Der neue Vertrag war nur ein kleines Schmankerl, viel wichtiger war, dass Rabea im September endlich bei mir einzog. Sie hatte ihr Physiotherapiestudium in Bochum bereits sieben Monate zuvor beendet, und wir wussten damals schon, dass die Fernbeziehung langsam enden musste. Im Februar 2019 hatten wir uns gefragt, ob sie sofort zu mir ziehen, oder ob sie zu Hause erste Berufserfahrungen sammeln und im Sommer nachkommen sollte. Die Serie-A-Saison dauerte zu dem Zeitpunkt noch drei Monate, und ich war mir nicht sicher, ob ich danach weiter in Bergamo spielen würde. Ein guter Instinkt, wie sich im Mai zeigte. Deshalb einigten wir uns darauf, im Sommer zusammenzuziehen. Egal, wo ich da spielen sollte. Rabea fing stattdessen als Physiotherapeutin bei Salvea in Kleve an, wo sie ihre Ausbildung und ich die Reha nach meiner Meniskusoperation gemacht hatte. Als klar war, dass ich vorerst in Bergamo bleiben würde, kündigte Rabea ihren Job und zog zu mir. „Mehr als ein Jahr sind wir sowieso nicht hier", sagte ich, um sie vor diesem entscheidenden Schritt etwas zu beruhigen.

Ich muss an dieser Stelle mal etwas loswerden zum absolut unpassenden Klischee der Spielerfrau. Rabea hatte einen festen Job, ihre Familie und alle Freunde in Deutschland. Sie hatte – und hat – aber auch einen Freund, der Fußballprofi in Italien und maximal unflexibel ist. Der ihr nicht entgegenkommen konnte. Der Kompromiss sah so aus, dass sich für Rabea alles änderte und für mich nichts. Sie musste in ein fremdes Land ziehen, dessen Sprache sie nicht beherrschte. Sie musste ihren Job aufgeben, ohne zu wissen, ob sie in Italien einen neuen finden würde. Sie nahm das alles einfach in Kauf, packte ihre Sachen und kam zu mir. Ich mag es deshalb nicht, wenn Leute mit dem Finger auf Rabea zeigen und behaupten, dass sie es ja ach so einfach hat und sowieso nur meine Kreditkarte benötigt, um durch den Tag zu kommen. Dass sie jeden Tag shoppen geht und sich sonst nur in die Sonne legt. Die wenigsten wissen, dass „Spielerfrauen" – ätzende Bezeichnung übrigens – oft ihr komplettes Leben umkrempeln und sich komplett abhängig machen von ihrem Freund oder Mann. Nur damit der nicht mehr allein ist. Dafür stehe ich für immer in ihrer Schuld. Rabea gab mir weiteren Antrieb. Jetzt musste ich es allen beweisen, damit sie und ich ein Jahr später in die Bundesliga wechseln und wieder nach Deutschland ziehen konnten. Ich spielte für sie.

Und, meine Güte, wie ich spielte!

Im Laufe der ersten Wochen der neuen Spielzeit setzte ich mich sehr oft mit unserem dänischen Co-Trainer Jens Bangsbo zusammen, der mir anhand des Videomaterials zeigte, wie ich bessere Entscheidungen treffen und torgefährlicher werden konnte. Ich war zwar inzwischen ein sehr guter Verteidiger und Zweikämpfer geworden, hatte aber im vorderen Drittel des Feldes noch Luft nach oben. In den vergangenen beiden Jahren hatte ich oft den falschen Pass gespielt, zu früh abgeschlossen oder eine Flanke ins Nichts geschlagen. Oftmals hatte ich auch einfach den Mann im Zwischenraum übersehen, beispielsweise, wenn sich Papu Gomez freigemacht hatte. An solchen Dingen arbeiteten wir in diesen Sitzungen, damit es sich auch auszahlte, wenn ich schon 20-mal im Spiel nach vorne stürmte.

Ich hatte keine Ahnung von Atalanta gehabt, als ich nach Italien wechselte. Der Grund, warum sich das änderte, heißt Gian Piero Gasperini. Der Mann war zwar knallhart, aber auch verdammt genial. Er hatte diesem Klub neues Leben eingehaucht, jetzt galten wir im ganzen Land tatsächlich schon als Kandidat für einen europäischen Startplatz. Und in meinem dritten Jahr in Bergamo verstand ich auch persönlich, warum unser Mister so genial ist. Ich weiß, dass der Mann in den vorherigen Kapiteln menschlich nicht immer sehr gut wegkommt. Aber sportlich gesehen: Gasperini war und ist ein Trainer, bei dem die Resultate stimmen. Was der mit uns, mit mir in den letzten Jahren gemacht hat, ist unglaublich. Das Training ist hart, jeden Tag. Wenn du nicht mitziehst, dann zitiert er dich zu einem Gespräch, um dir mitzuteilen, dass er nicht zufrieden ist. Die einzige Warnung, die du bekommst. Ziehst du dann noch mal nicht mit, bist du weg vom Fenster, ganz einfach. Ich bin froh, dass ich durchgehalten und Tiefschläge weggesteckt habe. Letztlich hat mich das mental gestärkt und dann auch, was viel wichtiger ist, zu einem besseren Fußballspieler gemacht. Er hat einen ganz, ganz großen Anteil daran, dass ich jetzt Nationalspieler bin. Dafür bin ich ihm auf ewig dankbar. Ich kann mir vorstellen, dass dem Mister teilweise gar nicht klar gewesen ist, wie mich manche Dinge in der Anfangszeit getroffen haben, oder anders: vielleicht ist auch gerade das eines seiner Erfolgsgeheimnisse.

Zurück zum Saisonstart. Atalanta war also ein Champions-League-Aspirant. Logisch, mochte man nach der vorherigen Saison vermuten. Für unsere Fans war das jedoch alles andere als selbstverständlich. Sie ließen uns in jedem Spiel ihre Dankbarkeit spüren. Wir hatten ihnen so viel Freude bereitet – und machten jetzt einfach damit weiter. Was wir spielten, war ein reiner Genuss. Vollgas, immer offensiv, immer mutig, nie ehrfürchtig und maximal unterhaltsam. Der Schwung aus der Vorsaison trug uns von Platz zu Platz, von Mailand nach Sizilien, von Turin nach Neapel. Und spätestens in dieser Saison war ich ganz entscheidend an unserem Erfolg beteiligt.

Der Ärger über den geplatzten Wechsel verflog bald, auch wenn Schalke unter David Wagner überragend in die Saison startete. Wir waren ja selbst sehr gut unterwegs und vor dem siebten Spieltag schon Dritter. Nach Siegen über die Roma und Sassuolo – mit einem Tor von mir – wurde beim Heimspiel gegen Lecce am 6. Oktober die neue Nordkurve im Stadion eingeweiht. Also die Tribüne, auf der unsere Hardcore-Fans in jeder Partie 90 Minuten lang so aufopferungsvoll sangen, wie wir spielten. Wie auch auf Schalke ist die Nordkurve das Herzstück unseres Stadions. In der ersten Hälfte spielten wir in Richtung Südkurve und führten zur Pause mit 2:0. Lecce war uns nicht gewachsen. Wir waren eine mit wenigen Ausnahmen seit drei Jahren eingespielte Mannschaft, ein harmonierendes Orchester. Das lief fast wie von selbst, der Trainer hätte während der Partie eigentlich auch einen gemütlichen Sofatag einlegen können.

Nach dem Seitenwechsel ging es das allererste Mal auf die neue Nordkurve. Zum ersten Mal auf diese geschlossene, viele Meter hohe Front, vollgepackt mit leidenschaftlichen Bergamasken, deren Lebensglück zu einem wesentlichen Teil vom Ausgang unserer Spiele abhing. Wenige Minuten nach Wiederanpfiff bekam ich den Ball auf der linken Seite, bog in Richtung Zentrum ab und ließ zwei Gegenspieler stehen. Mit dem Außenrist fand ich Josip Ilicic und sprintete durch, damit er mich wieder anspielen konnte. An der Strafraumkante bekam ich den Ball zurück, zog wieder mit dem Außenrist ab und ließ dem Keeper keine Chance. Vor meinen Augen flogen Tausende Fäuste in die Luft, Leute sprangen sich in die Arme und jubelten, als hätten wir schon wieder das Pokalfinale erreicht. Ausgerechnet ich war also derjenige, der die heilige neue Curva Nord mit einem Tor einweihen durfte. Ein magischer Moment. Da ging mir echt einer ab. In den Tagen darauf gratulierten mir einige Ultras, die sich dort hauptsächlich bewegten, und meinten, dass ich mich in den Geschichtsbüchern von Atalanta verewigt hätte. Diese Nachrichten lösten Gänsehaut bei mir aus. Stellt euch nur mal vor, wie Opa Giuseppe in 50 Jahren in seinem Sessel hockt und Enkelkind Flavio erzählt, wie das damals war, als Robin Gosens die neue Tribüne zum ersten Mal so richtig ins Wanken gebracht hat.

Unsere erste kleine Durststrecke im November, als wir fast einen Monat ohne Sieg blieben, nutzten Rabea und ich für einen unerwarteten Moment. Wir bekamen Zuwachs. Kein Baby, locker bleiben. Sondern einen Hund. Wir waren beide mit einem Hund aufgewachsen und uns einig, dass wir früher oder später wieder einen haben wollten. Es sollte ein Australian Shepherd Blue Merle sein, also ein normalgroßer Hund mit grauweißem Fell, weißen Pfoten und kristallklaren, blauen Augen. Wie es der Zufall so wollte, hatte die Züchterin, bei der auch Rabeas Eltern mal fündig geworden waren, im November einen neuen Wurf bekommen und sogar zwei von genau dem Typ mit der Fleckung, den wir haben wollten. Die Dame schickte uns Fotos, und da war sofort klar, dass wir nicht Nein sagen konnten. Rabea flog nach Deutschland, sammelte den Hund ein und setzte sich mit ihm in den Zug bis nach Freiburg. Ich fuhr den beiden mit dem Auto aus Bergamo entgegen und sammelte sie in Freiburg ein. Auf einmal waren wir zu dritt: Rabea, Robin und Malou.

Ein sehr außergewöhnliches Jahr mit Champions League, Schalke und was nicht alles näherte sich dem Ende. Bevor wir über die Feiertage in den wohlverdienten Urlaub nach Deutschland fuhren, stand am 22. Dezember das Heimspiel gegen Milan auf dem Programm. Eine der größten Adressen im Weltfußball, die ihren Glanz in den vergangenen Jahren allerdings ziemlich verloren hatte. Die Maldinis oder Nestas hatten ihre Karrieren längst beendet, der Verein aber nicht annähernd würdige Erben gefunden. Das änderte allerdings nichts am Selbstverständnis und der Arroganz der Verantwortlichen. Milan kroch wieder mal im Mittelfeld der Liga rum, sodass wir an diesem wunderschönen Sonntagmittag als Favorit ins Spiel gingen. Das hätten die natürlich nie so zugegeben. Wir waren ja nur der kleine Nachbar aus Bergamo. Was dann folgte, hatte jedoch niemand so vorhergesehen.

Wir spielten Milan schwindelig, von oben nach unten und von links nach rechts. Die Sonne lachte und Atalanta gleich mit. 1:0, 2:0, 3:0, 4:0, 5:0. Mama, Papa und Rabea saßen auf der Tribüne und kamen aus dem Strahlen gar nicht mehr heraus. Ich hatte eine Vorlage gegeben und wurde nach 89 Minuten für Hans Hateboer ausgewechselt. Ich genoss den Applaus von den Rängen ausgiebig. 5:0 gegen Milan, Tabellenplatz fünf und ein paar Tage Urlaub vor Augen. Was konnte mir da schon die Laune verhageln? Einen Tag später flogen Mama und Papa zurück. Rabea, Malou und ich fuhren mit dem Auto hinterher, um die Weihnachtstage in Elten und Praest zu verbringen und der Familie Malou vorzustellen. Das endete allerdings beinahe im ganz großen Drama.

Irgendwas stimmte mit Malou nicht. Sie aß und trank nichts und lag am zweiten Weihnachtstag wie ein Häufchen Elend in der Ecke. Wir wussten nicht, was wir machen sollten. Am 27. Dezember fuhren wir mit ihr zum Tierarzt, der uns direkt an eine Tierklinik weiterleitete. Dort sagte uns der Arzt, dass es sich um Parvovirose handelte, gegen die sie im Vorfeld bereits geimpft wurde. Eine ziemlich akut verlaufende Infektionskrankheit bei Hunden, die vor allem bei Welpen in vielen Fällen zum Tod führt. Malou musste auf der Straße oder im Park was Falsches gefressen haben. Sie sollte in der Klinik bleiben und beobachtet werden. Viel Hoffnung wurde uns nicht gemacht, dafür war die Krankheit zu heftig.

Natürlich war Malou erst vier oder fünf Wochen zuvor zu uns gestoßen, aber trotzdem schon wie eine Tochter für uns. Das mag sich übertrieben anhören, aber Hundebesitzer wissen, wovon ich spreche. Am 28. Dezember musste ich zurück nach Bergamo, weil der Ligabetrieb am 6. Januar gegen Parma schon weiterging. Rabea blieb zu Hause, weil Malou noch nicht entlassen werden konnte. Es ging ihr etwas besser, aber nicht gut genug. Auf mich wartete eine Art Minivorbereitung, um die Weihnachtskilos schnell wieder abzulaufen und in Form zu bleiben. Über Neujahr gab der Trainer zwei Tage frei, weshalb ich mich nach der Silvestereinheit direkt wieder in den Flieger nach Düsseldorf setzte. Malou hatte sich zum Glück erholt. Am Silvesterabend durften wir sie mit nach Hause nehmen und ganz besinnlich den Jahreswechsel nach 2020 feiern. Zwei Tage später fuhren wir zu dritt mit dem Auto wieder nach Italien. Unser Familienzuwachs hatte das Schlimmste überstanden.

Gegen Parma machten wir da weiter, wo wir 2019 aufgehört hatten. Mit einem 5:0-Heimsieg. Ich traf zum 3:0, bereite das 4:0 von Josip Ilicic vor und fühlte mich so gut wie noch nie. Es passte alles zusammen. Rabea will das wahrscheinlich nicht hören, aber ich sage es ihr immer wieder: Wenn sie nicht gewesen wäre, hätte ich nicht so gut gespielt. Unser Zusammenleben war unfassbar wichtig für mich. Jahrelang hatte ich keine Routine gehabt, nicht gewusst, wohin mit meinen Emotionen. Jetzt kam ich nach dem Training oder einem Spiel nach Hause, und da wartete jemand auf mich, mit dem ich reden, kochen, mich ablenken konnte. Dem ich erzählen konnte, wie sehr mich der Trainer wieder zur Weißglut getrieben hatte. Ich hatte jemanden, mit dem ich einfach mal zum See fahren oder in den Park gehen konnte. Dieses Zwischenmenschliche hatte mir in den zwei Jahren davor komplett gefehlt.

Zur Primetime ging es nach dem Spiel gegen Parma in Mailand weiter, an einem Samstagabend um 20.45 Uhr vor 70 000

Zuschauern bei Tabellenführer Inter. Die italienische Presse rieb sich die Hände, weil sich nach etlichen Jahren der Dominanz von Juventus mal wieder ein spannender Titelkampf in der Serie A abzeichnete. Juve und Cristiano Ronaldo lagen punktgleich mit Inter auf Rang zwei, wir konnten ihnen also auch noch helfen. Im Schatten des Titelkampfes hatten wir uns außerdem wieder an die Champions-League-Plätze gerobbt und ich hatte durch meine ziemlich irre Saison viel Aufmerksamkeit auf mich gezogen. Rechtzeitig vor dem Spiel im San Siro verbreiteten sich Gerüchte, dass ich von Inter beobachtet und als Neuzugang für die kommende Saison gehandelt wurde. Bei Instagram schrieben mir Inter-Fans, dass sie sich freuen würden, wenn ich im Sommer einer von ihnen werden würde. Natürlich antwortete ich nicht, obwohl ich die Vorstellung schon ganz aufregend fand. Ich bei Inter, an der Seite von Romelu Lukaku oder Lautaro Martinez. Für einen der größten Vereine Italiens. Das hätte schon was. Solche Gedankengänge waren vor diesem Spiel natürlich total unpassend, aber ich bin eben auch nur ein Mensch. Wenn ich diese „Ich konzentriere mich nur aufs nächste Spiel"-Sätze von manchen Spielern höre, wird mir echt schlecht. Das sind keine Phrasen, sondern Lügen. Also bitte schön, sollte Inter mich ruhig beobachten. Dann würde ich ihnen halt zeigen, was sie von mir bekämen.

Der Start ging in die Hose. Nach 30 Sekunden traf Lukaku das erste Mal den Pfosten und stachelte die Zuschauer an. Drei Minuten später traf Lautaro, aber leider nicht nur den Pfosten. So fühlte es sich also an, wenn man überrannt wurde. Das hatten wir im Laufe der Saison schon fast vergessen. Mit dem Rückstand ging es in die Kabine, in der Gasperini ganz sachlich blieb. Wir waren ausnahmsweise mal wieder der Außenseiter und hatten nicht viel zu verlieren. Außer ein paar Punkte für die Endabrechnung.

In der Schlussphase wurden wir besser, drückender, sicherer. Josip Ilicic dribbelte über die rechte Seite, sein Abschluss wurde jedoch abgefälscht und landete so am Elfmeterpunkt auf dem Kopf von Malinovyski, der seine Birne einfach mal reinhielt und den Ball verlängerte. Ich hatte hinter ihm spekuliert, dass der Ball vielleicht durchrutschen würde. Und das tat er. Im Fallen gab ich irgendwie noch einen Schuss ab und brachte das Ei im langen Eck unter. Und von ganz oben im Stadion hallte es „Siiiii" aus dem Atalanta-Block. „Da habt ihr es, Inter-Fans", dachte ich, als ich zum Jubeln auf Knien rutschte, „gar nicht mal so schlecht, oder?" Und es hätte noch viel schöner werden können, wenn Luis Muriel zwei Minuten vor Schluss seinen Elfmeter versenkt hätte. Immerhin: Der Punkt reichte uns, um auf Platz vier zu springen. Inter wiederum musste die Tabellenführung an Juventus abgeben. Gern geschehen, Cristiano.

In der Kabine las ich auf meinem Handy Hunderte neuer Instagram-Nachrichten von Inter-Fans. Tenor: „Robin, du musst unbedingt kommen. Wir brauchen dich nächstes Jahr!" Ganz ruhig, Freunde, dachte ich. Mal abwarten, was so passiert. Aus Deutschland häuften sich die Interviewanfragen. Ich bekam einen neuen Spitznamen: „Goalsens". Und einige Medien fragten sich, warum ich denn noch kein Länderspiel absolviert hatte. Sechs Tore, vier Vorlagen und Champions-League-Erfahrung. „Was braucht Joachim Löw denn noch von einem Linksverteidiger?" Die Antwort kannte ich nicht und blieb deshalb ganz locker. Ich war unglaublich gut drauf, aber deshalb würde ich nicht mal eben Nationalspieler werden, oder? Das klang für mich nach Utopie.

Unnötigerweise verloren wir eine Woche später gegen den Tabellenletzten SPAL Ferrara zu Hause und rutschten deshalb wieder hinter die Roma auf Platz fünf. Wir schüttelten uns kurz, wachten auf und schenkten dem FC Turin in dessen Stadion sieben Tore ein. Josip erzielte drei Tore, eins von der Mittellinie. Ich traf nach einer Ecke traumhaft per Volley. Atalanta war wieder da.

Im Champions-League-Achtelfinale wartete Valencia auf uns. Und das Virus.

Was mir wichtig ist

MODERNE MEDIENARBEIT – WARUM FUSSBALLER LANGWEILIG WIRKEN

22. September 2019

Da stand Marco Reus. Sichtlich genervt, wütend, kurz vorm Ausrasten. Es brodelte. Das Stadion in Frankfurt. Und Marco Reus.

Es war der 22. September 2019, Borussia Dortmund gastierte am 5. Spieltag in Frankfurt und führte zweimal, spielte am Ende aber wegen eines Eigentores in der 88. Minute nur 2:2. Der selbst erklärte Meisterschaftskandidat hatte, wie schon drei Wochen zuvor beim 1:3 bei Aufsteiger Union Berlin, unnötig Punkte liegenlassen. Nur wenige Minuten nach Abpfiff stand Marco Reus am Mikrofon des Fernsehsenders Sky. Der Reporter wollte von Reus wissen, was sich der BVB vorwerfen lassen müsse nach diesem 2:2. „Dass wir das 2:1 nicht über die Bühne gebracht haben", sagte Reus, bissig und irgendwie genervt. „Fertig, aus." Wie er sich erklären würde, dass die Dortmunder das Spiel zweimal aus der Hand gegeben hatten? „Wenn wir das 3:1 machen", schäumte Reus, „ist das Spiel gegessen. Wir müssen auch einfach mal in der Lage sein, das 2:1 über die Bühne zu kriegen. Das haben wir nicht geschafft." Er wirkte, als könne er sich kaum mehr zurückhalten. Und dann kam es, dieses eine Wort. „Nach der Niederlage in Berlin", fragte der Reporter, „war von fehlender Mentalität die Rede. Fehlt's da immer noch?" *Mentalität.* Man konnte förmlich sehen, wie Reus innerlich zusammenzuckte. Dann ließ er seiner Wut freien Lauf: „Boah, das geht mir so auf die Eier mit euch, mit eurer Mentalitätsscheiße! Ganz ehrlich. Ist das Ihr Ernst jetzt? Das 2:2 war ein Mentalitätsproblem? Ist das euer Ernst jetzt? Komm schon. Wir haben uns dumm angestellt, auf jeden Fall, aber kommt mir jetzt nicht mit eurem Mentalitätsscheiß. Jede Woche dieselbe Kacke!" Interview beendet. Am liebsten wäre ich mit der ersten Maschine nach Frankfurt geflogen und hätte Reus umarmt. Nicht aus Mitleid. Aus Dankbarkeit. „Geil, Bruder", hätte ich ihm gesagt, „was soll man auf so eine bescheuerte Frage auch antworten? Ich verstehe das, du hast alles richtiggemacht."

Oh Gott, ein Fußballer hat „Eier" und „Kacke" und „Scheiße" gesagt! Ruft Michael Naseband oder Ingo Lenßen an, ein Fall für die ganz besonderen Ermittler. Herrje. Reus war angepisst und feuerte zurück. Und natürlich folgten die Schlagzeilen: „Reus rastet aus" und „BVB-Star attackiert Sky-Reporter".

Habt ihr, und damit meine ich sowohl Journalisten als auch Fußballfans, euch eigentlich mal gefragt, warum so viele Fußballer in Interviews nur noch langweiligen Schrott von sich geben? Deswegen. Wegen der klickgeilen Aufmachung solcher Geschichten. Es muss doch okay sein, dass der Kapitän von Borussia Dortmund, wenn er sich schon bereit erklärt, nach zwei spät verschenkten Punkten vor die Kamera zu treten, seinen Frust ablässt. „Aber nicht doch", sagen die Nörgler, „der hat doch seine Vorbildrolle zu erfüllen." Wenn das so einfach wäre! Aber es ist okay, wenn der Rasenmäher nicht anspringt und Papa im Garten ausrastet. Ihr haltet euren Kindern dann sicherlich die Ohren zu.

Ich erzähle euch mal was, dafür spulen wir zurück zum September 2020. Wir befinden uns in Stuttgart, bei meinem ersten Länderspiel für die deutsche Nationalmannschaft. Ohne Zuschauer, dafür mit Corona. Wir haben gerade in der Nachspielzeit gegen Spanien das 1:1 kassiert, und ich werde anschließend vom Pressesprecher gefragt, ob ich Lust auf ein kurzes Interview mit dem ZDF habe. „Logisch", sage ich und schreite zur Tat. Schon etwas nervös, wenn ich ehrlich bin. Der Reporter fragt, wie intensiv dieser Abend für mich verlaufen sei. „Sehr intensiv", antworte ich grinsend. „Ein kleines Wechselbad der Gefühle. Ich bin natürlich auf der einen Seite ultrahappy, dass ich mein Debüt feiern und direkt 90 Minuten ran durfte. Aber es geht mir halt ordentlich auf den Zünder, dass wir in der letzten Sekunde noch dieses Eiergegentor bekommen, ehrlich gesagt. Das trübt ein bisschen die Stimmung, aber alles in allem natürlich ein gigantischer Abend für mich." Das mit dem gigantischen Abend blieb, glaube ich, bei niemandem hängen. Eher die Wörter „Zünder" und „Eier".

Am nächsten Morgen erzählte mir der Pressesprecher, was er für ein überwältigendes Feedback auf mein Interview bekommen hätte, und auch ich hatte viele Reaktionen auf Instagram erhalten. „Das ist mal wieder ein Typ", hieß es da. Oder: „Ein erfrischend ehrliches Interview." Wer mich ein bisschen kennt – und das tut ihr hoffentlich spätestens seit diesem Kapitel –, der dürfte wissen, dass ich niemand bin, der sich hohler Phrasen bedient. Doch nicht nach so einem Eiergegentor!

Das Merkwürdige ist, wie ich für solche Aussagen gefeiert werde. Es müsste in Situationen wieder dieser eigentlich erlaubt sein, dass man sich auf diese Art und Weise äußert. Ist es aber nicht. Zumindest nicht mehr. Und dafür gibt es Gründe. Die meisten Fußballer sind nicht langweilig, im Gegenteil. Sie wirken durch ihre Aussagen in der Öffentlichkeit aber so. Neun von zehn Interviews kann man sich als Leser oder Zuschauer mittlerweile sparen, da wird geredet, aber nichts gesagt. Das ist nicht mehr so wie in den viel zitierten „alten Zeiten", als Spieler in der Öffentlichkeit auch schon mal rauchten oder fluchten. Da gab es aber auch nicht zehn Menschen, die mit ihren Smartphones massenhaft Fotos schossen und direkt bei Twitter oder Instagram hochluden. „Seht her, der Gosens hat gerade geraucht." Mache ich übrigens nicht. Das Gerede davon, dass es früher mehr „Typen" gegeben hat, ist doch Quatsch. Das Geschäft ist heute allzu schnelllebig und gierig. Jeder will als Erster die Schlagzeile bekommen, und wer sie nicht bekommt, der strickt es so zurecht, dass trotzdem möglichst viele Menschen draufklicken. Scheint ja egal zu sein, ob etwas dahintersteckt oder nicht. Meistens tut es das nämlich nicht.

Deshalb sollte man sich nicht auf der einen Seite beklagen, wenn Fußballer Phrasen dreschen, dann aber die Hände über den

Kopf zusammenschlagen, wenn einer „Kacke" sagt. Bei „wir müssen von Spiel zu Spiel schauen" knirsche ich selbst mit den Zähnen. Aber was würde passieren, wenn ich stattdessen sage: „Ganz ehrlich, Dicker: Wir fahren jetzt nach Turin und nehmen diese Pfeifen auseinander! Und noch was: Dann werden wir Meister." Die zu erwartenden Reaktionen? „Der Gosens wieder. Große Töne spucken kann er ja." Oder ich würde, mal rein hypothetisch, auf ein Interesse des FC Bayern angesprochen, und ich antworte: „Die haben auf der Linksverteidigerposition Alphonso Davies. In meinem Alter ist es wichtig, regelmäßig zu spielen. Ein Wechsel zu Bayern wäre sportlich nicht der richtige Schritt." Was würde ich ein paar Minuten später lesen? „Gosens hat Angst vor Konkurrenz", „Gosens traut sich Bayern-Wechsel nicht zu", oder, und das sind mir ja die allerliebsten Schlagzeilen: „Robin Gosens: DARUM wechselt er nicht zu Bayern." Igitt. Solche Schlagzeilen führen dazu, dass ich irgendwann die Lust verliere. Und so geht es inzwischen vielen Profis, schätze ich.

Ein Beispiel aus eigener Erfahrung. Nach unserem erstmaligen Champions-League-Einzug flog ich mit meinen besten Kumpels aus der Heimat, noch bevor Rabea und ich Richtung Mauritius aufbrachen, nach Budapest. Keine Frauen, keine Verpflichtungen, nur wir Jungs. Und ein bisschen Alkohol.

An einem speziellen Abend schmeckte uns das Bier besonders gut, denn aus irgendeiner Laune heraus hatten wir in den frühen Morgenstunden auf dem Heimweg plötzlich ein Straßenschild im Schlepptau. Das stand da halt so unbeaufsichtigt vor unserer Wohnung, wir mussten es mitnehmen, so wie früher in Elten. Das kennt ihr, oder?

Wir feierten uns natürlich total für unsere Genialität, wer kommt schon auf so eine coole Idee? Jeder schoss Fotos und Videos, und ich packte ein paar Sachen in meine Instagram-Story. Zu der Zeit, sollte man wissen, hatte ich bei Instagram um die 20 000 Follower, also keine allzu große Sache. Dachte ich.

Am nächsten Morgen (oder Mittag) wurde ich wach, weil mein Telefon komplett explodierte. Ich war eigentlich noch viel zu angetrunken, aber die Resonanz … Kurz gesagt: Wir mussten das Schild sofort wieder runterbringen.

Mama, Papa, Rabea. Sie alle waren, sagen wir mal, mäßig begeistert. Ich hatte doch als Fußballer eine Vorbildrolle zu erfüllen und so einen Kinderkram gefälligst zu lassen. Ob ich denn überhaupt nachdenken würde bei so einer Aktion. Nein, natürlich hatte ich da nicht großartig nachgedacht. Offensichtlich. Mama schickte mir einen Link von *Bild.de*. Dort lautete die Schlagzeile: „Bergamo-Profi klaut mit Kumpels Straßenschild." Alleine, dass dort in dieser Kürze überhaupt eine Neuigkeit draus gemacht wurde, verwunderte mich schon, aber der Zusatz, der darüber zu lesen war, machte mich ziemlich fassungslos. „Die Gosens-Bande." Hallo? Waren wir Juwelendiebe, oder was? Die Gosens-Bande, was soll denn das? Als hätten wir irgendwelche kriminellen Machenschaften am Laufen.

Ich weiß ja, dass das eine maximal dumme Aktion von mir war. Das hätte ich nicht machen sollen. Und natürlich hätte ich die sozialen Medien rauslassen müssen. Wir hätten das Schild an Ort und Stelle zurückgebracht und alles wäre okay gewesen. Niemand hätte etwas mitbekommen. Was wir am nächsten Morgen auch taten. Wir waren besoffen, keine Vollidioten. Ist ja klar, dass ein Schild da nicht ohne Grund steht.

Boulevard hin und oder her, aber uns die „Gosens-Bande" zu machen, um den hunderttausend Lesern zu zeigen, was ich für ein Depp war … Das war mir zu viel, ich war halt manchmal auch einfach noch der Junge von früher. Vom Land. Kurz, auf bestimmte Blätter bin ich nicht gut zu sprechen. Deren Methoden gefallen mir nicht.

Gleichwohl, und das will ich gar nicht unterschlagen, tragen wir, die Leser, auch einen großen Teil dazu bei, dass dieser klickgeile Stil fast schon gang und gäbe ist. Offenbar sind wir ja naiv genug, auf solche reißerischen Überschriften zu klicken, sonst würde es ja nicht funktionieren. Das treiben manche Seiten, wie zum Beispiel *Der Westen*, auf die Spitze, dass aus „Klickbait" dreiste Lügen werden.

Niemand weiß, wie es Michael Schumacher seit seinem Skiunfall geht. Und lange Zeit hatte ich das Gefühl, dass selbst die skrupellosesten Medien den Gesundheitszustand dieser Legende nicht ausnutzen, um Klicks zu generieren. Auftritt *Der Westen*: „Michael Schumacher: Ex-Kollege verrät pikante Details über Formel-1-Legende: ‚Das konnte ich nicht glauben!'" Jetzt ratet mal, was dahintersteckte? „Gespannt warten seine Fans auf Neuigkeiten. Doch die Schumacher-Familie hält sich bedeckt und achtet darauf, dass keine Informationen an die Öffentlichkeit gelangen." Und, um es noch mal ganz deutlich zu sagen: Das gelang und gelingt der Familie zum Glück auch. Weiter im Text: „Nun verriet Rubens Barrichello ein paar brisante Details über den Menschen Michael Schumacher. Der Brasilianer sprach im Sender TV Globo über seine Zusammenarbeit mit dem siebenmaligen Weltmeister. Barrichello verstand sich privat offenbar gut mit Schumacher, doch beruflich ging es zwischen den beiden bei Ferrari regelmäßig heiß her. „Er war großartig mit einem Glas Wein in der Hand, ein richtiger Partner", so Barrichello. Der Brasilianer weiter: „Aber auf der Strecke und in den Meetings, da gab es Momente, in denen ich nicht glauben konnte, dass er das gerade wirklich gesagt hat."

Das war's. Mehr nicht. Durch die Überschrift wurde suggeriert, dass dieser „Ex-Kollege" irgendwas zum Gesundheitszustand wüsste. Aber nein, einfach nur Schrott. Und was glaubt ihr, wie viele Leute das angeklickt haben? Ich ja offensichtlich auch. Schön dumm. Aber so zieht sich das durch. Ich habe für mich selbst beschlossen, solche „XY packt aus"-Geschichten zu ignorieren. Dieses grundsätzliche Misstrauen gegenüber gewissen Artikeln und Überschriften hegen viele Spieler. Dabei haben einige Jungs so geile Geschichten auf Lager, aber sie trauen sich nicht oder haben keine Lust, sie zu erzählen, aus berechtigter Angst vor den Schlagzeilen. Stattdessen geben sie Sätze von sich, die auch bei mir Brechreiz auslösen, weil ich mir denke: Junge, das bist du doch gar nicht. „Ich konzentriere mich erst mal auf das Hier und Jetzt …" Würg. Und genauso geht es auch den Fans. Die wollen Spieler, die sagen, was sie denken. Sie wollen Ehrlichkeit, Authentizität.

Aber wenn sie das machen, ist die Gefahr groß, dass ihre Aussagen vollkommen falsch dargestellt werden. Und zur Wahrheit gehört ja auch, dass du, sobald du eine Aussage tätigst, damit rechnen musst, dass nicht jeder deiner Meinung ist. Dass du Kontra bekommst. Darüber muss man sich schon im Klaren sein, und nicht jeder kann damit gut umgehen. Ich verstehe durchaus, wenn, einfach mal beispielhaft, Joshua Kimmich sagt: „Wir konzentrieren uns jetzt erst mal auf Mainz 05, das Spiel gegen Dortmund nächste Woche ist noch zu weit weg." Ich würde behaupten, dass er das zwar nicht ernst meint, aber einfach keine Lust hat, später zu lesen, „Kimmich nimmt Mainz nicht ernst". So in der Art. Wenn du offen reden möchtest, müssen dir die Konsequenzen scheißegal sein. Du willst ja mit Klartext im Bestfall auch eine Diskussion auslösen, damit über das Thema gesprochen wird und es den Menschen bewusst wird. Dass es dann unterschiedliche Ansichten gibt und du für Aussagen kritisiert wirst, ist vollkommen richtig. Aber du musst zu dem stehen, was du gesagt hast.

Ich weiß nicht, ob es daran liegt, dass ich nie einen Fuß in ein Nachwuchsleistungszentrum gesetzt oder noch nie bei einem Bundesligaverein gespielt habe, aber ich würde schon behaupten, dass ich ein bisschen anders ticke. Dass ich durchaus das sage, was mir gerade im Kopf rumschwirrt. Weil es mir nicht so wichtig ist, was die Leute dann daraus machen. Zumindest kann ich mich abends im Spiegel anschauen. Am Ende verschaffe ich mir damit Gehör, das ist meine Erfahrung. Und es wäre doch schade, wenn ich diese Reichweite nicht nutze. Wenn ich ein Interview annehme, werde ich in den allermeisten Fällen auch das sagen, was ich denke. Natürlich gibt es Ausnahmen, man kann nicht immer die ganze Wahrheit erzählen. Das ist doch auch logisch, oder?

Parallel zu meiner ersten Nominierung für die Nationalmannschaft bekam Marcel Halstenberg, ein direkter Konkurrent auf der linken Abwehrseite, eine Verschnaufpause. In einem Interview wurde ich gefragt, ob ich froh wäre, dass er nicht dabei sei, weil sich meine Einsatzchancen damit erhöhten. Was sagte ich? „Ich möchte mich immer mit den Besten messen." Was dachte ich? „Schon nicht so schlecht, eigentlich. Jetzt spiele ich vielleicht echt öfter, als ich das erwartet hatte." Aber das konnte ich nicht sagen, dann hätte sich Marcel umgeschaut: „Was ist denn das für ein Idiot? Der würde mir ja sogar eine Verletzung wünschen." So wäre das natürlich nicht gemeint gewesen. Ich fieberte einfach meinem Debüt in der Nationalmannschaft entgegen. Egoismus? Oder gesunder Ehrgeiz? Gleichzeitig war mir klar, dass ich zumindest öffentlich nicht froh darüber sein durfte, dass Halstenberg fehlte. Obwohl es durchaus Vorteile für mich hatte.

In solchen Dingen wurde ich nie trainiert, aber ich bin ja nicht blöd. Unser Pressechef bei Atalanta kommt regelmäßig zu mir, um mich zum Interview zu bitten. Ich sage ihm jedes Mal, dass ich dazu bereit wäre – wenn er sich dabei raushält. Sobald ein Pressesprecher oder Berater mit dabei ist, kommt kein vernünftiges Gespräch zustande. Die Pressechefs – und ich mag unseren bei Atalanta wirklich sehr – oder Berater halten sich gerne für Anwälte, wie in einem Vernehmungszimmer auf der Polizeiwache.

„War an den Gerüchten um einen Wechsel zu Schalke etwas dran?"

„Mein Klient wird darauf nicht antworten."

Jau, hätte ich aber gerne. Ich habe von einem Journalisten mal gehört, wie solche „Gespräche" unter sechs Augen in der Regel ablaufen. Da werden vielleicht harte Fragen gestellt, aber meistens weiche Antworten gegeben. Und nach fünfzehn Minuten schüttelt man sich die Hand, Danke, tschüss. Macht das Spaß? Nein, macht es nicht. Deshalb lasse ich mich auf so was gar nicht erst ein. Mir gefällt ganz und gar nicht, dass viele Profis heute nicht nur einen Berater, sondern auch noch einen Medienberater haben. Das halte ich für überflüssig. Warum nehme ich mir denn die halbe Stunde Zeit, wenn am Ende sowieso noch zwei andere Personen drüber schauen und die knackigsten Aussagen wahrscheinlich streichen, bloß um keinen Zündstoff zu liefern? Das finde ich falsch.

Als ich im Sommer 2019 kurz vor einem Wechsel zu Schalke stand, gab ich das in Interviews auch gerne zu. Es war mein großer Traum, ich wollte das nicht verschweigen. Auch wenn es dafür Gründe gab, das hilft ja einem abgebenden Verein vielleicht nicht immer, wenn der Spieler öffentlich erklärt, wechseln zu wollen. Da habe ich vielleicht zu naiv agiert. Gleichzeitig konnte ich damit aber auch, hoffe ich zumindest, ein paar Schalker Herzen höherschlagen lassen. Was hätte es mir gebracht, „ich konzentriere mich nur auf Atalanta" zu sagen? Nichts, gelogen wäre es auch noch gewesen. Ich hatte mich zu diesem Zeitpunkt nur auf Schalke konzentriert, natürlich war das wohl ein bisschen egoistisch. Deswegen behelfen sich viele Profis in so einer Lage meistens mit einer Notlüge. Vielleicht bringst du deinen Noch-Arbeitgeber damit auch in eine ungünstige Verhandlungsposition, wenn die Öffentlichkeit schon weiß, dass du sowieso wechseln willst. Ich habe schließlich einen Vertrag unterschrieben, da sitzt der Verein ganz klar am längeren Hebel. Trotzdem denke ich: Ehrlich währt am längsten.

Ich finde, dass wir dahin kommen müssen, dass die Medien verantwortungsvoller agieren, und die Spieler das erzählen können, was sie auch wirklich zu erzählen haben. Ich verstehe, wie wertvoll Klicks oder verkaufte Zeitungen sind, aber ich bin durchaus so naiv zu glauben, dass es da draußen viele Leser gibt, die eine echte, authentische Geschichte irgendwelchen ausgedachten Storys vorziehen würden.

Es sollten nicht erst sieben Berater noch ein Auge auf ein Interview werfen und irgendetwas erfinden oder verfälschen. Nach dem Motto: „Scheiße, durch diese Aussage sinkt vielleicht sein Marktwert." Nein! Das muss eine geile Story sein, weil es meine Story ist und nicht deine. Die muss nur ich gut finden, nicht du. Dann bekomme ich positive Resonanz, weil ich ehrlich und ausführlich geantwortet habe, und der Journalist wird für ein geiles Interview mit geilen Fragen gefeiert. Das ist doch eigentlich ganz einfach, oder vergesse ich was?

Es müsste in dieser Form doch viel eher im Interesse des Vereins und des Beraters sein. Zu sehen: Ich habe einen geilen Spieler, der geile Sachen zu sagen hat. Und dadurch fällt er positiv auf. Er versteckt sich nicht hinter lausigen Wischiwaschi-Statements, er vertritt seine Meinung und seine Werte. Das ist doch super! Meistens zumindest, vielleicht nicht bei jedem Einzelnen.

Will wirklich irgendein Fan nach einer Niederlage von mir hören, dass „wir natürlich nicht zufrieden" sind oder uns „den Mund abputzen und den Fokus aufs nächste Spiel richten"? Bestimmt nicht. Viel eher doch Sätze wie: „Das war richtig scheiße heute, und ich bin wahnsinnig angefressen deswegen." Da steht der Zuschauer im Wohnzimmer auf und klatscht in die Hände. Aber wie soll ich so was sagen, wenn mich ein Reporter nach einer 0:1-Niederlage, bei der ich im schlimmsten Fall noch das Gegentor verursacht habe, fragt, ob ich heute „zufrieden" mit meiner Leistung war? „Tickst du noch ganz sauber?", müsste ich dann antworten, „was stellst du mir für eine beschissene Frage?" Aber dann wäre das Theater wieder groß, weil ein Fußballerspieler sich gewehrt und den Mund aufgemacht hat. Taktische Analysen soll es weiterhin geben, und zwar reichlich, natürlich. Aber manchmal muss man auch einfach Tacheles reden.

Wenn wir mehr meinungsstarke Spieler wollen, und das – davon glaube ich ausgehen zu können – wollen wir ja, dann dürfen wir die Spieler auch nicht für ihre Meinung fertigmachen. Es sollten Diskussionen angeregt und keine reißerischen Artikel verfasst werden. Da nehme ich aber uns alle in die Pflicht. Die Medien, die Spieler und die Leser oder Fans. Das geht nur zusammen. Wenn ich wieder auf so einen Artikel wie den erwähnten Schumacher-Beitrag klicke – ab und zu passiert das leider trotzdem noch –, darf ich nicht meckern, wenn da wieder nichts hinter steckt. So wird das nämlich nicht besser.

Und folgende Sache möchte ich auch noch loswerden, die mir einfach wichtig ist: Grundsätzlich habe ich das Gefühl, dass wir das Positive nicht mehr so richtig sehen wollen. Irgendwie ziehen wir uns an diesem Gemecker und dieser Negativität hoch. Und das führt mitunter dazu, dass sich so krachende Schlagzeilen besser verkaufen. Weil dann gleich alle wieder aufspringen und sich darüber echauffieren können. Diese Doppelmoral in den sozialen Medien zum Beispiel: Da sehe ich permanent, wie sich die Leute wieder über die *Bild* aufregen. Aber: Was machst du denn, wenn du das gerade teilst? Du gibst ihnen doch genau das, was sie wollten: Aufmerksamkeit. Klicks. Nur um wieder meckern zu können. Einfach ignorieren, solche Sachen, dann kommen wir vielleicht endlich mal dahin, dass die erste Schlagzeile nicht lautet: „Dieser Wahnsinn trug sich da und da zu!" Und ganz vielleicht schaffen wir es ja, dann auch mal zu sagen: „Geil, Brudi, hast du super gemacht heute!" Denn positive oder lobende Worte gehen viel schwerer über die Lippen, zumindest scheint mir das so. Lieber negativ und lieber draufhauen, das ist schön einfach. Komplimente machen sollte eigentlich viel einfacher sein. Deswegen abschließend mein Appell: Wenn euch was gefällt oder jemand was gut gemacht hat, dann sagt es. Ist doch eigentlich viel schöner, Liebe und Positivität zu versprühen, oder?

Und jetzt habe ich genug gemeckert.

Kapitel 15
LEICESTER

26. August 2020

Ich hätte mich um so viele andere Sachen sorgen sollen. Hätte nur mal aus dem Fenster in die Innenhöfe Bergamos schauen müssen. Aber das hätte alles nur noch schlimmer gemacht. Stattdessen versuchte ich mich abzulenken. Mit Fußball und mit meiner Karriere.

Die Corona-Pandemie war erst vor wenigen Wochen richtig ausgebrochen, da hatte sie in Bergamo schon fast alles zerstört. Ich machte mir Gedanken, wie es mit mir weiterging. Und vor allem: wann und wo. Nicht nur mit dem Leben, auch mit Atalanta.

Als die Saison Anfang März unterbrochen worden war, hatte ich alleine in der Liga sieben Tore und fünf Vorlagen beigesteuert, hinzu kam der Treffer beim entscheidenden Champions-League-Spiel in Donezk. Überragende Werte für einen Linksverteidiger. Ich wusste zum Zeitpunkt der Unterbrechung nicht, ob die Saison fortgesetzt werden würde oder nicht.

Fast zehn Monate, nachdem mir der Wechsel zu Schalke 04 verwehrt worden war, ging es auch um meine Zukunft. Ich konnte mir vorstellen, zu wechseln, Atalanta zu verlassen. So überragend die drei Jahre auch gewesen waren, so sehr fühlte es sich für mich danach an, als wäre ich bereit für eine neue Aufgabe. Völlig unabhängig davon, wie es in der Liga und der Champions League weitergehen würde. Wenn es denn überhaupt weiterging. Atalanta hatte mir alles gegeben. Mich gelehrt, wie man in schwierigen Zeiten Kraft gewinnt. Mir gezeigt, dass jeder in der Hierarchie mal ganz unten startet, der Traum deshalb aber nicht sterben darf. Atalanta – und besonders Gian Piero Gasperini – hatte mich zum aktuell torgefährlichsten Außenverteidiger Europas geformt. Ich hatte die beste Saison meiner Karriere gespielt.

Also: Was nun?

Völlig unabhängig von einer Pandemie fangen Manager, Sportdirektoren oder Trainer natürlich nicht erst mit ihren Personalplanungen an, wenn das Transferfenster am 1. Juli bzw. 1. Januar öffnet. Das beginnt schon Monate, in vielen Fällen sogar Jahre vorher. Dass Joachim Löw dem *kicker* erzählte, er habe mich für die letztlich ausgefallenen Länderspiele gegen Spanien und Italien für die deutsche Nationalmannschaft nominieren wollen, ließ die Aktie Robin Gosens auf dem Markt weiter steigen. Plötzlich war ich in aller Munde. Immer wieder bekam ich von Freunden und Fans Statistiken mit den offensivgefährlichsten Außenverteidigern Europas zugeschickt. Und da stand mein Name vor Trent Alexander-Arnold, der drauf und dran war, mit Liverpool zum ersten Mal nach 30 Jahren englischer Meister zu werden. Vor solchen Granaten wie Joshua Kimmich oder Alphonso Davies. Irgendwer, da war ich mir fast sicher, würde es sicher versuchen, mich von Atalanta wegzulotsen.

Ich sagte meinem Berater Gianluca, dass er mal bei Luca Percassi nachfragen sollte, was er für mich forderte. Im Sommer zuvor waren es noch zehn Millionen Euro gewesen. Percassis Antwort: das Doppelte. 20 Millionen Euro für Robin Gosens, einen Linksverteidiger. Wir brauchen nicht darüber zu reden, was das für eine viel zu hohe und total absurde Summe ist, aber ich bestimme nicht den Markt. Es war schließlich nicht meine Schuld, dass der Transfermarkt in den vergangenen Jahren so aus den Fugen geraten ist. Sei's drum.

Weder Gianluca, noch Atalanta, noch meine Wenigkeit wussten, was das Coronavirus für Auswirkungen auf den Transfermarkt haben würde. Klar war, dass bei einer Fortsetzung der Saison keine Zuschauer in die Stadien gelassen werden würden. Und dass das womöglich noch für lange Zeit so bleiben würde. Für fast alle Klubs bedeutete das den Verlust von vielen Millionen Euro. Davor musste sichergestellt werden, dass der Spielbetrieb überhaupt fortgesetzt werden konnte. Sonst hätte ich mich mit einem

Wechsel überhaupt nicht zu beschäftigen brauchen. Dann wären viele Vereine, wahrscheinlich sogar Schalke, einfach von der Bildfläche verschwunden. Pleite, tschüss, aus die Maus.

Gianluca stimmte mich trotzdem positiv. Er sagte mir, dass ich mich darauf einstellen solle, in diesem Sommer den Verein zu wechseln. Und tatsächlich meldete sich bald der erste Interessent. Mitte März meinte Gianluca, dass er eine Anfrage von Brighton & Hove Albion erhalten habe und man mich gerne kennenlernen würde. Brighton, so viel verriet das Internet, hatte sich zwar in der Premier League etabliert, dort aber regelmäßig mit dem Klassenerhalt zu kämpfen. Aber immerhin: Premier League. Das wollte ich mir gerne anhören, was hatte ich schon zu verlieren? Ich saß doch sowieso nur Däumchen drehend in der Wohnung fest, wenn wir nicht gerade unsere Runden im Innenhof abspulten. Eine Entscheidung würde ich jetzt ohnehin nicht treffen.

Gianluca arrangierte ein Zoom-Meeting, zu dem neben uns beiden Paul Winstanley, der „Head of Recruitment" von Brighton, zugeschaltet war, ein sympathischer Kerl Ende 40. Ich ging das Gespräch ganz locker an. Sollte der gute Paul mal erzählen, warum ich von einem Champions-League-Teilnehmer zu einem Abstiegskandidaten wechseln sollte. Er legte los und sagte, dass mich die Scouts seit drei Jahren beobachten würden und jetzt das Gefühl hätten, dass ich bereit wäre für den Schritt in die Premier League. Körperlich hätte ich die Voraussetzungen immer mitgebracht, jetzt aber auch die technischen und taktischen Fertigkeiten. Er sagte mir, dass Trainer Graham Potter mich für die linke Seite einplante. Was für eine Überraschung. Brighton spielte wie Atalanta in einem 3-5-2- bzw. 5-3-2-System. Meine Rolle würde sich also nicht großartig ändern, auch wenn Potter seine Mannschaft wohl kaum so offensiv spielen ließ wie Gasperini. Im Idealfall, führte Mister Winstanley aus, würde ich mich innerhalb von zwei Jahren noch mal ein bisschen verbessern und dann an einen der Top-Fünf-Klubs in England verkauft werden: „Junge, wir würden dich gerne holen. Spiel bitte zwei Jahre gut, und dann machen wir noch mal richtig Asche mit dir. Einverstanden?" Klar, Boss!

Er sagte auch, dass ihm sehr wohl bewusst sei, dass ich mit Brighton wohl niemals in der Champions League spielen würde. „Aber wir bieten dir hier die Plattform, dich in der besten Liga der Welt noch mal weiterzuentwickeln, um dann zu einem der ganz großen Klubs zu wechseln."

War das wirklich das, was ich wollte? Mein 26. Geburtstag stand kurz bevor, in dem Alter erreicht ein Fußballer in der Regel jene Phase, in der Körper und Geist perfekt aufeinander abgestimmt sind. Wenn du reif genug und gleichzeitig weit genug bist. Wenn man viele Jahre Erfahrung auf dem Buckel hat und weiß, wie der Hase läuft. Brauchte ich da noch mal zwei Jahre Entwicklung bei einem Verein, mit dem ich garantiert nicht international spielen würde? Ich war mir unsicher, obwohl das Gespräch eigentlich echt angenehm verlief. Über Zahlen und Verträge wurde noch nicht geredet. „Überleg dir das einfach mal", sagte er, bevor er sich verabschiedete. Er wollte mir gleich danach noch ein Video senden, eine Art Image-Film, damit ich den Klub besser kennenlernen konnte. Das Video dauerte zweieinhalb Minuten und zeigte in aller Kürze, was ich wissen musste: Bodenständiger Verein, überragendes Vereinsgelände, coole Stadt direkt am Meer und leidenschaftliche Fans. Alles in allem ein sehr guter erster Eindruck. Dabei blieb es aber auch erst mal.

Anfang April rief Gianluca wieder an und erzählte mir, dass er gerade mit dem Sportdirektor von Atletico Madrid gesprochen hatte. Andrea Berta, ausgerechnet ein Italiener. Auch Atletico, sagte Gianluca, hatte angeblich starkes Interesse und angefragt, wie teuer ich denn wäre und ob ich überhaupt Lust hätte. Was für eine Frage. Natürlich hatte ich Bock auf einen Wechsel nach Madrid, zu einer der größten Adressen Europas mit dem vermutlich verrücktesten Trainer von allen. Diego Simeone ist eine Attraktion für sich, wie er da regelmäßig an der Seitenlinie rumhampelt und das Reklamieren einfach perfektioniert hat. Atletico spielte regelmäßig ganz vorne in der Champions League und der nationalen Meisterschaft mit. Alleine die Namen: Simeone, Diego Costa, Koke, Joao Felix. Was für Zocker. Also ja, Interesse war da. Gianluca bremste meine Euphorie ein wenig und wollte mir nicht zu viel versprechen, sondern einfach von dem Anruf berichten. Nicht mehr und nicht weniger.

Und dann plätscherten die Tage wieder dahin. Brettspiele, studieren, joggen im Innenhof, kochen, essen, warten. Im Mai stand fest, dass die Saison im Juni fortgesetzt werden konnte. Also konzentrierte ich mich erst mal wieder aufs Hier und Jetzt mit Atalanta. Hieß: mindestens Vierter werden und nächstes Jahr wieder Champions League spielen. Auch falls es ohne mich wäre, aber das wollte ich trotzdem schaffen.

In allen Topligen Europas – außer in Frankreich – stiegen die Mannschaften wieder ins Training ein. Wie befürchtet, ging es ohne Zuschauer weiter. Die Geschäftsführer und Sportdirektoren waren deshalb primär damit beschäftigt, die Scherben aufzusammeln und zu gucken, was diese Heimspiele vor leeren Rängen für finanzielle Folgen haben würden. So Pi mal Daumen hätte ich es ihnen auch verraten können: verheerende. Bedeutete auch, dass die Vereine vorerst andere Sorgen hatten als zukünftige Transfers. Rund um den Re-Start wurde es also relativ ruhig, was den Kontakt zwischen mir und Gianluca betraf. Ich versuchte, das Positive aus der Angelegenheit zu ziehen, und sagte mir, dass ich ab jetzt eben noch besser spielen musste, damit ein paar Vereine gar keine andere Wahl hatten, als ihr Geld in mich zu investieren. „Wenn in diesem Sommer ein Linksverteidiger den Verein wechselt", dachte ich, „dann bin ich das."

Und ich machte meine Arbeit gut, sammelte vier Assists und traf sowohl gegen Lazio als auch gegen Neapel, also zwei der ganz großen Namen. Wie zuvor in der Saison schon gegen Inter und Juventus. Erst am letzten Spieltag mussten wir gegen Inter die erste Niederlage seit Ende Januar hinnehmen, zu dem Zeitpunkt war aber schon längst klar, dass wir auch in der kommenden Saison Champions-League-Fußball spielen würden. Hinter diese Mission konnte ich einen Haken setzen. Wie auch hinter meine Statistiken. Kein Außenverteidiger in Europa war besser, dabei blieb es bis zum Schluss. Zehn Tore und acht Vorlagen. Schon nicht ganz so verkehrt, oder? Ich war mir sicher, dass es in diesem Sommer mit einem Wechsel klappen würde. Wenn nicht jetzt, wann dann?

Weil ich meinen Marktwert mindestens verdoppelt hatte, war ich für die Berateragentur natürlich auf einmal heißeste Ware. Gianlucas Vorgesetzter führte ein ziemlich ekliges Gespräch mit mir: „Du bist jetzt der wichtigste Spieler, bla bla. Wir machen richtig Cash mit dir diesen Sommer, bla bla. Du wirst auf jeden Fall zu einem Topverein wechseln, bla bla." Die funkelnden Eurozeichen in seinen Augen konnte ich selbst durchs Telefon sehen. Selbstredend ging es ihm nur ums Geld. Hauptsache, ich kostete möglichst viel Ablöse, damit auch eine entsprechende Provision dabei raussprang. Immerhin gab er mir die Sicherheit, dass es was werden würde mit einem Wechsel. Selbst Luca Percassi nahm mich nach dem Champions-League-Turnier in Lissabon noch mal zur Seite und versicherte mir, dass ich verkauft werden würde, sofern das passende Angebot reinflatterte. Ich sei der Spieler, „der am meisten Gewinn einbringen wird". Das war völlig okay für mich, denn so lief das Business nun mal.

In den Medien las ich fast jeden Tag Gerüchte über mich. Inter? Juventus? Oder doch Chelsea? Wenn solche Namen fallen, vergisst du Brighton & Hove Albion natürlich schnell. In den sozialen Medien bombardierten mich Fans mit „Come to XY"-Nachrichten. Ich kam kaum zur Ruhe. Der Transfermarkt fuhr Karussell in meinem Kopf.

Und dann passierte: gar nichts. Gianluca sagte, dass all die im Internet genannten Vereine bei ihm angerufen hätten. Aber mehr halt nicht. Immer wieder hieß es: „Wie sieht's aus? Ja okay, ja, ja, wir müssen schauen. Corona und so." Juventus, Inter, Chelsea, Hertha BSC oder Atletico. Sie alle erzählten ihm das gleiche. Das konnte ich natürlich nachvollziehen, aber es war doch ziemlich zermürbend, gedanklich schon nach London oder Madrid oder Mailand zu wechseln, und dann doch wieder nichts in der Hand zu haben.

In den letzten Augusttagen passierten zwei entscheidende Dinge direkt hintereinander. Am 25. August gab Joachim Löw öffentlich bekannt, dass ich jetzt auch wirklich erstmals bei der deutschen Nationalmannschaft dabei sein würde. Das, war ich mir sicher, musste meine Aktie an der Börse erneut steigen lassen.

Außerdem wechselte am 26. August Ben Chilwell für 50 Millionen Euro von Leicester City zum FC Chelsea. Zumindest ein Klub hatte also seinen Linksverteidiger gefunden und damit Geld für zwei Robin Gosens in die Hand genommen. London konnte ich zwar streichen, aber vielleicht würde das Karussell ja jetzt endlich Fahrt aufnehmen. Nicht nur in meinem Kopf.

Wie es der Zufall wollte, machte sich Leicester City mit dem frischen Geld auf nach Italien und klopfte bei Luca Percassi an die Tür. „Pass auf", ließen sie ausrichten, „wir haben 50 Millionen Euro und würden dafür gerne Robin Gosens und Timothy Castagne kaufen." Damit lag das erste konkrete Angebot auf dem Tisch. Jetzt wurde Tacheles geredet.

Der Logik nach fiel die Rechnung ganz simpel aus: 20 Millionen Euro für mich und vermutlich ein bisschen weniger für Castagne. Er war den Großteil der Saison entweder mein Backup gewesen oder hatte sich auf der rechten Seite mit Hans Hateboer abgewechselt. Also vielleicht 15 Millionen Euro. 20+15=35. So blieben Leicester, zumindest laut meiner Rechnung, sogar noch 15 Millionen Euro über, um Timothy und mir vielleicht ein schönes Haus zu kaufen. Mit Schleife drum. Wie ich schnell feststellen sollte, rechneten Atalanta und Leicester ganz anders als ich. Auf einmal hatten beide Vereine schon einen Deal für Castagne eingefädelt. Er sollte 25 Millionen Euro kosten, warum auch immer. Das hieß dummerweise auch, dass Atalanta, wenn Castagne denn schon so teuer war, natürlich noch mal mehr für mich verlangte. Castagne war zwar zwei Jahre jünger als ich und vielleicht ein bisschen flexibler, was die Position betraf. Er konnte schließlich sowohl rechts als auch links spielen. Aber wenn ich seine Werte mit meinen verglich, dann war Atalantas Schlussfolgerung leider richtig. „Leider", weil aus ursprünglich 20 Millionen Euro jetzt 35 wurden. Und 25 für Castagne plus 35 für Gosens ergeben 60, also zehn Millionen Euro zu viel. So viel wollte Leicester dann doch nicht zahlen. Für mich ein Schlag ins Gesicht. Nicht nur, weil ich mir Leicester abschminken konnte. Einen Verein, der in der Premier League nur knapp die Top Vier verpasst hatte. Atalanta hatte meinen Marktwert zugleich um 15 Millionen Euro angehoben.

Das würde ganz sicher auch für andere Verhandlungen nichts Gutes bedeuten. Wer zahlte denn in Zeiten von Corona 35 Millionen Euro für einen Linksverteidiger? Chelsea mal ausgenommen. Mir fielen nicht sehr viele Kandidaten ein.

Ich hatte mir geschworen, dass es nach dem Schalke-Desaster im Vorjahr nicht mehr vorkommen würde, und doch hatte ich mich wieder komplett in dieses Transfertheater reingesteigert. Und langsam begriff ich, dass es offenbar auch in diesem Jahr schwierig werden würde. Obwohl nicht nur Gianluca, sondern auch Luca Percassi das Gegenteil behauptet hatten. Ein bitteres Déjà-vu, auch weil ich wieder das Gespräch mit Percassi suchte. „Luca, worüber reden wir hier?", fragte ich fast resigniert, „35 Millionen Euro sind doch unfassbar." Seine Antwort: „Wie soll ich das jetzt rechtfertigen, wenn ich dich für 20 Millionen Euro ziehen lasse würde?"

Was sollte ich dazu sagen? Auf perfide Art und Weise hatte er ja recht. Auch er konnte nichts für diesen gestörten Transfermarkt. Aber es war nun mal jetzt der Zeitpunkt für mich gekommen, Atalanta zu verlassen. Da wollte ich keiner Logik folgen. Mir war klar, dass es ganz schwierig werden würde, eine solche Saison mit solchen Zahlen zu wiederholen. Jetzt war der perfekte Moment gekommen, jetzt musste ich zu einem größeren Klub. Und würde da, auch das gehört zur Wahrheit, so viel Geld verdienen, dass auch meine Enkelkinder noch etwas davon hätten. Chelsea hatte sich also erledigt, Brighton sowieso. Und jetzt auch Leicester. Rabea wäre ohnehin nur sehr ungern nach England gezogen, vielleicht war es also auch einfach ein Wink des Schicksals.

Als Nächstes klopfte Inter Mailand an. Und zwar sehr fest. Ich hatte gerade mein Debüt für die Nationalmannschaft gefeiert, als die Mailänder den nächsten Gang einlegten. Das Problem: Es gab halt schon wieder ein Problem. Ich wollte nichts mehr von Problemen hören. Inters Problem sah so aus, dass sie schon vier schwere Geldkoffer mit jeweils zehn Millionen Euro nach Madrid geschickt hatten, um Achraf Hakimi für die rechte Seite zu holen. Hakimi hatte die vergangenen zwei Jahre als Leihspieler bei Borussia Dortmund ein ziemlich krasses Level erreicht, zumindest offensiv. Über seine Abwehrarbeit durfte man durchaus noch streiten. Vielleicht ließ Real Madrid ihn deshalb ziehen, oder sie brauchten das Geld. Wie auch immer, jedenfalls sagte Inter klipp und klar, dass sie nicht noch mal so viel Geld in einen Außenverteidiger investieren konnten und würden. Sie boten Atalanta ein Tauschgeschäft an: Wenn ich zu Inter ging, bekam Atalanta im Gegenzug Dalbert, also einen neuen Linksverteidiger, und dazu ein paar Millionen oben drauf.

Ich war bereit dazu, wollte unbedingt zu Inter wechseln. Ich konnte in Norditalien bleiben, in Mailand, noch ein kleines Stück näher an der Heimat. Und bei einem Klub, der aber mal richtig Dampf machte, um zum ersten Mal seit 2010 wieder italienischer Meister zu werden. Hakimi rechts, Gosens links, im Zentrum Nicolo Barella oder Christian Eriksen und vorne Romelu Lukaku und Lautaro Martinez. Das war einfach noch mal eine andere Hausnummer als Atalanta. Den Erfolg, den ich in Bergamo hatte, würde ich in Mailand am ehesten wiederholen können. Und noch dazu vielleicht Meister werden. Bei Inter wäre ich in der Elite angekommen, der perfekte nächste Schritt.

Neue Woche, gleicher Scheiß: Es klappte nicht. Atalanta wollte diesen Dalbert nicht haben. Ich wusste nicht mehr, was ich machen sollte. Meine Frustration wuchs ins Unermessliche. Warum musste das alles immer so kompliziert sein? Warum konnte es nicht einfach wie bei Castagne laufen? „Hier, 25 Millionen Euro, bitte schön und tschüss. Schönes Leben noch." Nein, bei mir musste immer irgendwas dazwischenkommen. So wie in Spanien, wo Atletico erst Geld einnehmen musste, bevor sie etwas ausgeben konnten.

Was blieb noch übrig? Nichts mehr, dachte ich. Rabea und ich hatten zwischendurch sogar überlegt, schon mal ein paar Kartons zu packen, damit der Umzug, wenn es dann so weit war, nicht so lange dauerte. Wir hatten beide mit der Ungewissheit zu kämpfen. Würden wir nach Spanien ziehen? Zurück nach Deutschland? Oder doch in Bergamo bleiben? Rabea ist ein Mensch, der eine gewisse Planungssicherheit braucht, für sie war diese Phase alles andere als einfach.

Ein Angebot kam noch, und zwar erneut aus England. Ende September schickte mir Gianluca immer wieder Screenshots von einem Chatverlauf mit David Moyes. Den Namen hatte ich noch nie gehört. Das konnte ein britischer, genauso gut aber auch ein spanischer Name sein. Wie sich herausstellte, war er der Trainer von West Ham United und einst auch mal der auserwählte Nachfolger von Sir Alex Ferguson bei Manchester United gewesen. Jedenfalls war dieser David Moyes ganz erpicht darauf, mich kennenzulernen. Nicht nur das: West Ham, das dem Abstieg aus der Premier League wieder mal nur knapp entgangen war, hatte Gianluca bereits einen Vertragsentwurf geschickt. Und als ich da reinschaute, wäre mir fast die Kinnlade runtergefallen. Man soll ja nicht über Geld sprechen, deswegen verrate ich mal nur so viel: Mit diesem Vertrag hätte ich mir einen neuen Scirocco und dazu noch sieben Autohäuser kaufen können. Wenn ein Abstiegskandidat aus der Premier League mir so viel Geld zahlen konnte, brauchte ich mich auch nicht mehr wundern, warum jeder halbwegs gestandene Profi inzwischen nach England wechselte. West Ham also. War es wirklich das, was ich wollte? Auf einen Schlag hätte ich finanziell ausgesorgt, aber sportlich würde ich mindestens vier Schritte zurückgehen. So reizvoll die Premier League auch war. Im schlechtesten Fall würde ich mit West Ham absteigen und in der Versenkung verschwinden. Was nützte es mir da, stinkreich zu sein? Ich war ja all die Jahre nicht aus Spaß die Wälder in Rovetta heulend rauf und runter gelaufen, damit Gasperini mir endlich sein Vertrauen schenkte. Ich hatte mich doch nicht in Dortmund vor versammelter Truppe erniedrigen lassen, um jetzt dem verführerischen Duft des Geldes zu folgen. Das war es wirklich nicht wert, dafür konnte ich die Champions League nicht sausen lassen. Denn, und das war schon immer so, Geld war und ist nie mein Antrieb gewesen. Ich will aus meiner Karriere sportlich das Maximale herausholen, will so weit kommen, wie es geht, so viel gewinnen, wie nur möglich, und zeigen, dass man eine überragende Karriere auch auf krummen Wegen hinlegen kann. Ich möchte mir nach meiner aktiven Laufbahn nicht vorwerfen müssen, nicht alles in meiner Macht Stehende getan zu haben, um maximal erfolgreich zu sein. Mich für das Geld und gegen den sportlichen Erfolg entschieden zu haben. Im besten Fall passen natürlich auch die finanziellen Bedingungen, aber das Sportliche steht für mich immer an erster Stelle. Für *mich*. Das heißt nicht, dass ich mit dem Finger auf andere zeige. Ich sage nichts gegen Spieler, die nach Katar wechseln, um sich die Taschen zu füllen. Jeder setzt andere Prioritäten. Und wenn jemand so viel wie möglich verdienen möchte, um sich danach ein Babo-Leben zu ermöglichen, dann ist das völlig okay und seine eigene Entscheidung. Nur bitte stell dich dann nicht vor die Presse und sag, dass du dich wegen des tollen sportlichen Projekts für den Verein auf der Sandbank entschieden hast. Das glaubt dir doch sowieso kein Mensch!

Zurück nach London. Selbst Joachim Löw warnte mich: „Wir nähern uns dem EM-Jahr. Es wäre sehr wichtig für dich, weiter auf internationalem Topniveau zu spielen." Und wenn der Kuchen spricht, haben die Krümel Pause.

West Ham hatte sich die Jahre zuvor einen solchen Schrott zusammengekickt, dass es für Atalanta-Fans eine Beleidigung gewesen wäre. Das konnte ich auch ihnen nicht zumuten. West Ham war letztlich der einzige Transfer, der vielleicht sogar zustande gekommen wäre. Aber diesmal war ich derjenige, der ablehnte. So eilig hatte ich es dann doch nicht. Und damit blieb von einigen Optionen keine einzige mehr übrig. Wieder mal blieb ich in Bergamo. Wieder nicht ganz freiwillig. Wäre das Coronavirus nicht gewesen, würde ich heute nicht mehr in Bergamo leben, da bin ich mir sicher.

Und damit sind wir wieder beim Anfang. Während ich verbissen darum gekämpft hatte, zu einem größeren Verein zu wechseln, verloren andere Menschen ihre Jobs, ihre Liebsten, ihre Existenzen. Ich weiß sehr wohl, dass ich ein sehr privilegierter Mensch bin, dessen Jammerei hier für viele wahrscheinlich kaum auszuhalten ist. Aber in diesem Buch steht nun mal meine Geschichte, und da muss ich ja erzählen dürfen, wie es mir ging. Ich hatte die beste Saison meiner Karriere gespielt, aber aufgrund der Pandemie kam ein Wechsel nicht zustande. Das war beschissen, aber ich musste und konnte es aufgrund dieser Umstände akzeptieren. Atalanta hatte zwar viel zu viel Geld für mich gefordert, aber letztlich wollte es das Schicksal wohl einfach so. Und was bei dieser ganzen Heulerei vielleicht ein bisschen zu kurz gekommen ist: Ich spielte ja mittlerweile auch sehr gerne für den Verein. Ich genoss das Vertrauen des Trainers und der Verantwortlichen, hatte meinen Platz in der Mannschaft gefunden und wurde von den Fans geschätzt oder sogar ein bisschen geliebt. All diese für einen Fußballer essenziellen Faktoren wären bei einem neuen Verein erst mal weggefallen. Da würde alles bei null beginnen. Vielleicht nicht schlimm, es gehört dazu. Andererseits: Ich musste mir überlegen, ob ich das, was ich mir in den letzten Jahren erarbeitet hatte, leichtfertig wegwerfen wollte, um einen Wechsel, den ich mir in den Kopf gesetzt hatte, mit aller Macht zu erzwingen.

Ich war gerade Nationalspieler geworden, hatte in der Champions League beinahe Paris Saint-Germain und Neymar rausgekegelt und würde in der nächsten Saison vielleicht wieder die Chance dazu bekommen. Mein Leben hätte schon wesentlich schlechter laufen können.

Kapitel 16
LIVERPOOL

25. November 2020

Alleine hier zu stehen. Diesen Rasen zu riechen. Die Stille zu spüren. All das, was ich als Kind mit Wachsmalstiften aufs Papier gekrickelt hatte, wurde nun real. Nur wesentlich schöner, als ich es je hätte zeichnen können.

Eigentlich wollten wir uns an einem Dienstag um 12.30 Uhr am Vereinsgelände treffen, von dort aus gemeinsam zum Flughafen fahren, um dann Richtung Liverpool abzuheben. Eigentlich, denn der Flieger war kaputt. Die Fluggesellschaft musste einen neuen schicken und wir unsere Pläne über den Haufen werfen.

Es war Ende November 2020, einen Tag vor dem vierten Gruppenspiel in der Champions League. Das Rückspiel in Liverpool, an einem der majestätischsten Fußballorte der Welt, der Anfield Road. Hier wollten wir uns für die Blamage drei Wochen zuvor revanchieren. Ich hatte verletzt gefehlt und mit ansehen müssen, wie die Jungs komplett überrollt wurden. 0:5. Aber die Ausgangslage blieb eigentlich unverändert. Wir rechneten damit, dass Liverpool diese Gruppe wohl gewinnen, Midtjylland Letzter werden würde und wir gemeinsam mit Ajax Amsterdam um den zweiten Platz streiten würden. Und genauso sah es nach den Hinspielen auch aus. Midtjylland hatten wir zum Auftakt in Dänemark von der Platte geputzt und gegen Ajax einen 0:2-Rückstand noch zu einem 2:2 umgebogen. Und gegen Liverpool ... Wie gesagt. Während wir also nach England flogen beziehungsweise fliegen wollten, machte sich Ajax bereit, gegen Midtjylland auch das Rückspiel zu gewinnen. Der große Showdown würde am letzten Spieltag im direkten Duell zwischen uns und Ajax stattfinden.

Siegen oder fliegen. Jetzt ging es erst mal darum, das Hinspiel gegen Liverpool vergessen zu machen und das Gesicht zu wahren. Wir konnten uns unmöglich noch mal so präsentieren wie beim Hinspiel.

Aber jetzt war ich ja auch wieder am Start ...

Aus unserem Plan, am Nachmittag in Liverpool zu landen und abends an der Anfield Road zu trainieren, wurde nichts. Das sorgte in der Mannschaft für Unmut. Alle hatten sich so sehr darauf gefreut, diesen Fußballtempel bereits einen Tag vor dem Spiel zu betreten, ihn zu beschnuppern und zu fühlen. Nur der kleine Robin, der lachte sich ins Fäustchen. Vor Europapokal-Spielen wird zu den Pressekonferenzen neben dem Trainer immer auch ein Spieler gebeten, und in Liverpool fiel die Wahl auf mich. Große Lust hatte ich zwar nicht darauf, aber gleichzeitig bedeutete es, dass ich schon mal die Anfield Road abchecken konnte, und zwar ganz allein!

Mit reichlich Verspätung hoben wir am Flughafen Milan-Bergamo ab, und im Flugzeug war zu spüren, dass die Jungs absolut heiß waren. Ich habe wirklich ein Gespür dafür, die Stimmung innerhalb der Mannschaft zu deuten. Wir waren mit drei fulminanten Siegen in die Serie-A-Saison gestartet und hatten die Tabellenspitze erobert, dann aber ein wenig den Faden verloren. Es ist gar nicht so leicht, der Favoritenrolle gerecht zu werden. Das kleine Atalanta hatte zweimal in Folge die Champions League erreicht und in der Vorsaison alles kurz und klein geballert. Die Erwartungen waren jetzt sehr hoch, ein Platz unter den ersten Vier in der Liga fast schon fest eingeplant. Bei vielen Kollegen schien dieser Gedanke jetzt, mit etwas Verspätung, anzukommen, dadurch blieb der Spaß an unserem Spiel bisweilen etwas auf der Strecke. Jammern auf hohem Niveau, schließlich waren wir nach acht Spieltagen lediglich auf Platz sechs „abgerutscht". Trotzdem waren der Trainer und wir selbst nicht glücklich über die jüngsten Auftritte. Ein Umschwung musste her. Warum nicht im Fußballtempel vom FC Liverpool? Die Jungs hatten Bock, das konnte ich spüren. Ich auch. „Morgen rappelt's", sagte mir eine innere Stimme. Ich hörte ihr gerne zu.

Wir waren sehr gut vorbereitet, hatten das Hinspiel genau analysiert und unsere Fehler aufgedeckt. Fehler, die man gegen Liverpool auf keinen Fall machen durfte. Wir mussten vermeiden, ihnen so große Räume anzubieten, und durften nicht so viele lange Bälle in die Schnittstellen zulassen. Damit ein Sprinter wie Mohamed Salah gar nicht erst loszulaufen brauchte. Wir durften uns vor allem nicht wehrlos präsentieren. Aber das würden wir nicht, da war ich mir sicher.

Nach der Landung ging es direkt zum Stadion, also für mich, den Trainer und den Pressesprecher. Der Rest des Teams fuhr mit dem Bus zum Hotel. Ätsch. Das Stadion in Anfield steht mitten in einer Wohnsiedlung, überragt aber alle umliegenden Häuser und ist bereits aus mehreren Kilometern Entfernung zu erkennen. Wie ein kleines Kind schaute ich aus dem Fenster des Minivans. Ein Security-Mann ließ uns passieren. Ich ging durch die Katakomben und die Treppenstufen hinab, unter der ikonischen „This is Anfield"-Tafel durch den Spielertunnel. Ich musste sie natürlich anfassen, das ging gar nicht anders. Vor meinem geistigen Auge sah ich, wie Steven Gerrard dort 2015 runterging, mit einer Tochter im Arm, den anderen beiden an seiner Seite, und sich nach all den Jahren als Spieler von den Fans verabschiedete.

Und dann stand ich draußen. Der Anblick erschlug mich. Wenn Nostalgie ein Gesicht hätte, dann dieses Stadion. Die roten Sitzschalen, die Liverpool-Banner, The Kop! Die legendärste Tribüne der Welt. Hier waren schon Träume wahr geworden, als selbst mein Papa noch Quark im Schaufenster war. Und jetzt stand ich hier und sah diese Schönheit vor mir. Saugte sie auf, lauschte und schnupperte. Dieser Rasen war nicht irgendein Rasen. Ich hatte in meinem Leben vorher noch keinen Teppich gesehen, der so perfekt war wie dieser Fußballplatz. Das war fast unmöglich, vor allem zu dieser kalten und nassen Jahreszeit. Wo war der Haken? Genau das fragte ich den Greenkeeper, der mir den Zutritt auf den Platz gewährt hatte. „Für uns ist das ein Traum, hier jeden Tag arbeiten zu dürfen", sagte er. „Wir machen alles, damit sich die Spieler wohlfühlen. Das hier ist der heilige Ort." Einen Haken gab es also offenbar nicht.

Auch Liverpools Pressesprecher, mit dem ich kurz plauderte, gab mir das Gefühl, dass es alles andere als selbstverständlich war, hier zu stehen. Das soll jetzt nicht zu pathetisch klingen, aber es fühlte sich einfach unglaublich an. Surreal. Ich musste daran denken, wie die Liverpooler Spieler im Mai 2019 Arm in Arm vor The Kop standen, mittendrin Jürgen Klopp, nachdem sie ein 0:3 im Hinspiel in Barcelona in ein 4:0 im Rückspiel gedreht hatten und damit ins Champions-League-Finale eingezogen waren. Und wie die Fans das lauteste „You'll never walk alone" schmetterten, dass die Welt je gehört hatte. Ich bekam wieder Gänsehaut bei der Vorstellung, wie ich sie auch damals vorm Fernseher bekommen hatte. Hier wurden Helden geboren. Ich zog mein Handy aus der Tasche. Das musste ich filmen und fotografieren. Einrahmen für die Ewigkeit. Und außerdem musste ich es den Jungs schicken, damit sie sich schon mal freuen konnten auf diesen Tempel. Ich bekam lauter Flammen-Emojis und glühende Augen zurück. Mein Instinkt hatte mich also nicht im Stich gelassen. Alle waren richtig heiß auf dieses Spiel.

Auf der Pressekonferenz sprach mich ein italienischer Journalist darauf an, dass ich fast auf den Tag genau drei Jahre zuvor beim Europa-League-Spiel in Everton, also nicht mal eine Meile weiter nördlich, mein erstes Tor für Atalanta geschossen hatte. Ich antwortete, dass ich mir vorgenommen hatte, morgen wieder zu knipsen. Vor allem, weil mir am Wochenende zuvor ein wunderschönes Tor nachträglich aberkannt worden war, da Duvan Zapata, der den Ball verlängert hatte, zwei Zentimeter im Abseits gestanden hatte. Es waren diese kleinen Nadelstiche, die in mir zusätzlichen Ehrgeiz weckten.

Zurück am Hotel, übrigens ein schicker Schuppen im Vintage-Style, legte ich die Füße hoch und rief Rabea an. Ich war so voller neuer Eindrücke, dass ich ihr gleich beide Ohren abkauen konnte.

Der Tag des Spiels verlief routinemäßig: Frühstück, Anschwitzen, Mittagessen, Ausruhen, Abfahrt. Für das Anschwitzen hatten wir einmal quer durch Liverpool fahren müssen und dadurch sehen können, welche Rolle der Fußballklub in dieser, nun ja, nicht gerade wunderschönen Stadt spielt. Überall hingen Plakate von Jürgen Klopp, von Mohamed Salah oder irgendwelche Mannschaftsfotos. Kein Wunder, diese Jungs hatten der Stadt ein paar Monate zuvor den ersten Meistertitel nach 30 Jahren Wartezeit gebracht und 2019 die Champions League gewonnen. Und vor allem spielten sie seit Klopps Ankunft im Herbst 2015 einen begeisternden Vollgasfußball. Oder, wie es die Presse mal bezeichnete: Heavy-Metal-Fußball. Klopp geht es eigentlich nicht so sehr um Ballbesitz, eher um die Balleroberung und was danach passiert. Doch je dominanter Liverpool im Laufe der Jahre wurde, desto besser stellten sich die Gegner auch drauf ein. Aber Klopp meisterte auch diese Herausforderung. Liverpool war nicht mehr nur die reine Gegenpressing- und Umschaltmannschaft, sondern jetzt auch überzeugend im Ballbesitz. Und vor allem sehr, sehr erfolgreich. 2019 waren sie mit sage und schreibe 97 Punkten nur Vizemeister geworden, weil Manchester City unter Pep Guardiola noch das eine Prozent besser war und 98 Punkte holte. 2020 war es dann soweit und Liverpool am Ende mit 99 Punkten zum ersten Mal seit 1990 Meister. Wäre die Corona-Pandemie nicht gewesen, wäre am Ende der Jubelparaden vermutlich nur noch die Hälfte der Stadt übrig geblieben. Wir bekamen also zumindest ein gutes Gefühl dafür, wie dankbar die Menschen ihrem Team hier waren. Wir kannten das aus Bergamo eigentlich selbst ganz gut, wenn auch ohne Meistertitel und ohne Champions-League-Sieg.

Gasperini fand die richtigen Worte bei seiner Kabinenansprache. „Jungs", sagte er, „vergesst bitte das Hinspiel. Wir haben Fehler gemacht, die Fehler analysiert und werden sie nicht wiederholen. Wir haben hier heute die Möglichkeit, ein weiteres großartiges Kapitel in der Geschichte von Atalanta Bergamo zu schreiben. Ich glaube nicht, dass ich euch irgendwie noch motivieren muss. Wir spielen hier an der Anfield Road gegen Liverpool, das vielleicht beste Team der Welt. Was soll ich da noch sagen? Für solche Spiele seid ihr Fußballer geworden!" Wie recht er doch hatte. Das hier war einer dieser Momente, von denen ich ein paar Jahre zuvor noch überhaupt nicht zu träumen gewagt hatte. Und jetzt konnte es losgehen. „Avanti, avanti", schrien wir uns an. Vorwärts jetzt, auf geht's!

Die Mannschaften stellten sich in einer Reihe auf dem Feld auf, und die Champions-League-Hymne ertönte. An diese Strophen werde ich mich hoffentlich nie gewöhnen. *„Die Beeesten..."* Gänsehaut. Anpfiff. Und Vollgas. Liverpool lief nicht in Bestbesetzung auf, das ging auch gar nicht. Virgil van Dijk, der Big Boss in der Abwehr, fehlte mit einer Kreuzbandverletzung, ebenso wie sein ebenfalls am Knie verletzter Nebenmann Joe Gomez. Roberto Firmino und Diogo Jota, der uns im Hinspiel drei Dinger eingeschenkt hatte, wurden geschont. Übrig blieb eine sehr junge und unerfahrene Viererkette in der Abwehr, ein routiniertes Mittelfeld – unter anderem mit Gini Wijnaldum und James Milner, aber ohne den verletzten Kapitän Jordan Henderson – und dazu eine offensive Dreierreihe mit Salah, Divock Origi und Sadio Mané, den ich mir vorab schon rausgepickt hatte. Nach dem Spiel würde ich ihn nach seinem Trikot fragen. Das rote Teil mit der Nummer 10 würde sich gut in meiner Sammlung neben Julian Draxler, Romelu Lukaku oder Dries Mertens machen. Liverpool lief also nicht mit dem Silberbesteck auf, aber auch nicht mit dem Holzlöffel. Die Jungs konnten schon immer noch gut kicken. Und wenn nicht, saßen Diogo Jota, Firmino oder Fabinho immerhin auf der Bank.

Wir kamen gut rein, es lief gleich viel über meine linke Seite. Schon nach zehn Minuten hätte ich das 1:0 machen können. Oder müssen? Cristian Romero spielte einen wunderbaren Flugball über die Abwehrkette, aber mir rutschte der Ball bei der Annahme leicht über den Schlappen, sodass ich einen Schritt nach außen gehen musste und der Winkel sich verkleinerte. In der Mitte war gerade keiner mitgelaufen, deshalb hielt ich aus 20 Metern halblinker Position einfach mal volle Kanne drauf. Alisson passte auf, reagierte überragend und lenkte den Ball zur Ecke. Pierluigi Gollini und Marco Sportiello, unsere beiden Keeper, sagten mir nach dem Spiel, dass neun von zehn Torhütern meinen Schuss allein wegen des Überraschungsfaktors nicht gehalten hätten. Aber Alisson war eben der eine. Und der nach

Manuel Neuer und Marc-André ter Stegen wohl beste Torwart der Welt.

Wir spielten gut, hatten überhaupt keine Angst und das Hinspiel schnell abgeschüttelt. Liverpool kam kaum rein und brachte nach vorne gar nichts zustande. Wenn, dann hatten wir die Chancen. Den Matchplan, kompakter zu stehen und über lange Bälle hinter Liverpools Abwehrkette zu kommen, setzten wir sehr gut um. Es lief alles nach Plan, nur das Tor fehlte noch. Das Gefühl, das mir die Stimme in meinem Kopf vor dem Spiel eingetrichtert hatte, wurde bestätigt. Hier ging was. Bei einer Ecke gab ich Berat Djimsiti eine Anweisung auf Deutsch und merkte erst dann, dass Joel Matip neben ihm stand und natürlich verstehen konnte, was ich schrie. „Oh, scheiße", lachte ich. Matip, in Bochum geboren und lange bei Schalke aktiv, schaute mich verwundert an: „Wer kann denn hier noch Deutsch?" Ich zeigte auf Djimi: „Der ist Schweizer." Das stimmte so zwar nicht ganz, denn er war nur dort geboren und eigentlich albanischer Staatsbürger. Aber ob Matip das in der Situation wirklich interessierte? Wir lachten beide und konzentrierten uns auf die Flanke.

In einer anderen Szene rannte ich einem Ball an der Außenlinie hinterher, konnte nicht mehr richtig bremsen und landete in den Armen von Jürgen Klopp. Er schaute mir aus zehn Zentimetern in die Augen und grinste mit seinen strahlend weißen Zähnen: „Alles gut?" „Ja, klar", antwortete ich erschrocken und joggte zurück aufs Feld.

In der Kabine sprachen wir uns Mut zu. Wir wollten genau so weitermachen, mit Diagonalbällen hinter die anfällige und hochstehende Kette. Und wir wollten aggressiv bleiben, gallig, gierig.

Das gelang uns auch, unser Selbstvertrauen stieg von Szene zu Szene. Da waren ja auch keine 50 000 Liverpool-Fans, die ihr Team pushen konnten. Es gab keinen Heimvorteil, eher noch einen Auswärtsvorteil, weil wir auf diesem heiligen Rasen vielleicht noch ein bisschen motivierter waren. Für uns war das Neuland, für die Liverpooler ganz normal. Wir kosteten jede Minute aus, und nach einer Stunde belohnten wir uns endlich. Genau wie sich der Trainer das gewünscht hatte. Papu Gomez schlug eine perfekte Flanke aus dem Halbfeld hinter die Kette auf den zweiten Pfosten. Dort stand Josip Ilicic und grätschte den Ball vorbei an Alisson ins Netz.

Klopp hatte offenbar die Schnauze voll und wechselte viermal auf einen Schlag. Und wie. Er brachte Andy Robertson für die linke Abwehrseite, Fabinho fürs Mittelfeld und Roberto Firmino und Diogo Jota für die Sturmspitze. Jetzt holte Klopp sein Silberbesteck aus der Schublade. Doch das war uns egal, wir machten einfach weiter. Weil es auch einfach Spaß machte, wieder Fußball zu spielen. Die Wochen zuvor hatte alles ein bisschen verkrampft gewirkt. Verspannt und erzwungen. Jetzt konnten wir wieder abtauchen in die Außenseiterrolle und einfach unseren Stiefel spielen. Die vier Neuen waren gerade erst auf dem Feld, da scheppterte es erneut. Wieder war es Papu Gomez, der von links unbedrängt flanken durfte und am zweiten Pfosten Hans Hateboer fand. Der köpfte den Ball in die Mitte, wo ein gewisser Robin Gosens genau darauf spekuliert hatte und den Ball völlig freistehend volley über die Linie drückte. Und Abfahrt. Ekstase. Mehr ging nicht.

Ja, ich hatte ein Jahr zuvor in Donezk getroffen, und wir waren damals sensationell weitergekommen. Ja, ich durfte schon gegen Juventus, Inter, Neapel oder Lazio ein Tor bejubeln. Aber das hier … Das hier war der Höhepunkt. Ein Tor gegen den FC Liverpool, an der Anfield Road. Und dann auch noch zum 2:0, das womöglich zum Sieg reichte und uns das Weiterkommen ermöglichte. Ich wusste gar nicht wohin mit meinen Emotionen. Auf einen fast schon ungläubigen Stirnrunzler folgte der ausgestreckte Finger. Ich nahm Hans in den Arm und rannte mit ihm Richtung Seitenlinie. Von unserer Bank hörte ich die „Siii"-Rufe. Jaaa, Mann! Geiler konnte es nicht werden. Niemals werde ich diesen Moment vergessen.

Einen Wermutstropfen musste ich noch hinnehmen, weil ich bei einer Aktion wohl etwas unglücklich gelandet war und mit heftigen Knieschmerzen nicht mehr weitermachen konnte. Nach 75 Minuten signalisierte ich dem Trainer, dass er mich bitte auswechseln sollte. Und damit war mein Arbeitstag fürs Erste beendet.

Liverpool blieb auch nach dem 0:2 sehr unkreativ und ungefährlich, tatsächlich auch komplett ohne Torschuss. Unsere Jungs schaukelten das Ergebnis über die Zeit. Atalanta hatte beim FC Liverpool an der Anfield Road gewonnen. Wir mussten uns erst einmal verhauen lassen, um zu begreifen, dass wir verdammt noch mal jedes Team der Welt schlagen konnten. Einfach den Prinzipien treu bleiben und Fußball spielen. Natürlich fällt man immer mal wieder auf die Fresse, aber erst recht, wenn man sich von vornherein in die Hose macht.

Ich schaffte es, das schmerzende Knie bei all der Freude über das Tor und den Sieg auszublenden. Unser Pressechef bat mich nach dem Abpfiff, mich für Interviews zur Verfügung zu halten, weil ich als Spieler des Spiels ausgezeichnet worden war. Die Torte stand schon bereit, und jetzt wurde mir auch noch die Kirsche überreicht.

Schade war nur, dass ich nicht dazu kam, Sadio Mané auf dem Platz direkt anzuquatschen und nach seinem Trikot zu fragen. Dafür blieb wegen der Interviews keine Zeit. Ich beantwortete ein paar Fragen und bekam das Grinsen gar nicht aus den Mundwinkeln, während Jürgen Klopp ungefähr fünf Meter neben mir am Mikrofon der englischen Journalisten stand und das genaue Gegenteil verkörperte. Er wirkte ziemlich angepisst, und ich konnte es verstehen. Liverpool hatte hier völlig verdient verloren. Nachdem wir beide unsere Pflicht erfüllt hatten, stieß ich mit Klopp zusammen. Ich kann mich wegen all der Emotionen nicht mehr genau erinnern, aber sinngemäß sagte er: „Herzlichen Glückwunsch zum Tor. Ihr habt ein geiles Spiel gemacht und verdient gewonnen." Ich war etwas erstaunt, stotterte fast ein bisschen: „Danke, danke." Das war schließlich Jürgen Klopp, der da vor mir stand. *Der* Trainer schlechthin, der amtierende Welttrainer. Klopp genießt in England und sicher auch in Deutschland als Trainer eine vielleicht nie dagewesene Popularität. Wenn er spricht, hören alle zu. Ich fühlte mich in diesem Moment wie ein kleiner Fan, der nach einem Autogramm fragte. Vor dem Spiel hatte ich mir eigentlich auch vorgenommen, nach seiner Cap zu fragen, allerdings verließ mich dann im entscheidenden Moment der Mut – immerhin bekam ich eine Umarmung während der Partie. All die Jahre hatte ich zu Klopp aufgeschaut und mich immer mal wieder gefragt, wie es wohl wäre, unter ihm zu spielen. Wie er Spieler führte, sie coachte und für sie einstand ... Das würde ich gerne mal erleben.

Er sagte: „Ich wünsche dir alles Gute für die Zukunft. Bleib am Ball, du hast es ja jetzt sogar in die Nationalmannschaft geschafft. Du kannst stolz auf dich sein. Geh deinen Weg weiter." Vielleicht übertreibe ich jetzt, aber für mich waren seine Aussagen eine Art Ritterschlag. Eine Bestätigung, dass ich in den vergangenen Jahren offenbar einiges richtiggemacht hatte. Ich war einfach stolz. Er umarmte mich und zog davon. Ich sah, dass Marten de Roon sich noch mit Gini Wijnaldum unterhielt, und da ich ja auch Niederländisch sprach, stellte ich mich dazu und lauschte einfach ein bisschen. In all dem Eifer vergaß ich völlig, mich noch um ein Trikot eines Liverpool-Spielers zu kümmern. Also schlich ich mich nach dem Duschen in Richtung Liverpool-Kabine und fragte dort ganz dreist, ob ich mir das Trikot von Mané schnappen könnte. Er selbst war schon gegangen, deshalb sagte mir ein Zeugwart, der die Wäsche zusammensuchte, Mané habe sein Trikot schon jemand anderem gegeben. Uff. Blöd. Zufällig traf ich Mané kurz vorm Ausgang und sprach ihn an. „Hast du vielleicht noch ein Trikot für mich?", fragte ich wie ein nervöser Zehnjähriger. „Nein, sorry Bro", sagte er und lächelte, wie er es immer tat. Ich kannte ihn zwar nicht persönlich, aber nach allem, was ich so mitbekommen hatte, musste er einer der nettesten Typen auf diesem Planeten sein. In seinem Heimatland Senegal hat er Schulen bauen lassen. Genau solche Menschen braucht diese Welt. Jedenfalls sagte er mir, dass er sein Trikot schon unserer Nummer 11 gegeben hatte. Remo Freuler, du kleiner Drecksack. Der wollte eigentlich nie irgendwelche Trikots haben, und jetzt schnappte er mir ausgerechnet das eine weg. Ich sprach Remo im Bus darauf an, und er entschuldigte sich lachend in seinem Schweizerdeutsch.

„Ich kenne doch Xherdan ganz gut." Xherdan Shaqiri, spielte bei Liverpool und gemeinsam mit Remo in der Schweizer Nationalmannschaft. „Ich lasse dir eins zuschicken", versprach Remo.

Und so bekam mein perfekter Tag an der Anfield Road am Ende noch eine große liverpool-rote Schleife verpasst. Ich sagte es ja: Träumen lohnt sich.

Warum wir so verrückt nach Fußball sind.

Eine Liebeserklärung

„Leidenschaftlich, humorvoll und gerne auch mal systemkritisch."
Hamburger Morgenpost

Arnd Zeigler
Traumfußball
272 Seiten mit Bilder, Klappenbroschur
19,95€ (D) / 20,60€ (A)
ISBN 978-3-8419-0731-8
Auch als eBook erhältlich

Ein Muss für Football-Fans und alle, die es werden wollen

Der Nr.1-Bestseller des deutschen NFL-Stars Björn Werner

„Mitreißend!"
Football-Fan.de

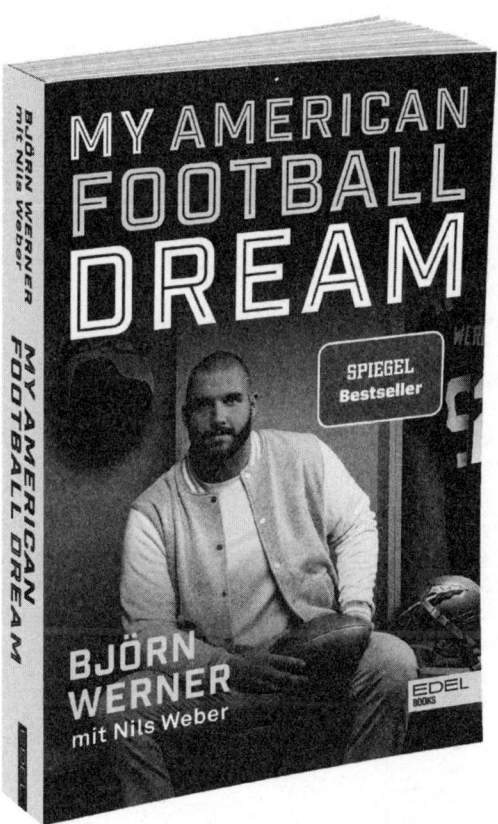

Björn Werner mit Nils Weber
My American Football Dream
384 Seiten, Klappenbroschur
19,95€ (D) / 20,60€ (A)
ISBN 978-3-8419-0735-6
Auch als eBook erhältlich

Partner des Naturparks
Nossentiner / Schwinzer Heide

Edel Books
Ein Verlag der Edel Verlagsgruppe

Copyright © 2021 Edel Germany GmbH
Neumühlen 17, 22763 Hamburg
www.edelbooks.com
3. Auflage 2021

Projektkoordination: Dr. Marten Brandt
Lektorat: Alex Raack, Dr. Marten Brandt
Layout und Satz: Datagrafix GSP GmbH, Berlin | www.datagrafix.com
Umschlaggestaltung: Groothuis. Gesellschaft der Ideen und Passionen mbH | www.groothuis.de
Lithografie: Frische Grafik
Druck und Bindung: GGP Media GmbH, Pößneck

Alle Rechte vorbehalten. All rights reserved. Das Werk darf – auch teilweise – nur mit Genehmigung des Verlages wiedergegeben werden.

Printed in Germany

ISBN 978-3-8419-0760-8